清涼國師華嚴經疏鈔

청량국사 화엄경소초

39

승야마천궁품 · 야마천궁게찬품

청량징관 찬술 · 관허수진 현토역주

운주사

천이백 년 침묵의 역사를 깨고

오늘도 나는 여전히 거제만을 바라본다.

겹겹이 조종하는 산들

산자락 사이 실가닥 저잣길을 지나 낙동강의 시린 눈빛

그 너머 미동도 없는 평온의 물결 저 거제만을 바라본다.

십오 년 전 그날 아침을 그리며 말이다.

나는 2006년 1월 10일 은해사 운부암을 다녀왔다.

그리고 그날 밤 열한 시 대적광전에서 평소에 꿈꾸어 왔던 『청량국사 화엄경소초』 완역의 무장무애를 지심으로 발원하고 번역에 착수하였다.

나의 가냘픈 지혜와 미약한 지견으로 부처님의 비단과도 같은 화장세계에 청량국사의 화려하게 수놓은 소초의 꽃을 피워내는 긴 여정을 시작한 것이다.

화엄은 바다였고 수미산이었다.

그 바다에는 부처님의 용이 살고 있었고

그 산에는 부처님의 코끼리가 노닐고 있었다.

예쁘게 단장한 청량국사 소초의 꽃잎에는 부처님의 생명이 태동하고 있었고,

겹외의 연꽃 밭에는 영원히 지지 않는 일승의 꽃이 향기를 뿜어내고

있었다.

그 바다 그 산 그리고 그 꽃밭에서 10년 7개월(구체적으로는 2006년 1월 10일부터 2016년 8월 1일까지) 동안 자유롭게 노닐었다.

때로는 산 넘고 강 건너 협곡을 지나고

때로는 은하수 별빛 따라 오작교도 다니었다.

삼경 오경의 그 영롱한 밤

숨쉬기조차 미안한 고요의 숭고함

그 시공은 영원한 나의 역경의 놀이터였다.

애시당초 이 작업은 세계 인문학의 자존심

내가 살아 숨쉬는 이 나라 대한민국 그리고 불교의 자존심에 기인한 것이다.

일찍이 그 누가 이 청량국사의 『화엄경소초』를 완역하였다면 나는 이 작업을 하지 않았을 것이다.

지금도 여전히 완역자는 없다.

더욱이 이 『청량국사화엄경소초』의 유일한 안내자 인악스님의 『잡화기』와 연담스님의 『유망기』도 그 누가 번역한 사실이 없다.

그러나 내 손안에 있는 두 분의 『사기』는 모두 다 번역하여 주석으로 정리하였다.

이 청량국사 화엄경의 소는 초를 판독하지 않으면 알 수가 없다.

그래서 그 이름을 구체적으로 대방광불화엄경수소연의초大方廣佛華嚴經隨疏演義鈔라 한 것이다.

즉 대방광불화엄경의 소문을 따라 그 뜻을 강연한 초안의 글이라는 것이다.

청량국사는 『화엄경』의 소문을 4년(혹은 5년) 쓰시되 2년차부터는 소문과 초문을 함께 써서 완성하시고 5년차부터 8년 동안 초문을 쓰셨다.

따라서 그 소문의 양은 초문에 비하면 겨우 삼분의 일에 지나지 않는다 할 것이다.

나는 1976년 해인사 강원에서 처음 『청량국사화엄경소초 현담』 여덟 권을 독파하였고,

1981년부터 3년간 금산사 화엄학림에서 『청량국사화엄경소초』를 독파하였다.

그때 이미 현토와 역주까지 최초 번역의 도면을 완성하였고,

당시에 아쉽게 독파하지 못한 십정품에서 입법계품까지의 소초는 1984년 이후 수선 안거시절 해제 때마다 독파하여 모두 정리하였다.

그러나 번역의 기연이 맞지 않아 미루다가 해인사 강주시절 잠시 번역에 착수하였으나 역시 기연이 맞지 않아 미루었다.

그리고 드디어 2006년 1월 10일 번역에 착수하여 2016년 8월 1일 십만 매 원고로 완역 탈고하고, 2020년 봄날 시공을 초월한 사상 초유 『청량국사화엄경소초』가 1,200년 침묵의 역사를 깨고 이 세상에 처음 눈을 뜨게 된 것이다.

번역의 순서는 먼저 입법계품의 소초, 다음에는 세주묘엄품 소초에서 이세간품 소초까지, 마지막으로 소초 현담을 번역하였다.
번역의 형식은 직역으로 한 글자도 빠뜨리지 않고 번역하였다. 따라서 어색하게 느껴지는 곳도 있을 것이다.
예를 들면 소所 자를 "바"라 하고, 지之 자를 지시대명사로 "이것, 저것"이라 하고, 이而 자를 "그러나"로 번역한 등이 그렇다.
판본은 징광사로부터 태동한 영각사본을 뿌리로 하였고, 대만에서 나온 본과 인악스님의 『잡화기』와 연담스님의 『유망기』와 또 다른 사기 『잡화부』(잡화부는 검자권부터 광자권까지 8권만 있다)를 대조하여 번역하였다.

앞에서 이미 말한 것처럼, 그 누가 청량국사의 『화엄경소초』를 완역한 적이 있었다면 나는 이 번역에 착수하지 않았을 것이다.
지금까지 이 황금보옥黃金寶玉의 『청량국사화엄경소초』가 번역되지 아니한 것은 나에게 주어진 시대적 사명이고 역사적 명령이라 생각한다.
나는 이 『청량국사화엄경소초』의 완역으로 불조의 은혜를 갚고 청량국사와 은사이신 문성노사 그리고 나를 낳아준 부모의 은혜를 일분 갚는다 여길 것이다.

끝으로 이 『청량국사화엄경소초』가 1,200년의 시간을 지나 이 세상에 눈뜨기까지 나와 인연한 모든 사람들 그리고 영산거사 가족과 김시열 거사님께 원력의 보살이라 찬언讚言하며, 나의 미약한 번역으로 선지자의 안목을 의심케 할까 염려한다.

마지막 희망이 있다면 이 『청량국사화엄경소초』의 완역 출판으로 청량국사에 대한 더욱 깊고 넓은 연구와 『화엄경』에 대한 더욱 다양한 연구가 이루어지기를 바라는 것뿐이다.

장세토록 구안자의 자비와 질책을 기다리며 고개 들어 다시 저 멀리 거제만을 바라본다.

여전히 변함없는 저 거제만을.

2016년 8월 1일 절필시에 게송을 그리며

長廣大說無一字 장광대설무일자

無碍眞理亦無義 무애진리역무의

能所兩詮雙忘時 능소양전쌍망시

劫外一經常放光 겁외일경상방광

화엄경의 장대한 광장설에는 한 글자도 없고

화엄경의 걸림없는 진리에는 또한 한 뜻도 없다.

능전의 문자와 소전의 뜻을 함께 잊은 때에

시공을 초월한 경전 하나 영원히 광명을 놓누나.

불기 2567년 음력 1월 10일 최초 완역장

승학산 해인정사 관허 수진

● 화엄경소초현담華嚴經疏鈔玄談(1~8)

● 화엄경소초華嚴經疏鈔

영인본 6책 呂字卷之一

대방광불화엄경수소연의초 제십구권의 일권

大方廣佛華嚴經隨疏演義鈔 第十九卷之一卷

우진국 삼장사문 실차난타 번역
청량산 대화엄사 사문 징관 찬술
대한민국 조계종 사문 수진 현토역주

승야마천궁품 제십구권

昇夜摩天宮品 第十九卷

疏

自下는 第四에 中賢十行會라 初来意者는 酬前十行問故니 匪知
之艱이라 行之惟艱이니라 前解此行이 若膏明相賴하야 目足更資
일새 故次来也니라 次品来者는 此會四品을 分三하리니 初二品은
當會由致요 次一品은 當會正宗이요 後一品은 勝進趣後라 於由
致中에 此品은 先明感應道交요 後品은 明讚德顯體니 前會已終
에 將陳後說일새 故次来也니라

이로부터 아래는 제 네 번째 중현中賢의 십행회이다.

처음에 이 회가 여기에 온 뜻은 앞에 십행의 물음을 답한 까닭이니
알기 어려운[1] 것이 아니라 행하기가 오직 어려울 뿐이다.
앞에 해解와 여기에 행行이 마치 기름과 불빛이 서로 의지하며[2]

---

1 艱은 '어려울 간' 자이다.

2 유類는 뢰賴의 잘못이다고 『잡화기』는 말하나 차본은 이미 교정되어 있다.

눈과 다리가 다시 도우는 것과 같기에 그런 까닭으로 다음에 이
회가 여기에 온 것이다.

다음에 이 품이 여기에 온 것은 이 회에 사품四品을 세 가지로 나누
리니

처음에 두 품은 당회當會의 이유를 이루는 것이요

다음에 한 품은 당회의 바른 종취요

뒤에 한 품은 승진하여 후회後會에 나아가는 것이다.

이유를 이루는 가운데 이 품은 먼저 감응의 도가 교차함을 밝힌
것이요

뒤에 품은 공덕을 찬탄하여 자체를 나타냄을 밝힌 것이니

앞의 회가 이미 마침에 장차 뒤의 회를 설할 것을 진술하려 하기에
그런 까닭으로 다음에 이 품이 여기에 온 것이다.

疏

二에 釋名者는 會名有三하니 一에 約處인댄 名夜摩天宮會라 夜摩
는 此云時分이니 卽空居之首라 表十行에 涉有化物호대 宜適其時
하니 時而後言하야사 聞者悅伏하며 時而後動하야사 見者敬從하나
니 涉有依空하고 卽事入玄일새 託此而說이라 二에 約人인댄 名功
德林이요 三에 約法인댄 名十行會니 並如後釋하니라 三皆依主니
라 次에 品名者는 大同於會하니라 然梵本中엔 上無升字하고 下有
神變하니 譯者가 以升爲神變이라 升爲神變이 略有四義하니 一은
不離前三하고 而升此故요 二는 升一處가 卽升一切處故요 三은

升已에 廣其處故요 四는 前後同時로 無障礙故니 謂佛以圓遍之
身으로 不起而升時分天宮이라 升屬如來요 夜摩約處니 相違釋
也라 前升須彌와 後升兜率은 準此可知니라

두 번째 이름을 해석한 것은 회의 이름이 세 가지가 있나니
첫 번째 처소를 잡는다면 이름이 야마천궁회이다.
야마는 여기에서 말하면 시분천時分天[3]이니
곧 공거천空居天[4]의 처음 하늘이다.
십행에 유有에 간섭하여 중생을 교화하되 마땅히 그 때에 맞추어서
함을 표하였으니,
때가 된 이후에 말을 하여야 듣는 사람이 기뻐하고 굴복하며, 때가
된 이후에 움직여야 보는 사람이 공경하고 따르나니 유에 간섭하여
공을 의지하고 사실에 즉하여 현묘함에 들어가기에 이것을 의지하여
설한 것이다.
두 번째[5] 사람을 잡는다면 이름이 공덕림이요
세 번째[6] 법을 잡는다면 이름이 십행회이니
모두 뒤에 해석한 것과 같다.

---

3 시분천時分天은 선시천善時天이라고도 한다.
4 공거천空居天은 지거천地居天과 반대로 욕계欲界의 야마천·도솔천·화락천·
　타화자재천의 사천四天과 색계십팔천色界十八天을 말한다. 즉 허공虛空에 있는
　하늘이라는 뜻이다.
5 약約 자 위에 二 자가 있어야 한다.
6 약約 자 위에 역시 三 자가 있어야 한다.

이 세 가지는[7] 다 의주석이다.

다음에 품의 이름은 회의 이름과 크게는 같다.
그러나 범본 가운데는 위에 승이라는 글자(升字)가 없고 아래에
신변神變[8]이라는 글자가 있나니,
번역한 사람이 승이라는 글자로써 신변이라는 글자를 삼은 것이다.
승이라는 글자로써 신변이라는 글자를 삼은 것이 간략하게 네 가지
뜻이 있나니
첫 번째는 앞에 세 가지[9]를 떠나지 않고 이 야마천에 오른 까닭이요
두 번째는 한 처소에 오르는 것이 곧 일체 처소에 오르는 까닭이요
세 번째는 오른 이후에 그 처소를 넓히는 까닭이요
네 번째는 전후가 동시로써 장애가 없는 까닭이니,
말하자면 부처님이 원만하게 두루한 몸으로써 일어나지 않고 시분천
궁에 오르는 것이다.
오른다고 한 것은 여래에 배속하고,
야마라고 한 것은 처소를 잡은 것이니
상위석이다.
앞에 수미산정에 오른 것과 뒤에 도솔천에 오른 것은 여기를 기준하
면 가히 알 수가 있을 것이다.

---

7 이 세 가지란, 一에 처處와 二에 인人과 三에 법法이다.
8 원문에 유신변有神變이란, 야마천궁신변품夜摩天宮神變品이라는 것이다.
9 앞에 세 가지(前三)란, 회명會名에 세 가지이니 처處, 인人, 법法이다.

疏

三에 宗趣者는 會品之宗은 並如前說하니 意趣可知라

세 번째 종취는 이 회와 이 품의 종취는 모두 앞에서 설한 것[10]과
같나니
그 의취는 가히 알 수가 있을 것이다.

---

10 원문에 명설名說이라고 한 것은 석명釋名 가운데 말한 것을 가리키는 것이니,
회명會名 가운데 이미 십행에 행덕行德의 뜻을 밝혔고 품명品名 가운데 이미
화주化主에 부감赴感의 뜻을 나타낸 까닭이다. 그 의취意趣는 곧 앞에 승수미산
정품으로 더불어 서로 같은 까닭으로 말하기를 그 의취를 가히 알 수가
있을 것이라 하였으니, 저 앞에 승수미산정품을 검증하여 이끌어 말한 것이
옳다 하겠다. 혹은 말하기를 명名 자는 응당 전前 자라 할 것이라 하나 그
뜻이 그렇지 않을까 염려한다. 만약 전前 자라고 한다면 어찌하여 유독 종宗만
저 앞에서 설한 것과 같다고 가리키겠는가. 취趣도 또한 같은 까닭이다.
이상은 다 『잡화기』의 말이다. 그러나 나는 전前 자로 해석하고 『잡화기』가
문제로 지적하는 회품會品의 종宗이라는 것도 종宗과 취趣로 나누지 않고
종취로 보고, 그 아래 의취意趣는 종취의 취가 아니라 위에 병여전설竝如前說
(名說)이라는 그 뜻을 말하는 것이라고 본다.

經

爾時에 如來威神力故로 十方一切世界에 一一四天下의 南閻浮提와 及須彌頂上에 皆見如來가 處於衆會어늘 彼諸菩薩이 悉以佛神力故로 而演說法호대 莫不自謂恒對於佛이러니

그때에 여래의 위신력인 까닭으로 시방의 일체 세계에 낱낱 사천하의 남염부제와 그리고 수미산 정상에 다 여래가 대중이 모인 가운데 거처하거늘, 저 모든 보살이 다 부처님의 위신력을 쓴 까닭으로 법을 연설하되 스스로 항상 부처님을 대면한다 말하지 아니함이 없는 줄 보더니

疏

四에 釋文者는 一品을 長分爲十하리니 第一은 本會圓遍이니 謂前會不散하고 而說後會故라 初句는 遍因이요 十方下는 遍相이라 亦有主伴等이니 並如上說하니라 但處加須彌라 則而演說法은 通上三會라

네 번째 경문을 해석한 것은 이 한 품을 크게 나누어 열 가지로 하리니
첫 번째는 본회가 원만하게 두루한 것이니,
말하자면 전회前會를 해산하지 않고 후회後會를 설하는 까닭이다.
처음 구절은 두루하는 원인이요

시방 일체라고 한 아래는 두루하는 모습이다.
또한 주·반 등의 모습이 있나니
모두 위에서 설한 것과 같다.
다만 처소에 수미정상이라는 말만 더하였을 뿐이다.
곧 법을 연설하였다고 한 것은 위의 삼회에 통하는 것이다.

鈔

則而演說法等者는 前第三會에 不離前二會하고 而昇인댄 則各有菩薩하야 承佛神力하야 說前二會之法이요 今加不離須彌頂上은 則如法慧菩薩이 承佛神力하야 說十住法故로 兼前二會하야 通三會法也라 餘義는 多同須彌頂品하니라

곧 법을 연설하였다고 한 등은 앞에 제삼회에서 앞에 이회二會를 떠나지 않고 수미산 정상에 올라갔다고 한다면 곧 각각 보살이 있어서 부처님의 위신력을 받아 앞에 이회二會의 법을 설한 것이요 지금에 수미정상을 떠나지 아니하였다고 한 말을 더한 것은 곧 법혜보살이[11] 부처님의 위신력을 받아 십주법을 설한 것과 같은 까닭으로 앞에 이회二會를 겸하여 삼회의 법을 통석한 것이다. 나머지 뜻은 다분히 수미정상품과 같다.

---

11 곧 법혜보살 운운한 것은 제삼회에서 법혜보살이 십주법을 설하였다. 지금 여기는 제사회로 십행법을 설하는 부분이다. 원문에 즉여則如라고 한 여如 자는 북장경에는 가加 자라 하였다.

經

爾時에 世尊이 不離一切菩提樹下와 及須彌山頂하고 而向於彼夜摩天宮寶莊嚴殿하시니

그때에 세존이 일체 보리수 아래와 그리고 수미산 정상을 떠나지 않고 저 야마천궁 보배장엄궁전을 향해 가시니

疏

第二에 爾時世尊下는 不離而升이라

제 두 번째 그때에 세존이라고 한 아래는 떠나지 않고 오르신 것이다.

經

時에 夜摩天王이 遙見佛來하고

그때 야마천왕이 멀리서 부처님이 오심을 보고

疏

第三에 時夜摩下는 天王見佛이니 並如前會하니라

제 세 번째 그때에 야마천왕이라고 한 아래는 천왕이 부처님을
보는 것이니
모두 전회前會와 같다.

經

卽以神力으로 於其殿內에 化作寶蓮華藏師子之座호대

곧 위신력으로써 그 장엄궁전 앞에 보배 연꽃으로 갈무리한 사자의
자리를 변화하여 짓되

疏

第四에 卽以下는 各嚴殿座라 初一句總이니 依空起行일새 故云化
作이요 無著導行일새 故曰蓮華요 一行含多일새 所以稱藏이라 餘
如上說하니라

제 네 번째 곧 위신력이라고 한 아래는 각각 궁전 안에 자리를
장엄한 것이다.
처음에 한 구절은 총구이니,
공을 의지하여 행을 일으키기에 그런 까닭으로 말하기를 변화하여
짓는다 한 것이요
집착함이 없이 행을 인도하기에 그런 까닭으로 말하기를 연꽃이라
한 것이요
한 행이 수많은 행을 포함하기에 그런 까닭으로 갈무리라 이름한
것이다.
나머지는 위에서 설한 것과 같다.

經

百萬層級으로 以爲莊嚴하며 百萬金網으로 以爲交絡하며 百萬
華帳과 百萬鬘帳과 百萬香帳과 百萬寶帳으로 彌覆其上하며 華
蓋鬘蓋와 香蓋寶蓋를 各亦百萬으로 周迴布列하며 百萬光明으
로 而爲照耀하며 百萬夜摩天王이 恭敬頂禮하며 百萬梵王이 踊
躍歡喜하며 百萬菩薩이 稱揚讚歎하며 百萬天樂이 各奏百萬種
法音하야 相續不斷하며 百萬種華雲과 百萬種鬘雲과 百萬種莊
嚴具雲과 百萬種衣雲이 周匝彌覆하며 百萬種摩尼雲이 光明照
耀하나니 從百萬種善根所生이며 百萬諸佛之所護持며 百萬種
福德之所增長이며 百萬種深心과 百萬種誓願之所嚴淨이며 百
萬種行之所生起며 百萬種法之所建立이며 百萬種神通之所變
現이니 恒出百萬種言音하야 顯示諸法하니라

백만 층계로써 장엄하며

백만 황금 그물로써 서로 이으며

백만 꽃 휘장과 백만 화만 휘장과 백만 향 휘장과 백만 보배 휘장으
로 그 위를 가득 덮으며

꽃 일산과 화만 일산과 향 일산과 보배 일산을 각각 또한 백만으로
두루 돌려 펴며

백만 광명으로 비추며

백만 야마천왕이 공경스레 정례하며

백만 범천왕이 뛰면서 환희하며

백만 보살이 칭양하여 찬탄하며

백만 하늘 음악이 각각 백만 가지 법음을 연주하여 계속 끊어지지 않게 하며

백만 가지 꽃구름과 백만 가지 화만 구름과 백만 가지 장엄구 구름과 백만 가지 옷 구름이 두루 돌아 가득 덮으며

백만 가지 마니 구름이 광명을 비추나니

백만 가지 선근으로 좇아 생기한 바이며

백만 모든 부처님이 보호하여 가지는 바이며

백만 가지 복덕으로 증장한 바이며

백만 가지 깊은 마음과 백만 가지 서원으로 장엄하여 청정히 한 바이며

백만 가지 행으로 생기한 바이며

백만 가지 법으로 건립한 바이며

백만 가지 신통으로 변화하여 나타낸 것이니

항상 백만 가지 말소리를 내어 모든 법을 현시합니다.

疏

百萬已下는 別顯嚴相이라 於中四니 初는 明座體備德嚴이니 皆云 百萬은 位漸增故라 次에 百萬夜摩下는 明座旁圍繞嚴이요 三에 從百萬下는 法門行德嚴이라 文有八句나 攝爲四對리니 一은 因緣 이요 二는 福智니 深心契理故요 三은 願行이요 四는 體用이니 無生 法體之所起故라 四에 末後一句는 法敎流通嚴이라

백만이라고 한 이하는 따로 장엄하는 모습을 나타낸 것이다.

그 가운데 네 가지가 있나니

처음에는 자리 자체가 공덕을 갖춘 장엄을 밝힌 것이니

다 말하기를 백만이라고 한 것은 지위가 점점 증승한 까닭이다.

다음에 백만 야마천왕이라고 한 아래는 사자의 자리 옆에 에워싼 장엄을 밝힌 것이요

세 번째 백만 가지 선근으로 좇아 생기한 바라고 한 아래는 법문과 행덕으로 장엄한 것이다.

경문에 여덟 구절이 있지만[12] 섭수하여 사대四對로 하리니

첫 번째는 원인과 조연이요

두 번째는 복덕과 지혜이니

깊은 마음이 진리에 계합한 까닭이요

세 번째는 서원과 행이요

네 번째는 자체와 작용이니

무생법인의 자체로 생기하는 바인 까닭이다.

네 번째 끝에 한 구절은 법의 가르침과 유통의 장엄이다.

---

12 경문에 여덟 구절이 있다고 한 것은 백만 가지 선근이라 한 이하에 여덟 구절을 말한다.

經

時彼天王이 敷置座已에 向佛世尊하야 曲躬合掌하며 恭敬尊重
하야 而白佛言호대 善來世尊이시여 善來善逝시여 善來如來應正
等覺이시여 唯願哀愍處此宮殿하소서

그때에 저 야마천왕이 자리를 편 이후에 부처님 세존을 향하여
몸을 굽혀 합장하며 공경하고 존중하여 부처님께 여쭈어 말하기를
잘 오셨습니다, 세존이시여.
잘 오셨습니다, 선서시여.
잘 오셨습니다, 여래 · 응공 · 정등각이시여.
오직 원컨대 어여삐 여기사 이 궁전에 거처하소서.

疏

第五에 時彼下는 請佛居殿이라

제 다섯 번째 그때에 저 야마천왕이라고 한 아래는 부처님을 청하여
궁전에 거처하게 하시는 것이다.

經

時佛受請하사 卽昇寶殿하시니 一切十方도 悉亦如是하니라

그때에 부처님이 청함을 받아 곧 보배의 궁전에 오르시니
일체 시방에 부처님도 다 또한 이와 같이 하였습니다.

疏

第六에 時佛下는 如來受請이라

제 여섯 번째 그때에 부처님이라고 한 아래는 여래가 청함을 받은
것이다.

經

爾時天王이 **卽自憶念過去佛所**에 **所種善根**하야 **承佛神力**하야 **而說頌言**호대

그때 야마천왕이 곧 스스로 과거 부처님의 처소에서 심은 바 선근을 기억하고 생각하여 부처님의 위신력을 받아 게송을 설하여 말하기를

疏

第七에 **爾時下**는 **各念昔因**이라 **然晉經**엔 **亦有樂音止息**이어늘 **今略無者**는 **譯人之意**니 **謂不如十解**의 **會事歸理**라하야 **不云樂音止息**하고 **不及迴向**의 **事理無礙**라하야 **不云熾然**이니 **退可同前**하고 **進可齊後**일새 **故並略之**니라

제 일곱 번째 그때라고 한 아래는 각각 옛날의 인연을 생각하는 것이다.
그러나 진경晉經에는 또한 음악이 그친다는 말이 있거늘[13] 지금에 생략되어 없는 것은 번역한 사람의 뜻이니,
말하자면 십해十解의 사실을 모아 진리에 돌아가는 것과 같지 않다

---

13 원문에 진경역유악음지식晉經亦有樂音止息이라고 한 것은, 진경晉經에는 爾時에 樂音止樂하니 天王이 卽自憶念 云云하였다는 것이다.

하여 음악이 그쳤다고 말하는 것이 아니고, 십회향의 사실과 진리가
걸림이 없음에 미치지 않는다 하여 치연하다고 말하는 것이 아니니
물러남에 가히 앞에 십주와 같고 나아감에 가히 뒤에 십회향과
같기에 그런 까닭으로 모두 생략한 것이다.

經

名稱如來聞十方하사 諸吉祥中最無上하시니
彼曾入此摩尼殿일새 是故此處最吉祥하니다

명칭여래가 시방에 들리어
모든 길상 가운데 최고로 더 이상 없으시니
저 여래가 일찍이 이 마니 궁전에 들어갔기에
이런 까닭으로 이곳이 최고로 길상합니다.

疏

第八에 偈讚十佛이라 此十佛은 是前會十佛之前에 如次十佛이니
明位漸高에 念昔亦遠이어니와 理實三世諸佛이 皆同此說이라 餘
如前會하니라 文亦有二하니 先은 明此界요 後는 辨結通이라 前中
十偈이 亦各有四하니 初句는 標名讚別德이요 次句는 通顯具吉
祥이요 三은 憶曾入此殿이요 四는 結處成勝極이라 亦初一句는
諸頌不同이니 初二字는 別名이요 次二字는 通號요 下三字는 別德
이라 亦皆以下別德으로 釋上別名이니 一은 以聞十方으로 釋成名
稱이라

제 여덟 번째는 게송으로 열 부처님을 찬탄한 것이다.
여기에 열 부처님은 전회前會의 열 부처님 앞에[14] 차례와 같이[15]
열 부처님이니,

지위가 점점 높아짐에 과거 옛날을 생각하는 것도 또한 멀리까지 생각함을 밝힌 것이어니와 이치는 실로 삼세에 모든 부처님이 다 여기에서 설한 것과 같다.

나머지는 전회[16]에서 설한 것과 같다.

경문에 또한 두 가지가 있나니

먼저는 이 세계를 밝힌 것이요

뒤에는 맺어서 통석한 것을 분별한 것이다.[17]

앞의 이 세계를 밝힌 가운데 열 게송이 또한 각각 네 가지가 있나니

처음 구절은 이름을 표하여 다른 공덕을 찬탄한 것이요

다음 구절은 길상 갖춘 것을 다 나타낸 것이요

세 번째 구절은 일찍이 이 궁전에 들어간 것을 기억하는 것이요

네 번째 구절은 이 처소가 최극으로 수승함을 이룬다고 맺는 것이다.

---

14 원문에 십불지전十佛之前은 영인본影印本 화엄 5책, p.464이다.

15 앞에 차례와 같다고 운운한 것은 여기 열 부처님으로써 앞에 열 부처님(영인본 화엄 5책, p.464)을 상대하여 그 지위가 높은 것을 말한 것이고, 여기 열 부처님 가운데 스스로 수승하고 하열한 것을 말한 것은 아니다. 역시 『잡화기』의 말이다. 『유망기』는 차례와 같이 열 부처님이라고 한 것은 명칭여래 앞에 보왕여래와 보왕여래 앞에 희목여래와 내지 무승여래 앞에 고행여래이니, 차례가 앞에 열 부처님과 같은 까닭으로 차례와 같이 열 부처님이라 한 것이다 하였다.

16 전회란, 제삼회이다.

17 원문에 후별결통後辨結通이란, 영인본 화엄 6책, p.357, 7행을 가리킨 것이다. 소문疏文엔 없다. 단 속장경續藏經에만 第二에 如此世界中下는 結通이니 可知라 하였다.

또 처음에 한 구절은 모든 게송이 같지 않나니,
처음에 두 글자는[18] 다른 이름이요
다음에 두 글자는[19] 같은 이름이요
아래에 세 글자는[20] 다른 공덕이다.
또한 다 아래의 다른 공덕으로써 위에 다른 이름을 해석한 것이니
첫 번째는 시방에 들린다는 말로써 명칭을 해석하여 성립한 것이다.

---

18 처음에 두 글자는 명칭이다.
19 다음에 두 글자는 여래이다.
20 아래에 세 글자는 문시방이다.

經

寶王如來世間燈하사 諸吉祥中最無上하시니
彼曾入此淸淨殿일새 是故此處最吉祥하니다

보왕여래가 세간의 등불이 되어
모든 길상 가운데 최고로 더 이상 없으시니
저 여래가 일찍이 이 청정한 궁전에 들어갔기에
이런 까닭으로 이곳이 최고로 길상합니다.

疏

二는 以世間燈으로 釋寶王義라 珠有夜光하야 可代燈者가 爲寶中
王이요 佛有智光하야 照無明夜일새 故曰寶王이라

두 번째는 세간의 등불이라는 말로써 보왕의 뜻을 해석한 것이다.
구슬에 야광이 있어서 가히 등불을 대신할 만한 것이 보배 가운데
왕이 되는 것이요
부처님에게 지혜의 광명이 있어서 무명의 어두운 밤을 비추기에
그런 까닭으로 말하기를 보왕寶王이라 하는 것이다.

經

喜目如來見無礙하사 諸吉祥中最無上하시니
彼曾入此莊嚴殿일새 是故此處最吉祥하니다

然燈如來照世間하사 諸吉祥中最無上하시니
彼曾入此殊勝殿일새 是故此處最吉祥하니다

饒益如來利世間하사 諸吉祥中最無上하시니
彼曾入此無垢殿일새 是故此處最吉祥하니다

善覺如來無有師하사 諸吉祥中最無上하시니
彼曾入此寶香殿일새 是故此處最吉祥하니다

희목여래가 보는 것이 걸림이 없어서
모든 길상 가운데 최고로 더 이상 없으시니
저 여래가 일찍이 이 장엄 궁전에 들어갔기에
이런 까닭으로 이곳이 최고로 길상합니다.

연등여래가 세간을 비추어
모든 길상 가운데 최고로 더 이상 없으시니
저 여래가 일찍이 이 수승한 궁전에 들어갔기에
이런 까닭으로 이곳이 최고로 길상합니다.

요익여래가 세간을 이익하여
모든 길상 가운데 최고로 더 이상 없으시니
저 여래가 일찍이 이 때 없는 궁전에 들어갔기에
이런 까닭으로 이곳이 최고로 길상합니다.

선각여래가 스승이 없어서
모든 길상 가운데 최고로 더 이상 없으시니
저 여래가 일찍이 이 보배향 궁전에 들어갔기에
이런 까닭으로 이곳이 최고로 길상합니다.

疏

三四五六은 義並可知라

제 세 번째와 네 번째와 다섯 번째와 여섯 번째 게송은 그 뜻을
모두 가히 알 수가 있을 것이다.

經

勝天如來世中燈하사 諸吉祥中最無上하시니
彼曾入此妙香殿일새 是故此處最吉祥하니다

승천여래가 세간 가운데 등불이 되어
모든 길상 가운데 최고로 더 이상 없으시니
저 여래가 일찍이 이 묘한 향의 궁전에 들어갔기에
이런 까닭으로 이곳이 최고로 길상합니다.

疏

七은 以世燈으로 釋勝天者는 身智光照가 勝於天故라

일곱 번째는 세간의 등불이라는 말로써 승천을 해석한 것은 신지身智
광명의[21] 비침이 하늘보다 수승한 까닭이다.

---

21 신지身智 광명이란, 이광二光으로써 신광身光과 지광智光이다.

經

無去如來論中雄하사 諸吉祥中最無上하시니
彼曾入此普眼殿일새 是故此處最吉祥하니다

무거여래가 논리 가운데 영웅이 되어
모든 길상 가운데 최고로 더 이상 없으시니
저 여래가 일찍이 이 보안의 궁전에 들어갔기에
이런 까닭으로 이곳이 최고로 길상합니다.

疏

八은 以論雄으로 釋無去者는 具勇智辯하야 不可動故라

여덟 번째는 논리의 영웅이라는 말로써 무거를 해석한 것은 용맹한
지혜의 변재를 갖추어 가히 동요하지 않는 까닭이다.

経

無勝如來具衆德하사 諸吉祥中最無上하시니
彼曾入此善嚴殿일새 是故此處最吉祥하니다

苦行如來利世間하사 諸吉祥中最無上하시니
彼曾入此普嚴殿일새 是故此處最吉祥하니다

무승여래가 수많은 공덕을 구족하여
모든 길상 가운데 최고로 더 이상 없으시니
저 여래가 일찍이 이 잘도 장엄된 궁전에 들어갔기에
이런 까닭으로 이곳이 최고로 길상합니다.

고행여래가 세간을 이익케 하여
모든 길상 가운데 최고로 더 이상 없으시니
저 여래가 일찍이 이 널리 장엄된 궁전에 들어갔기에
이런 까닭으로 이곳이 최고로 길상합니다.

疏

九十은 可知라 又此中殿은 各擧別名이니 初一은 嚴體요 下는 皆寶
之別德이니 謂此寶淸淨하며 以用莊嚴하며 殊勝하며 無垢하며 此
寶發香하며 是香必妙하며 能嚴之寶를 無所不見이 可謂普眼이며
如是嚴者가 是善莊嚴이며 無處不嚴이 名普嚴也라 又善嚴者는

善因生故니라

제 아홉 번째와 열 번째 게송은 가히 알 수가 있을 것이다.
또 이 가운데 궁전은 각각 다른 이름을 거론한 것이니,
처음에 한 게송은 장엄의 자체요
아래 나머지 게송은 다 보왕寶王의 다른 공덕이니,
말하자면 이 보왕이 청정[22]하며
이것으로써 장엄[23]하며
수승[24]하며
때가 없으며[25]
이 보왕이 향기를 발하며[26]
이 향기가 반드시 묘하며[27]
능히 장엄하는 보왕을[28] 보지 못하는 바가 없는 것이 가히 보인[29]이라
말하는 것이며,

---

22 청정淸淨은 제이게第二偈이다.
23 장엄莊嚴은 제삼게第三偈이다.
24 수승殊勝은 제사게第四偈이다.
25 무구無垢는 제오게第五偈이다.
26 발향發香은 제육게第六偈이다.
27 묘향香妙은 제칠게第七偈이다.
28 능히 장엄하는 보왕 운운은 이미 말하기를 언음言音을 설출하여 법을 현시하였
  다면 곧 어찌 유독 능히 장엄하는 보왕만 보지 못하겠는가. 법이 그렇게
  이와 같아서 가히 의심할 것이 없는 것이다.
29 보안普眼은 제팔게第八偈이다.

이와 같이 장엄한 것이 이것이 잘 장엄[30]하는 것이며,

처소마다 장엄하지 않는 곳이 없는 것이 이름이 널리 장엄[31]하는

것이다.

또 잘 장엄한다고 한 것은 선한 인연으로 생기하는 까닭이다.

---

30 선장엄善莊嚴은 제구게第九偈이다.

31 장엄莊嚴은 제십게第十偈이다.

經

如此世界中에 夜摩天王이 承佛神力하야 憶念往昔의 諸佛功德
하고 稱揚讚歎하야 十方世界에 夜摩天王도 悉亦如是하야 歎佛
功德하니라

이 세계 가운데[32] 야마천왕이 부처님의 위신력을 받아 지나간 옛날
에 모든 부처님의 공덕을 기억하여 생각하고 칭양하여 찬탄하는
것과 같이 시방세계에 야마천왕도 다 또한 이와 같이 부처님의
공덕을 찬탄합니다.

---

32 원문에 여차세계如此世界 아래(下)는 즉 후변결통後辨結通이니 可知라.

經

爾時世尊이 入摩尼莊嚴殿하사 於寶蓮華藏師子座上에 結跏趺
坐하시니

그때 세존이 마니로 장엄한 궁전에 들어가 보배 연꽃으로 갈무리한
사자의 자리 위에 결가부좌하고 앉으시니

疏

第九에 爾時世尊入下는 佛同升殿이라

제 아홉 번째 그때에 세존이 마니로 장엄한 궁전에 들어갔다고
한 아래는 부처님이 다 같이 마니 궁전에 오른 것이다.

經

此殿이 忽然廣博寬容호미 如其天衆의 諸所住處하며 十方世界
도 悉亦如是하니라

이 궁전이 홀연히 넓어져 너그럽게 수용하는 것이 마치 그 천중들의
모든 머무는 바 처소와 같으며
시방세계에도 다 또한 이와 같았습니다.

疏

第十에 此殿下는 處忽寬容이니 並如前會하니라

열 번째 이 궁전이라고 한 아래는 처소가 홀연히 넓어져 수용하는
것이니
모두 전 회前會에서 설한 것과 같다.

영인본 6책 呂字卷之二

대방광불화엄경수소연의초 제십구권의 이권

大方廣佛華嚴經隨疏演義鈔 第十九卷之二卷

우진국 삼장사문 실차난타 번역

청량산 대화엄사 사문 징관 찬술

대한민국 조계종 사문 수진 현토역주

야마천궁게찬품 제이십권
夜摩天宮偈讚品 第二十卷

疏

初來意者는 助化讚揚故며 說行體性故며 行所依故라 然三天偈
讚이 來意宗趣는 大旨是同이나 但解行願이 以爲異耳니라

이 품이 여기에 온 뜻은 교화함을 도와 찬양하는 까닭이며,
행의 체성을 설한 까닭이며,
행이 의지할 바인 까닭이다.
그러나 삼천의 게찬품[1]이 온 뜻과 종취는 큰 뜻은 이에 같지만 다만
해와 행과 원이 다를 뿐이다.[2]

---

1 삼천三天의 게찬품偈讚品이란, 제삼회第三會 수미정상게찬품須彌頂上偈讚品과
제사회第四會 야마천궁게찬품夜摩天宮偈讚品과 제오회第五會 도솔천궁게찬품
兜率天宮偈讚品이다.

2 원문에 단해행원但解行願이 이위이이以爲異耳란, 解는 十住니 수미정상게찬품
이고, 行은 十行이니 今 야마천궁게찬품이고, 願은 十向이니 도솔천궁게찬품
이다.

疏

二에 釋名과 三에 宗趣는 亦不異前이나 約處約行이 少有別耳니라

두 번째 이름을 해석한 것과 세 번째 종취는 또한 앞에서 말한
것과 다르지 않지만 처소를 잡은 것과[3] 행을 잡은 것이 조금 다름이
있을 뿐이다.

---

3 처소를 잡았다 운운한 것은 이름을 해석한 가운데는 저 앞에서는 수미산처를
  잡았고 여기서는 야마천궁처를 잡았으며, 종취 가운데는 저 앞에서는 십주의
  행을 설하였고 여기서는 십행의 행을 잡아 설한 까닭이다. 역시 『잡화기』의
  말이다.

經

爾時에 佛神力故로

그때에 부처님의 위신력인 까닭으로

疏

四에 釋文者는 文亦有三하니 一은 集衆이요 二는 放光이요 三은
偈讚이라 初中有十하니 一은 明集因이니 亦卽各隨其類하야 爲現
神通也라

네 번째 경문을 해석한 것은 경문에 또한 세 가지가 있나니
첫 번째는 대중이 모이는 것이요
두 번째는 광명을 놓는 것이요
세 번째는 게송으로 찬탄하는 것이다.
처음 가운데 열 가지가 있나니
첫 번째는 모이는 원인을 바로 밝힌 것이니
또한 곧 각각 그 유형을 따라서 신통을 나타내는 것이다.

經

十方에 各有一大菩薩하야

시방에 각각 한 사람의 큰 보살이 있어서

疏

二에 十方下는 辨主菩薩이라

두 번째 시방이라고 한 아래는 주主 보살을 분별한 것이다.

經

一一各與佛刹微塵數菩薩俱하야

낱낱이 각각 부처님의 국토에 작은 티끌 수만치 많은 보살로 더불어
함께하여

疏

三에 一一下는 明眷屬數라

세 번째 낱낱이라고 한 아래는 권속 보살의 수를 밝힌 것이다.

經

從十萬佛刹의 微塵數國土外에 諸世界中으로 而來集會하니

십만 부처님의 국토에 작은 티끌 수만치 많은 국토 밖에 모든
세계 가운데로 좇아 와서 모이니

疏

四에 從十萬下는 來處分量이라 然顯數隨位增이니 信十住百이요
迴向是萬이라 此合當千이어늘 而云十萬은 或譯人之誤며 或是十
百이니 則傳寫之誤라

네 번째 십만이라고 한 아래는 오는 처소의 분량이다.
그러나 그 수가 지위를 따라 증승함을 나타낸 것이니
십신은 십 불찰이요
십주는 백 불찰이요
십회향은 이에 만 불찰이다.
이 십회향은 합당히 천 불찰에 해당하거늘 십만 불찰이라고 말한
것은 혹 번역한 사람의 오류이며,
혹 십의 백이니 곧 전사한 사람의 오류이다.

經

其名曰功德林菩薩과 慧林菩薩과 勝林菩薩과 無畏林菩薩과 慚
愧林菩薩과 精進林菩薩과 力林菩薩과 行林菩薩과 覺林菩薩과
智林菩薩이요

그 이름을 말하면 공덕숲 보살과

지혜숲 보살과

수승한 숲 보살과

두려움이 없는 숲 보살과

부끄러워하는 숲 보살과

정진숲 보살과

힘 있는 숲 보살과

수행의 숲 보살과

깨달음의 숲 보살과

지혜숲 보살이요

疏

五에 其名下는 列菩薩名이라 同名林者는 表十行建立故며 行類
廣多故며 聚集顯發故며 深密無間故며 扶疎庇映故라 此十菩薩
은 表行之體也니 可以意로 消息之니라

다섯 번째 그 이름이라고 한 아래는 보살의 이름을 열거한 것이다.

다 이름을 숲이라고 한 것은 십행의 수건修建과 성립成立을 표한 까닭이며

행의 유형이 넓은 것과 많은 것을 표한 까닭이며

모으는 것과 발현하는 것을 표한 까닭이며

깊고 비밀한 것과 간단이 없는 것을 표한 까닭이며

무성한 것과 덮어서[4] 비추어 주는 것을 표한 까닭이다.

이 열 보살은 행의 자체를 표한 것이니

가히 뜻으로써 그 소식을 알아야 할 것이다.

鈔

表十行建立故者는 此有五義하니 大意可知라 初言建立者는 於法
性無修之中에 而起修故요 二는 萬行非一故요 三은 聚爲十度와 四
等菩薩行하야 顯發性德하야 令現前故라 故起信云호대 以知法性이
無慳貪故로 隨順修行檀波羅蜜等이라하니라 四는 一一契理日深이
며 意趣祕妙爲密이며 相續爲無間이라 五에 扶疎는 卽茂盛之貌니
如一布施에 國城內外와 頭目髓腦를 而興起故等이라 言庇映者는
一一行門이 與慈悲俱하야 普蔭一切一하야 相映帶故니라 若建謂修
建이요 立謂成立이며 廣謂體廣이요 多謂類異인댄 則五句皆二니 便
成十義니라 下三에 各二는 可知라 故下結云호대 可以意消息之라하
니라

_____

4 庇는 '덮을 비' 자이다.

십행의 수건과 성립을 표한 까닭이라고 한 것은 여기에 다섯 가지
뜻이 있나니

대의는 가히 알 수가 있을 것이다.

처음에 수건과 성립이라고 말한 것은 법성의 닦을 것이 없는 가운데
닦을 것을 일으키는 까닭이요

두 번째는 만행이 하나가 아닌 까닭이요

세 번째는 십바라밀과 사섭법 등[5] 보살행을 모아 성덕을 발현하여
하여금 앞에 나타나게 하는 까닭이다.

그런 까닭으로 『기신론』에 말하기를 법성이 간탐이 없는 줄 아는
까닭으로 보시바라밀을 수순하여 수행하는 등이다 하였다.

네 번째는 낱낱이 진리에 계합하는 것을 깊다 말하는 것이며
의취가 신비하고 묘한 것을 비밀하다 하는 것이며

상속하는 것을 간단히 없다 하는 것이다.

다섯 번째 부소扶疏라고 한 것은 곧 무성한 모습이니,

마치 하나를 보시함에 국성國城의 안과 밖과 머리와 눈과 골수와
뇌를 흥기興起하는 까닭이다 한 등과 같다.

덮어서 비추어 준다고 말한 것은 낱낱 행문이 자비로 더불어 함께하
여 일체를 널리 덮어 서로 비추어 차는 까닭이다.

만약 건建을 수건이라 말하고 입立을 성립이라 말하며 넓은 것을

---

5 등等이란, 장경藏經엔 등等 자가 있다. 등等 자엔 사무량심四無量心 등이 포함되
어 있다. 『잡화기』에는 사보살행四菩薩行이라고 한 것은 사등四等이라 하니
사등보살행四等菩薩行이라는 것으로 등等 자가 빠졌다는 것이다.

행의 자체가 넓다고 말하고 많은 것을 유형이 다르다고 말하였다면
곧 다섯 구절이 다 두 가지인 것이니,
곧 열 가지 뜻을 이루는 것이다.
아래 세 구절에 각각 두 가지는[6] 가히 알 수가 있을 것이다.
그런 까닭으로 아래에 맺어서 말하기를 가히 뜻으로써 그 소식을
알아야 할 것이다 하였다.

---

6 아래 세 구절에 각각 두 가지라고 한 것은, 하나는 모으는 것과 발현하는
  것이며, 또 하나는 깊고 비밀한 것과 간단이 없는 것이며, 또 하나는 무성한
  것과 덮어 비추어주는 것이다.

經

此諸菩薩의 所從來國은 所謂親慧世界와 幢慧世界와 寶慧世界
와 勝慧世界와 燈慧世界와 金剛慧世界와 安樂慧世界와 日慧世
界와 淨慧世界와 梵慧世界며

이 모든 보살의 좇아온 바 국토는 말하자면 친한 지혜세계와
당기지혜세계와
보배지혜세계와
수승한 지혜세계와
등불지혜세계와
금강지혜세계와
안락한 지혜세계와
햇빛지혜세계와
청정한 지혜세계와
청정한 범행梵行지혜세계이며

疏

六에 此諸菩薩下는 來處刹名이라 同名慧者는 十解之慧가 行所
依故라

여섯 번째 이 모든 보살이라고 한 아래는 온 곳의 세계 이름이다.
다 지혜(慧)라고 이름한 것은 십해의 지혜가 십행의 의지할 바인
까닭이다.

經

此諸菩薩이 各於佛所에 淨修梵行하니 所謂常住眼佛과 無勝眼
佛과 無住眼佛과 不動眼佛과 天眼佛과 解脫眼佛과 審諦眼佛과
明相眼佛과 最上眼佛과 紺靑眼佛이니라

이 모든 보살이 각각 저 부처님의 처소에서 청정하게 범행을 닦았
으니,
말하자면 항상 머무는 눈동자 부처님과
이길 수 없는 눈동자 부처님과
머물지 않는 눈동자 부처님과
움직이지 않는 눈동자 부처님과
하늘 눈동자 부처님과
해탈의 눈동자 부처님과
잘 찾아 살피는 눈동자 부처님과
밝은 모습 눈동자 부처님과
최상의 눈동자 부처님과
검푸른 눈동자 부처님입니다.

疏

七에 此諸菩薩이 各於下는 明所事諸佛이니 同名眼者는 以智導
行하야 了了分明하야 成有目之足故니라 斯卽十行當位之果佛이

거늘 於此位顯者는 皆名眼故니 宜以當界之佛과 與當界菩薩로 共相屬對하고 思而釋之리라

일곱 번째 이 모든 보살이 각각 저 부처님의 처소라고 한 아래는 섭긴 바 모든 부처님을 밝힌 것이니,

다 이름을 눈동자(眼)라고 한 것은 지혜로써 행을 인도하여 뚝뚝하고 분명하여 눈동자가 있는 다리를 이루는 까닭이다.

이것은 곧 십행 당위當位의 과불이거늘 이 지위에서 나타낸 것은 다 이름이 눈동자 부처님(眼佛)인 까닭이니,

마땅히 당계當界의 부처님과 당계의 보살로 더불어 함께 서로 배속하여 상대하고 생각하여 해석할 것이다.

鈔

宜以當界等者는 以佛은 是當位之果요 菩薩은 卽當位之因이라 如功德林菩薩을 下釋云호대 積行在躬하야 功德圓滿이라하니 故得成於 常住之果요 二는 慧爲最勝故로 成無勝眼이요 三은 悟勝義諦가 名爲 勝林일새 故成無住眼佛이요 四는 聞深無畏일새 故成不動이요 五는 崇眞拒迷일새 成大光淨이요 六은 事理無差하야 離身心相일새 故得 解脫이요 七은 了相不動일새 得審諦眼이요 八은 照理正修일새 故成 明相이요 九는 照心本源일새 果成最上이요 十은 鑒達諸佛이 逈超聲 色하야 心言路絶일새 故名智林이니 故得果妙明일새 爲紺靑眼이라 以菩薩名은 下文自釋일새 故令屬對니 則果號可知니라

마땅히 당계라고 한 등은 부처님은 이 당위의 과보요

보살은 곧 당위의 원인이다.

공덕숲 보살과 같은 이를 아래[7]에 해석하여 말하기를 수행을 쌓는 것이 몸에 있어 공덕이 원만하다 하였으니,

그런 까닭으로 항상 머무는 과보부처님[8]을 얻어 이루는 것이요

두 번째는 지혜가 가장 수승한 까닭으로 이길 수 없는 눈동자 부처님을 이루는 것이요

세 번째는 승의제勝義諸를 깨달은 것이 이름이 수승한 숲이 되기에 그런 까닭으로 머물지 않는 눈동자 부처님을 이루는 것이요

네 번째는 깊은 법을 듣고 두려움이 없었기에 그런 까닭으로 움직이지 않는 눈동자 부처님을 이루는 것이요

다섯 번째는 참다운 것을 숭상하고 미혹한 것을 거부하였기에[9] 큰 광명 맑은 눈동자 부처님[10]을 이루는 것이요

---

7 아래란, 영인본 화엄 6책, p.366, 2행이다.

8 원문에 상주지과常住之果는 상주안불常住眼佛이다. 여기로부터 열 부처님의 이름을 五에 십림十林 보살과 六에 십혜十慧 세계를 배속하고 상대하여 해석하였으니 잘 살펴볼 것이다.

9 참다운 것을 숭상하고 미혹한 것을 거부하였다고 운운한 것은 가히 아래 소문(운자권雲字卷 16장, 상, 5행, 『유식론』에 말하기를이라 한 이하)을 검증하여 말한다면 『백법론』 주註에 말하기를 참慚은 현선賢善을 숭상하고 존중하는 것으로 자성을 삼고, 괴愧는 폭악暴惡을 가볍게 거부하는 것으로 자성을 삼는다 하였다. 『유망기』에는 『유식론』에 현선을 숭상하고 존중하는 것으로 참慚을 삼고, 폭악을 가볍게 거부하는 것으로 괴愧를 삼는다 한 것이 이것이다 하였다.

10 원문에 대광정안불大光淨眼佛은 천안불天眼佛이다.

여섯 번째는 사실과 진리가 차별이 없어서 몸과 마음의 모습을 떠났기에 그런 까닭으로 해탈의 눈동자 부처님을 얻는 것이요

일곱 번째는 몸과 마음의 모습[11]을 요달하여 움직이지 않았기에 잘 찾아 살피는 눈동자 부처님을 얻는 것이요

여덟 번째는 진리를 비추어 바로 수행하였기에 그런 까닭으로 밝은 모습 눈동자 부처님을 이루는 것이요

아홉 번째는 마음의 본원을 비추었기에 과보가 최상의 눈동자 부처님을 이루는 것이요

열 번째는 모든 부처님이 소리와 색상을 멀리 뛰어나 마음의 길과 언어의 길이 끊어진 줄 비추어 요달하였기에 그런 까닭으로 지혜의 숲[12]이라 이름하는 것이니,

그런 까닭으로 과보의 묘명을 얻었기에 검푸른 눈동자 부처님이라 하는 것이다.

보살의 이름은 하문下文에 스스로 해석하였기에 그런 까닭으로 하여금 배속하여 상대케 한 것이니,

곧 과의 불호(果號)[13]는 가히 알 수가 있을 것이다.

---

11 모습(相)이란, 두 가지로 볼 수 있다. 첫째는 신심지상身心之相이고, 둘째는 사상지상事相之相이다. 위로 여섯 번째를 비교한다면 신심지상身心之相이고, 아래로 여덟 번째 조리지리照理之理를 비견하면 사상지상事相之相이다.

12 원문에 지림智林은 上에 보살명菩薩名을 此에 불명佛名에 비견하여 말한 것이다.

13 원문에 과호果號는 佛이요, 인호因號는 菩薩이다.

經

是諸菩薩이 至佛所已에 頂禮佛足하고

이 모든 보살이 부처님의 처소에 이른 이후에 부처님의 발에 정례
하고

疏

八에 是諸下는 至已設敬이라

여덟 번째 이 모든 보살이라고 한 아래는 부처님의 처소에 이른
이후에 공경을 베푸는 것이다.

經

隨所來方하야 各化作摩尼藏師子之座하야 於其座上에 結跏趺
坐하니

좇아온 바 방소를 따라 각각 마니로 갈무리한 사자의 자리를 변화하
여 지어서 그 자리 위에 결가부좌하고 앉으니

疏

九에 隨所下는 參而不雜이라

아홉 번째 좇아온 바 방소라고 한 아래는 섞이지만 잡되지 않는
것이다.

經

如此世界中에 夜摩天上에 菩薩來集하야 一切世界도 悉亦如是
하며 其諸菩薩世界와 如來所有名號도 悉等無別하니라

이 세계 가운데 야마천상에 보살이 와서 모인 것과 같이 일체
세계에도 다 또한 이와 같이 하였으며
그 모든 보살의 세계와 여래가 가지고 있는 바 이름도 다 같아
다름이 없었습니다.

疏

十에 如此下는 結通無盡이라

열 번째 이 세계 가운데라고 한 아래는 끝이 없는 것을 맺어 통석한
것이다.

經

爾時世尊이 從兩足上으로 放百千億妙色光明하야 普照十方의 一切世界에 夜摩宮中에 佛及大衆하사 靡不皆現하시니

그때 세존이 두 발 위로 좇아 백천억 묘한 색 광명을 놓아서 널리 시방의 일체 세계에 야마천궁 가운데 부처님과 그리고 대중을 비추어 다 나타내지 아니함이 없으시니

疏

第二에 爾時下는 放光이라 足上은 謂趺背니 行必動故며 背는 依輪指하야 得有用故니 表行依信解하야 而成用故라 餘同前會하니라

제 두 번째 그때라고 한 아래는 광명을 놓으신 것이다.
발 위(足上)라고 한 것은 말하자면 발등이니
행함에 반드시 움직이는 까닭이며
발등은 족륜과 족지를 의지하여 작용이 있음을 얻는 까닭이니
행이 신信과 해解를 의지하여 작용을 이루는 것을 표한 까닭이다.
나머지는 전회前會와 같다.

經

爾時에 功德林菩薩이 承佛威力하야 普觀十方하고 而說頌言호대

그때에 공덕숲 보살이 부처님의 위신력을 받아 널리 시방을 관찰하고 게송을 설하여 말하기를

疏

第三에 爾時功德林下는 明說偈讚이라 十菩薩說을 即爲十段하리니 亦以東方爲始하고 上方爲終하야 各有說偈所依하니 謂承佛力等이라 今初菩薩은 且就能說인댄 積行在躬하야 功德圓滿일새 故名功德이어니와 若就所歎인댄 歎佛勝德일새 故云功德林이라하니라 有十二頌하니 以是會主가 總敍此會의 普遍之事라

제 세 번째 그때에 공덕숲 보살이라고 한 아래는 게송을 설하여 찬탄한[14] 것을 밝힌 것이다.
열 보살이 말한 것을 곧 십단으로 하리니,
또한 동방東方[15]으로 처음을 삼고 상방으로 끝을 삼아 각각 게송을 설함에 의지하는 바가 있나니
말하자면 부처님의 위신력을 받는다고 한 등이다.

---

14 원문에 의儀 자는 찬讚 자의 잘못이다.
15 동방東方은 공덕림功德林이다.

지금에 처음 공덕숲 보살은 또한 능설에 나아간다면 행을 쌓는 것이 몸에 있어 공덕이 원만하기에 그런 까닭으로 공덕숲이라 이름하거니와, 만약 소탄所歎에 나아간다면 부처님의 수승한 공덕을 찬탄하기에 그런 까닭으로 공덕숲이라 말할 것이다.

열두 게송이 있나니

이 회주會主[16]가 이 회의 널리 두루하는 사실을 모두 서술한 것이다.

---

16 회주會主는 공덕림功德林이다.

經

佛放大光明하사　普照於十方하시니
悉見天人尊이　　通達無障礙하니다

부처님이 큰 광명을 놓아
널리 시방세계를 비추시니
모두 다 천인의 세존이
통달하여 장애가 없음을 봅니다.

疏

於中二니 初八은 述讚奇特이요 後四는 擧德釋成이라 前中四니
初一偈는 敍此品放光이라

그 가운데 두 가지가 있나니
처음에 여덟 게송은 기특함을 서술하여 찬탄한 것이요
뒤에 네 게송은 공덕을 들어 해석하여 성립한 것이다.
앞의 기특함을 서술하여 찬탄한 가운데 네 가지가 있나니
처음에 한 게송은 이 품에 광명 놓은 것을 서술한 것이다.

經

佛坐夜摩宮하사 普遍十方界하시니
此事甚奇特하사 世間所希有하니다

須夜摩天王이   偈讚十如來하니
如此會所見하야 一切處咸爾하니다

부처님이 야마천궁에 앉아서
널리 시방세계에 두루하시니
이 사실이 매우 기특하여
세간에 희유한 바입니다.

수야마천왕[17]이
게송으로 열 분의 여래를 찬탄하니
이 회중에서 보는 바와 같이
일체 처소에서도 다 그렇게 봅니다.

疏

次二는 敍前品感應이라

다음에 두 게송은 전 품에 감응한 것을 서술한 것이다.

---

17 수야마천왕須夜摩天王은 약칭略稱하여 야마천夜摩天이다.

經

彼諸菩薩衆이　皆同我等名하야
十方一切處에　演說無上法하니다

所從諸世界의　名號亦無別하나니
各於其佛所에　淨修於梵行하니다

彼諸如來等의　名號悉亦同하며
國土皆豐樂하며　神力悉自在하니다

저 모든 보살의 대중이
다 우리 등의 이름과 같아서
시방의 일체 처소에서
더 이상 없는 법을 연설합니다.

좇아온 바 모든 세계의
이름도 또한 다름이 없나니
각각 그 부처님의 처소에서
청정하게 범행을 닦습니다.

저 모든 여래 등의
이름도 다 같으며
국토도 다 풍족하고 즐거우며

신력도 다 자재합니다.

疏

次三은 敍此品衆集이라

다음에 세 게송은 이 품에 대중이 모이는 것을 서술한 것이다.

經

十方一切處에　皆謂佛在此라하니
或見在人間하며 或見住天宮하니다

如來普安住　　一切諸國土어늘
我等今見佛이　處此天宮殿하니다

시방의 일체 처소에서
다 말하기를 부처님이 여기에 계신다 하니
혹 인간에 계심을 보며
혹 천궁에 머무심을 봅니다.

여래가 널리
일체 모든 국토에 편안히 머무시거늘
우리 등은 지금에 부처님이
이 천궁전에 거처하심을 봅니다.

疏

後二는 明自在普周라

뒤에 두 게송은 자재가 널리 두루함을 밝힌 것이다.

經

昔發菩提願하야 普及十方界할새
是故佛威力이   充遍難思議하니다

遠離世所貪하야 具足無邊德할새
故獲神通力하야 衆生靡不見하니다

옛날에 보리의 서원을 일으켜
널리 시방세계에까지 미치게 하였기에
이런 까닭으로 부처님의 위신력이
충만하여 사의하기 어렵습니다.

세간에 탐착하는 바를 멀리 떠나
끝없는 공덕을 구족하였기에
그런 까닭으로 신통력을 얻어
중생으로 보지 아니함이 없게 합니다.

疏

後四는 擧德釋成이라 於中二니 前二는 擧因顯用이라

뒤에 네 게송은 공덕을 들어 해석하여 성립한 것이다.

그 가운데 두 가지가 있나니

앞에 두 게송은 원인을 들어 작용을 나타낸 것이다.

經

遊行十方界하사대 如空無所礙하시니
一身無量身이여　其相不可得이다

佛功德無邊거니　云何可測知리요
無住亦無去나　普入於法界하다

시방세계에 노니시되
허공과 같아 걸리는 바가 없으시니
한 몸에 한량없는 몸
그 모습 가히 얻을 수 없습니다.

부처님의 공덕은 끝이 없거니
어떻게 가히 측량하여 알 수 있겠습니까.
머문 적도 없고 또한 간 적도 없지만
널리 법계에 들어가십니다.

疏

後二는 辨果用深廣이라 於中一은 體用自在니 上半은 不去遍至요
下半은 卷舒相盡이라 謂一身卽多인댄 則一相不可得이요 多卽是
一인댄 則多相不可得이라 是故로 恒一恒多나 恒非一多니 由此自
在하야 一塵內身이 無不周于十方하고 遍十方身이 並潛一塵之

內하나니 皆悉圓遍하고 非分遍故로 難思議也니라 後一은 深廣相成이니 上半은 牒廣辨深이요 下半은 釋深顯廣이니 謂不住故로 無處不至하고 不去故로 不離本位는 此釋深也요 塵毛等處에 無不普入은 廣無邊也라

뒤에 두 게송은 불과의 작용이 깊고 넓은 것을 분별한 것이다. 그 가운데 첫 번째 게송은 자체와 작용이 자재한 것이니 위에 반 게송은 가지 않고 두루 가는 것이요 아래 반 게송은 말고 펴는 모습이 다한 것이다.[18] 말하자면 한 몸이 곧 많은 몸이라면 곧 한 모습을 가히 얻을 수 없을 것이요 많은 몸이 곧 이 한 몸이라면 곧 많은 모습을 가히 얻을 수 없을 것이다. 이런 까닭으로 항상 한 몸이 항상 많은 몸이지만 항상 한 몸도 많은 몸도 아니니, 이것을 인유하여 자재해서 한 티끌 안에 몸이 시방에 두루하지 아니함이 없고 시방에 두루한 몸이 모두 한 티끌[19] 안에 잠재하나니, 다 원만하게 두루하고 부분적으로 두루하지 않은 까닭으로 사의하기 어려운 것이다.

---

18 원문에 권서상진卷舒相盡은, 다신즉일多身即一은 마는 것이니 다신多身이 다한 것이요, 일신즉다一身即多는 펴는 것이니 일신一身이 다한 것이다.

19 원문에 일신一身이라 한 신身은 혹 진塵이라 하기도 한다고 『잡화기』는 말하나 차본은 이미 진塵 자로 교정되어 있다.

뒤에 한 게송은 깊고 넓은 것이 서로 성립하는 것이니,

위에 반 게송은 넓은 것을 첩석하여 깊은 것을 분별한 것이요

아래 반 게송은 깊은 것을 첩석하여 넓은 것을 나타낸 것이니,

말하자면 머문 적이 없는 까닭으로 곳곳마다 이르지 아니함이 없고

간 적이 없는 까닭으로 본래의 지위를 떠나지 아니한 것은 이것은

깊은 것을 해석한 것이요

한 티끌, 한 털구멍 등의 처소에 널리 들어가지 아니함이 없는

것은 넓어서 끝이 없음을 해석한 것이다

鈔

一塵內身等者는 以卽一恒多故等이라

한 티끌 안에 몸이라고 한 등은 곧 한 몸이 항상 많은 몸인 까닭이라

한 등이다.

經

爾時에 慧林菩薩이 承佛威力하야 普觀十方하고 而說頌言호대

그때에 지혜숲 보살이 부처님의 위신력을 받아 널리 시방을 관찰하고 게송을 설하여 말하기를

疏

第二는 上明功德하고 此辨智慧니 悟此除冥하는 難遇之慧일새 故名慧林이니 偈中歎此니라

제 두 번째는 위에서는 공덕을 밝혔고 여기서는 지혜를 분별하는 것이니,
이 어둠을 제멸하는 만나기 어려운[20] 지혜를 깨달았기에 그런 까닭으로 지혜숲이라 이름하는 것이니,
게송 가운데 이것을 찬탄하였다.

---

20 원문에 제명난우除冥難遇란, 처음 두 게송에 각각 위에 이구二句는 제명除冥이고, 전칠게前七偈는 다 난우難遇이다.

經

世間大導師요　離垢無上尊은
不可思議劫에도 難可得値遇니이다

세간의 대도사요
번뇌의 때를 떠난 더 이상 없는 세존은
가히 사의할 수 없는 세월에도
가히 만남을 얻기가 어렵습니다.

疏

十頌分三하리니 初一은 明佛難遇라

열 게송을 세 가지로 나누리니
처음에 한 게송은 부처님을 만나기 어렵다는 것을 밝힌 것이다.

經

佛放大光明하사　世間靡不見케하며
爲衆廣開演하사　饒益諸群生케하니다

如來出世間하사　爲世除癡冥하시니
如是世間燈은　希有難可見이니다

부처님이 큰 광명을 놓아
세간에 보지 않는 사람이 없게 하시며
중생을 위하여 널리 법문을 열어 연설하여
모든 중생을 요익케 하십니다.

여래가 세간에 출현하여
세간을 위하여 어리석음의 어둠을 제멸[21]하시니
이와 같은 세간의 등불은
희유하여 가히 보기 어렵습니다.

疏

次六은 別釋難遇라 於中亦三이니 初二는 益廣難遇라

---

21 출치出癡라 한 출出 자는 혹 제除 자라 하기도 한다고 『잡화기』는 말한다.
　나는 除 자로 해석하였다.

다음에 여섯 게송은 만나기 어려운 것을 따로 해석한 것이다.
그 가운데 또한 세 가지가 있나니
처음에 두 게송은 이익이 광대한 것을 만나기 어려운 것이다.

經

已修施戒忍과　精進及禪定과
般若波羅蜜하야 以此照世間하니다

이미 보시와 지계와 인욕과
정진과 그리고 선정과
반야바라밀을 닦아서
이것으로써 세간을 비추십니다.

疏

次一은 因圓難遇라

다음에 한 게송은 원인이 원만한 것을 만나기 어려운 것이다.

經

如來無與等하야 求比不可得이니
不了法眞實인댄 無有能得見하리다

佛身及神通이　自在難思議하며
無去亦無來나　說法度衆生하니다

若有得見聞　清淨天人師인댄
永出諸惡趣하야 捨離一切苦하리다

여래는 더불어 같을 이가 없어서
비교할 자를 구하여도 가히 얻을 수 없나니
법의 진실함을 요달하지 못한다면
능히 친견함을 얻을 수 없을 것입니다.

부처님의 몸과 그리고 신통이
자재하여 사의하기 어려우며
간 적도 없고 또한 온 적도 없지만
법을 설하여 중생을 제도하십니다.

만약 어떤 사람이라도
청정한 인천의 스승을 보거나 듣기만 한다면
영원히 모든 악취에서 벗어나

일체의 고통을 버리게 될 것입니다.

疏

後三은 果深難遇라

뒤에 세 게송은 과보가 깊은 것을 만나기 어려운 것이다.

經

無量無數劫에   修習菩提行이라도
不能知此義인댄 不可得成佛하리다

不可思議劫에   供養無量佛이라도
若能知此義인댄 功德超於彼하리다

無量刹珍寶를   滿中施於佛이라도
不能知此義인댄 終不成菩提하리다

한량도 없고 수도 없는 세월에
보리의 행을 닦아 익혔을지라도
능히 이 뜻을 알지 못한다면
가히 성불함을 얻을 수 없을 것입니다.

가히 사의할 수 없는 세월에
한량없는 부처님께 공양하였을지라도
만약 능히 이 뜻을 안다면
공덕이 저 공덕보다 초승할 것입니다.

한량없는 국토에 진기한 보배를
그 가운데 가득 채워 부처님께 보시할지라도
능히 이 뜻을 알지 못한다면

마침내 보리를 이루지 못할 것입니다.

疏

三에 有三偈는 校量顯勝이라 於中初一은 長時大行을 校量이요
次一은 長時供佛을 校量이요 後一은 勝物供佛을 校量이라

세 번째 세 게송이 있는 것은 헤아려 수승함을 나타낸 것이다.
그 가운데 처음에 한 게송은 장시토록 크게 수행한 것을 헤아린
것이요
다음에 한 게송은 장시토록 부처님께 공양한 것을 헤아린 것이요
뒤에 한 게송은 수승한 물건으로 부처님께 공양한 것을 헤아린
것이다.

経

爾時에 **勝林菩薩**이 **承佛威力**하야 **普觀十方**하고 **而說頌言**호대

그때에 수승한 숲 보살이 부처님의 위신력을 받아 널리 시방을 관찰하고 게송을 설하여 말하기를

疏

第三에 勝林은 悟勝義甚深之法故라

제 세 번째 수승한 숲 보살이라고 한 것은 승의勝義의 깊고도 깊은 법을 깨달은 까닭[22]이다.

---

22 원문에 故 자가 아래 소문疏文의 게탄심광무애지덕偈歎深廣無涯之德이라는
  말로 이어지는 글자라면 之法이니 故로 偈歎深 云云이라 해야 할 것이다.

經

譬如孟夏月에   空淨無雲曀인댄
赫日揚光暉하야 十方靡不充하니다

其光無限量하야 無有能測知하나니
有目斯尙然거든 何況盲冥者리요

諸佛亦如是하야 功德無邊際하나니
不可思議劫에   莫能分別知하니다

비유하자면 초여름철에
허공이 맑아 구름이 없다면
뜨거운 태양이 빛을 드날려
시방에 충만케 아니함이 없는 것과 같습니다.

그 광명이 한량이 없어
능히 측량하여 알 수 없나니
눈이 있는 사람도 오히려 그러하거든
어찌 하물며 눈이 어두운 사람이겠습니까.

모든 부처님도 또한 이와 같아서
공덕이 끝이 없나니
가히 사의 할 수 없는 세월에도

능히 분별하여 알 수가 없습니다.

疏

偈는 歎深廣無涯之德이라 十頌分二리니 初三은 明佛德廣博이요
後七은 顯法體甚深이니 橫豎互顯이라 前中初二는 喩況이요 後一
은 法合이라 喩言孟夏月者는 取意譯也니 梵本敵對翻인댄 云後熱
月이라하리라 西域如來聖敎엔 一歲立爲三際하니 謂熱雨寒이라
西域記云호대 從正月十六日로 至五月十五日히 爲熱時라하니 則
後熱月言은 兼得此方의 孟夏後半이라 餘之二際도 各有四月하니
準釋可知라 赫日之言은 但取陽光이 時長하야 難窮其際耳니라
彼方에도 或爲四時하니 與此名同이나 但以正月黑半으로 爲首耳
어늘 不見此文하야 妄爲異解니라

게송은 깊고 넓어 끝이 없는 공덕을 찬탄한[23] 것이다.
열 게송을 두 가지로 나누리니
처음에 세 게송은 부처님의 공덕이 넓은 것을 밝힌 것이요
뒤에 일곱 게송은 법의 자체가 깊고도 깊은 것을 나타낸 것이니
횡과 수로 서로 나타낸 것이다.
앞에 부처님의 공덕이 넓다고 한 가운데 처음에 두 게송은 비유이고

---

23 원문에 게탄偈歎 등 일구一句는 2행(二行)의 심심지법고甚深之法故 아래에
있어야 한다고 고인古人들은 말하였다. 그러나 이대로 두어도 무방하다.
그 고인은 『잡화기』 등이다.

뒤에 한 게송은 법합이다.

비유에 초여름철(孟夏月)[24]이라고 말한 것은 뜻을 취하여 번역한 것이니, 범본으로 대적하여 번역[25]한다면 뒤에 따뜻한 철(后熱月)[26]이라 말해야 할 것이다.

서역의 여래성교에는 일 년을 세워 삼시로 삼았으니,

말하자면 따뜻한 시기와 비 오는 시기와 추운 시기이다.

『서역기』에 말하기를 정월 십육일로 좇아 오월 십오일에 이르기까지는 따뜻한 시기가 된다 하였으니,

곧 뒤에 따뜻한 철이라고 말한 것은 중국에 초여름의 후반을 겸하여 얻은[27] 것이다.

나머지 두 시기도[28] 각각 사 개월이 있나니[29]

여기를 기준하여 해석한다면 가히 알 수가 있을 것이다.

뜨거운 태양이라고 말한 것은 다만 태양의 광명이 시간이 길어서[30]

---

24 맹하孟夏는 초여름이니 사월四月, 오월五月이다.

25 원문에 적대번敵對翻이라는 것은 곧 직역을 말하는 것이다. 즉 범본을 대조하여 그대로 번역하는 것이다.

26 후열월后熱月은 초여름 후반부를 말한다. 즉 맹하월孟夏月의 후반後半이다.

27 겸하여 얻었다고 한 것은 뒤에 따뜻한 철이라고 말한 것은 바로 저 서역 지방의 초여름(孟夏)에 해당하고, 이 중국 지방에 초여름 후반에 해당함을 겸하여 얻는다는 것이다. 역시 『잡화기』의 말이다.

28 원문에 여이제餘二際는 雨, 寒시이다.

29 원문에 각유사월各有四月은 一際에 各有四月하니 一歲는 十二月이다.

30 원문에 양광시장陽光時長은 해가 긴 것을 말할 뿐, 태양이 뜨거운 것을 말한

그 끝을 다하기 어려운 것만 취하였을 뿐이다.

저 인도에서도 혹 사시四時를 삼기도 하였으니,

이 중국으로 더불어 이름이 같지만 다만 정월 보름[31] 이후로 세수歲首를 삼았을 뿐이거늘 『서역기』 문장[32]을 보지 못하여 허망하게 달리 해석하였다.

鈔

喩言孟夏月者는 取意譯也下는 疏文有六하니 一은 總顯文意라 梵本下는 二에 會梵經이라 此卽刊定이 引梵破經이니 如下當說하니라 今疏엔 取其所引하야 令順同今經이라 西域如來聖敎下는 三에 出後熱月相이라 明其三際는 但是佛敎所用이요 俗之所用은 不必要三이라 亦說四時等하니라 赫日之言下는 四에 會經通難이니 卽刊定破云호대 四月赫日이 豈勝六月이리요 故孟夏之言이 不順赫日이라할새 故疏出意云호대 但取光長者라하니라 故晉經云호대 譬如春後月에 虛空無雲翳하면 日曜淸淨光이라하니 春後與孟夏로 無違니 赫日은 明取光遠이라 彼方或爲四時下는 五에 委彰時分하야 以正濫釋이라 不見此文下는 六에 結破刊定이니 謂彼破譯者云호대 準梵本인댄 應云後熱月이요 不合言孟夏月이라하니라 若取意總譯인댄 應云호대 譬如

것은 아니다.

31 원문에 흑반黑半은, 한 달을 전반前半은 백월白月, 후반後半은 흑월黑月이라 한다.

32 此方은 정월正月 초初하루로 세수歲首를 삼는다.

盛暑月에 赫日光熾然하야 於淨虛空中에 無邊光照曜라하리니 由方言이 實無敵對翻故로 應取意譯也니라 言後熱月者는 西域에 時節名字兩說하니 一은 云一年三時니 謂春夏秋라 各四月이니 從十一月半已後로 至三月半已前은 名春時라 餘二時는 準知라 一은 云一年六時니 各兩月이라 謂從十一月後半으로 至正月前半은 名春時요 二는 從正月後半으로 至三月前半은 名熱時요 三은 從此後로 至五月前半은 名雨時요 四는 從此後로 至七月前半은 名秋時요 五는 從此後로 至九月前半은 名雪時요 六은 從此後半으로 至十一月前半은 名極寒時라 今梵本云호대 後熱月者는 當此國二月半已後와 三月半已前이니 彼方의 兩熱月中에 後熱月也니라 然이나 此與西國이 時復不同하니 此地正暄이 西域已熱이라 是以로 但可取意譯耳라하니 上卽刊定記義니라

비유에 초여름철이라고 말한 것은 뜻을 취하여 번역한 것이라고 한 아래는 소문에 여섯 가지가 있나니

첫 번째는 경문의 뜻을 한꺼번에 나타낸 것이다.

범본이라고 한 아래는 두 번째 범본경으로 회통한 것이다.

이것은 『간정기』가 범본을 인용하여 경전을 깨뜨린 것이니, 아래에 마땅히 설한 것과 같다.

지금 소에서는 그가 인용한 바만 취하여 하여금 지금의 경에 순순하여 같게 하는 것이다.

서역의 여래성교라고 한 아래는 세 번째 뒤에 따뜻한 철의 모습을

설출한 것이다.

그 삼시를 밝힌 것은 다만 이 불교에서[33] 쓰는 바일 뿐 세속에서 쓰는 바는 삼시가 필요하지 않는 것이다.

또한 사시 등을 설하기도 하였다.

뜨거운 태양이라고 말한 아래는 네 번째 경을 회통하여 비난함을 통석한 것이니,

곧 『간정기』가 깨뜨려 말하기를 사월의 밝은 태양이 어찌 유월을 이기리오. 그런 까닭으로 초여름(孟夏)이라는 말이 뜨거운 태양(赫)이라는 말에 순하지 않는다 하였기에 그런 까닭으로 소문에 그 뜻을 설출하여 말하기를 다만 태양의 광명이 시간이 긴 것만 취하였을 뿐이다 하였다.

그런 까닭으로 진경에 말하기를 비유하자면 봄의 뒤 철[34]에 허공에 구름의 가림이 없다면 태양이 청정한 광명을 비춘다 하였으니 봄의 뒤 철이 초여름철로 더불어 어김이 없는 것이니, 뜨거운 태양이라고 한 것은 그 광명이 길고 먼[35] 것을 취한 것이 분명하다.

저 인도에서도 혹 사시를 삼기도 하였다고 한 아래는 다섯 번째

---

33 다만 이 불교 운운은 그 뜻에 말하기를 이런 까닭으로 경에 말하기를 초여름철 (맹하월孟夏月)이라 하고 뒤에 따뜻한 철(후열월後熱月)이라 말하지 아니한 것이다. 역시 『잡화기』의 말이다.

34 원문에 춘후월春後月은 사월四月 말末이다.

35 원문에 광원光遠은 햇빛이 긴 것을 말한다.

시분時分을 자세히 밝혀 바로 넘침³⁶을 해석한 것이다.

이 『서역기』 문장을 보지 못했다고 한 아래는 여섯 번째 『간정기』의 말을 맺어 깨뜨리는 것이니,
말하자면 저 『간정기』가 번역한 사람을 깨뜨려 말하기를 범본을 기준한다면 응당히 뒤에 더운 철이라 말해야 하고 초여름철이라고 말하는 것은 합당하지 않다 하였다.
만약 뜻을 취하여 한꺼번에 해석한다면 응당히 말하기를
비유하자면 한창 더운 철에
뜨거운 태양의 광명이 치연하여
맑은 허공 가운데
끝없는 광명이 비친다 해야 할 것이니,
방언方言이 진실로 대적하여 상대한 번역이 없음을 인유한 까닭으로 응당 뜻만을 취하여 번역한 것이다.

뒤에 더운 철이라고 말한 것은 서역에 시절의 이름을 두 가지로 설하였으니
하나는 일 년을 삼시로 말한 것이니, 말하자면 봄철과 여름철과 가을철이다. 각각 사 개월이니, 십일월 보름 이후로 좇아 삼월 보름 이전에 이르기까지는 이름이 봄철이다.

---

36 넘친다는 것은 지나치다는 것이니, 『간정기刊定記』의 孟夏之言이 不順赫日이라는 말이 지나치다고 질타하는 것이다.

나머지 두 철은 이것을 기준하면 알 수가 있을 것이다.

하나는 일 년을 육시로 말한 것이니 각각 두 달이다.

말하자면 십일월 보름 이후로 좇아 정월 보름에 이르기까지는 이름이 봄철이요

두 번째는 정월 보름 이후로 좇아 삼월 보름에 이르기까지는 따뜻한 철(熱時)이요

세 번째는 이 삼월 보름 이후로 좇아 오월 보름에 이르기까지는 이름이 우기철(雨時)이요

네 번째는 오월 보름 이후로 좇아 칠월 보름에 이르기까지는 이름이 가을철이요

다섯 번째는 이 칠월 보름 이후로 좇아[37] 구월 보름에 이르기까지는 이름이 눈 오는 철(雪時)이요

여섯 번째는 이 구월 보름 이후로 좇아 십일월 보름에 이르기까지는 이름이 지극히 추운 철(極寒時)이다.

지금 범본에 말하기를 뒤에 따뜻한 철이라고 한 것은 이 나라 이월 보름 이후와 삼월 보름 이전에 해당하나니,

저 인도의 우기철과 따뜻한 철 가운데 뒤에 따뜻한 철이다.

그러나 이 나라와[38] 더불어 인도(西國)가 시기가 다시 같지 않나니

---

37 원문에 五後의 後 자는 從 자의 잘못이다.
38 그러나 이 나라와 운운한 것은 뜻을 취하여 해석한 까닭을 설출한 것이니, 만약 뒤에 따뜻한 철을 말한다면 저 나라(인도)에 있어서는 곧 옳다 할 것이어니와, 만약 이 나라(차방此方, 즉 중국)에 있어서는 이월二月 뒤 삼월三月 전이 다만 따뜻하고 덥지 않은 까닭이다. 혹은 말하기를 이것은 이월과 삼월로

이 땅의 바로 따뜻한 시기가 서역에는 이미 더운 시기이다.

이런 까닭으로 다만 가히 뜻만을 취하여 해석하였을 뿐이다 하였으니

이상은 곧 『간정기』의 뜻이다.

餘之二際準知者는 應云호대 從五月十六日로 至九月十五日은 爲夏니 卽雨際요 從九月十六日로 至正月十五日은 卽寒際니 卽雨熱寒之三際也라 斯卽俱舍에 光法師義어니와 若泰法師意인댄 從十月半으로 爲首하니라 泰公은 約晝夜停等後하야 說增減하고 光公은 約晝夜極長時後하야 說增減하니라 然其兩說이 亦不愜西域記文거늘 刊定承謬하야 更斥經義할새 故云不見此文하야 妄爲異解이라하니라 然疏文已正이나 所引猶略일새 今當具引하리라 彼記第二卷云호대 月盈至滿을 謂之白分이요 月虧至晦를 謂之黑分이라 黑分은 或十四日이며 或十五日이니 以月之大小故라 然이나 白前黑後를 合爲一月이요 六月을 合爲一行이라 日遊在內면 近北行也요 日遊在外면 近南行也니 總此二行을 合爲一歲니라 又分一歲하야 以爲六時하니 正月十六日로 至三月十五日은 漸熱時也요 三月十六日로 至五月十五日은 盛熱時也요 五月十六日로 至七月十五日은 雨時也요 七月十六日로 至九月十五日은 茂盛時也요 九月十六日로 至十一月十五日은 漸寒時也요 十一月十六日로 至正月十五日은 盛寒時也라 如

따뜻한 철(열월熱月)을 삼는 것을 비난하는 것을 통석한 것이라 하니 점점 또한 일리가 있다 하겠다. 역시 『잡화기』의 말이다.

來聖教에 歲爲三時하니 正月十六日로 至五月十五日은 熱時也요
五月十六日로 至九月十五日은 雨時也요 九月十六日로 至正月十
五日은 寒時也라 或歲爲四時하니 春夏秋冬也라 春三月은 謂制呾羅
月과 吠舍佉月과 逝瑟吒月이니 當此從正月十六日로 至四月十五
日이요 夏三月은 謂類沙茶月과 室羅伐拏月과 婆羅鉢陀月이니 當此
從四月十六日로 至七月十五日이요 秋三月은 謂頞濕縛庾闍月과
迦賴底迦月과 末伽始羅月이니 當此七月十六日로 至十月十五日
이요 冬三月은 謂報沙月과 磨祛月과 頞勒蓑拏月이니 當此十月十六
日로 至正月十五日이라 故印土僧徒가 依佛聖教하야 坐兩安居호대
或前三月이요 或後三月이니 前三月은 當此從五月十六日로 至八月
十五日이요 後三月은 當此從六月十六日로 至九月十五日이라 前代
譯經律者가 或云坐夏라하며 或云坐臘이라하니 斯皆邊裔俗語요 不
達中國正音이며 或方言未融하야 而傳譯有謬라하니라 釋曰以此文
證컨대 邪正可知라 又今之坐夏는 正取西域四時나 非佛教所明일새
故記不許하니라

나머지 두 철은[39] 이것을 기준하면 알 수가 있을 것이라고 한 것은

---

39 나머지 두 철이라고 한 등은 영인본 화엄 6책, p.373, 9행 시등時等이라
한 다음에 들어가야 하는 문장이다. 『잡화기』는 나머지라는 글자(여餘 자)로부
터 끝줄(세 줄 뒤)에 세 철(삼제三際)이라고 한 초문에 이르기까지는 응당히
전장前丈(7장)의 하下, 9행 등혁等赫이라는 글자 사이에 있어야 한다. 그리고
두 줄 뒤에 위하爲夏라는 두 글자는 또한 필요 없는 글자이니 대개 이것은
전사자의 잘못이라 하였다. 『잡화기』의 말은 복잡하다. 바로 앞에 나의 말은

응당히 말하기를 오월 십육일로 좇아 구월 십오일에 이르기까지는
여름철이 되는 것이니 곧 우기 철이요

구월 십육일로 좇아 정월 십오일에 이르기까지는 곧 추운 철이니
곧 우기 철과 더운 철과 추운 철의 세 철이다.

이것은 곧 구사종에 보광寶光법사의 뜻이거니와 만약 신태神泰법
사[40]의 뜻이라면 시월 보름으로 좇아 세수歲首를 삼았다.

신태법사는 낮과 밤이 멈추어 같은 때[41] 이후[42]를 잡아 증·감을 설하
고 보강법사는 낮과 밤이 지극히 긴 때[43] 이후를 잡아 증·감을 설하

간결하다. 그리고 위하爲夏라는 글자는 필요 없다고 『잡화기』는 단언하나,
나는 있다 해도 무방하다고 보아 그대로 두었다.

40 보광寶光과 신태神泰는 다 규기법사의 문하생이다.

41 낮과 밤이 멈추어 같은 때라고 한 것은 저 신태법사가 시월 보름으로써
세수를 삼은즉 낮이 점점 짧아지고 밤이 점점 길어지는 것이니, 비록 낮과
밤이 멈추어 같은 때라 말하지만 다만 점점 같아질 뿐 바로 같은 것은 아니니
바로 같다고 한다면 곧 이미 팔월에 있어야 하는 까닭이다. 정停은 옥편에
말하기를 정定이라 하니 곧 한정限定의 뜻이다. 혹 여기 시간이 서역의 시간(時
分)으로 더불어 같지 않은 까닭인가. 이상은 『잡화기』의 말이다.

42 원문에 주야정등후晝夜停等後란, 낮과 밤이 가장 짧을 때를 말한다. 『잡화기』는
停 자를 定의 뜻으로 한정이라 하였으나, 나는 멈춘다는 뜻으로 보았다.

43 낮과 밤이 지극히 긴 때라고 한 것은 비록 낮과 밤을 모두 다 거론한 것이지만
다만 밤이 긴 것만 취할 뿐이니, 이것은 곧 바로 차방此方의 시분과 같은
것이다. 증·감이라고 말한 것은 저 서역에 육시六時 등의 학설이 차방을
상대하여서는 다 증·감이 있나니, 만약 춘시春時의 두 달 가운데 앞에 달이
십일월의 뒤에 반달과 십이월의 앞에 반달로 합성合成한다면 곧 이것은 십일월
의 앞에 반달은 감소(減)하고 십이월의 앞에 반달은 더(增)하여 한 달(一月)이
되는 것이요, 뒤에 달이 십이월의 뒤에 반달과 정월正月의 앞에 반달로 합성한

였다.

그러나 그 두 가지 설명이 또한『서역기』문장에도 맞지 않거늘,
『간정기』가 잘못 받아들여 다시 경의 뜻을 배척하기에 그런 까닭으
로 말하기를 이『서역기』문장을 보지 못하여 허망하게 달리 해석하
였다고 하였다.

그러나 소문에 이미 바로 해석하였지만 인용한 바가 오히려 생략되
었기에 지금에 마땅히 갖추어 인용하겠다.

저『서역기』[44] 제이권에 말하기를 달이 차서 만월에 이르는 것을
백분百分이라 말하고, 달이 이지러져서 그믐에 이르는 것을 흑분黑分
이라 말하는 것이다.

흑분은 혹 십사일이며 혹 십오일이니 달이 크고 작은 까닭이다.
그러나 백분 전과 흑분 후를 합하면 한 달이 되고 여섯 달을 합하면
한 행(一行)이 되는 것이다.

태양이 노니는 것이 안에 있으면[45] 북쪽에 근접[46]하여 가는 것이요

다면 곧 십이월의 앞에 반달은 감소하고 정월의 앞에 반달은 더하여 한
달이 되는 것이니, 나머지 시간도 윤전輪展하는 것이다. 그러하기에 그런
까닭으로 증·감이 있다 말하는 것이다. 역시『잡화기』의 말이다.

44 『서역기西域記』는 전 10권이다.

45 태양이 노니는 것이 안에 있다고 한 등은 하늘의 도는 북쪽을 위주로 한
까닭으로 북쪽으로 안을 삼고 남쪽으로 밖을 삼나니, 태양이 북쪽으로 간즉
해가 길어지나니 차방에 있어 말한즉 동지 이후로 하지 이전에 이르기까지가
이것이요, 태양이 남쪽으로 간즉 해가 짧아지나니 차방에 있어 말한즉 하지
이후로 동지 이전에 이르기까지가 이것이다. 역시『잡화기』의 말이다.

46 원문에 근북近北은 해가 긴 것이다.

태양이 노니는 것이 밖에 있으면 남쪽에 근접[47]하여 가는 것이니
이 두 가지 가는 것을 모두 합하면 한 해(一歲)가 되는 것이다.
또 한 해를 나누어 육시로 하였으니,
정월 십육일로 삼월 십오일에 이르기까지는 점점 따뜻한 철이요
삼월 십육일로 오월 십오일에 이르기까지는 성하게 따뜻한 철이요
오월 십육일로 칠월 십오일에 이르기까지는 우기철이요
칠월 십육일로 구월 십오일에 이르기까지는 무성한 철이요
구월 십육일로 십일월 십오일에 이르기까지는 점점 추운 철이요
십일월 십육일로 정월 십오일에 이르기까지는 성하게 추운 철이다.

여래성교에 한 해를 삼시로 하였으니
정월 십육일로 오월 십오일에 이르기까지는 따뜻한 철이요
오월 십육일로 구월 십오일에 이르기까지는 우기철이요
구월 십육일로 정월 십오일에 이르기까지는 추운 철이다.
혹 한 해를 사시로 하였으니
봄철과 여름철과 가을철과 겨울철이다.
봄의 삼 개월은 말하자면 제달라월制呾羅月과 폐사거월吠舍佉月과
서슬타월逝瑟吒月이니, 이 나라에 정월 십육일로 좇아 사월 십오일에
이르기까지에 해당하는 것이요
여름의 삼 개월은 말하자면 유사다월類沙荼月과 실라기라월室羅伐拏
月과 바라발타월婆羅鉢陀月이니, 이 나라에 사월 십육일로 좇아 칠월

십오일에 이르기까지에 해당하는 것이요

가을의 삼 개월은 말하자면 알습박유도월頞濕縛庚闍月과 가뢰저가
월迦賴底迦月과 말가시라월末伽始羅月이니, 이 나라에 칠월 십육일로
좇아 시월 십오일에 이르기까지에 해당하는 것이요

겨울의 삼 개월은 말하자면 보사월報沙月과 마거월磨祛月과 알륵루
나월頞勒嘍拏月이니, 이 나라에 시월 십육일로 정월 십오일에 이르기
까지에 해당하는 것이다.

그런 까닭으로 인도의 승도僧徒들이 부처님의 가르침을 의지하여
두 안거[48] 동안 좌선하되 혹은 앞의 삼 개월이요 혹은 뒤의 삼 개월
이니

앞의 삼 개월은 이 나라의 오월 십육일을 좇아 팔월 십오일에 이르기
까지에 해당하는 것이요

뒤의 삼 개월은 이 나라의 유월 십육일로 구월 십오일에 이르기까지
에 해당하는 것이다.

전대前代에 경율을 번역한 사람이 혹은 말하기를 여름에 좌선한다
하며 혹은 말하기를 납월臘月에 좌선한다 하였으니,

이것은 다 변방[49]의 속어요[50] 중국의 바른 음[51]을 알지 못한 것이며

---

48 두안거(兩安居)는 우안거雨安居와 열안거熱安居이다. 그러나 『잡화기』는 양안
　거라 한 양兩 자는 우雨 자의 잘못이라 하였다.

49 원문에 변예邊裔는 변방에 사는 백성을 말한다. 裔는 '가 예, 후예 예' 자이다.

50 다 변방의 속어라고 한 등은 하夏라 말하고 납臘이라 말한 것은 다 이것은
　저 서역의 변방 속어를 사용하여 말한 바 사시四時이고, 우雨라 말하고 한寒이
　라 말한 것은 바로 이것은 저 서역 지방과 중국의 성교聖敎(불교)에서 사용하여

혹 방언을 융합하지 못하여 전하여 번역하는 사람이 잘못이 있다
하였다.

해석하여 말하건대 이 문장으로써 증거한다면 사邪와 정正을 가히
알 수가 있을 것이다.

또 지금에 여름에 좌선하는 것은 바로 서역의 사시四時를 취한 것이지
만 불교에서 밝힌 바[52]는 아니기에 그런 까닭으로 『서역기』에서
허락하지 아니하였다.

疏

後七中에 令於依他에 修三無性觀이니 以餘之二性이 不離依他
故며 由於二性하야 成依他故니 謂圓成은 是依他體性요 遍計는
但橫執依他라 又迷眞似現故로 卽依三性하야 說三無性이니 三
性尙一거니 豈有三無리요 三無는 但是卽有之無요 三性은 但是卽
無之有니 有無不二가 爲一實性이나 有無形奪하면 性亦非性일새

말한 바 삼제三際이거늘 번역하는 사람이 잘 알지 못한 까닭으로 범승梵僧이
우기에 좌선(坐雨)하는 것으로써 여름에 좌선(坐夏)하는 것으로 번역한 것이
다. 역시 『잡화기』의 말이다.

51 원문에 정지正旨는 정음正音이 아닌가 한다. 즉 좌납坐臘은 좌우坐雨가 정음正音
이니 열熱·우雨·한寒의 삼시三時로 성교聖敎에서 밝힌 바이다.

52 원문에 불교소명佛敎所明이란, 今에는 사월四月 십오일十五日이니 『능가경楞嚴
經』에 칠월七月 십오일十五日 파사익왕波斯匿王의 아버지 기일忌日로 爲休夏라
한 것을 기준한다.

故於依他中에 具修諸觀이라하니라

뒤에 일곱 게송 가운데 하여금 의타기에 삼무성관을 닦게 하나니
나머지 이성二性이 의타기를 떠나지 않는 까닭이며,
이성二性을 인유하여 의타기를 이루는 까닭이니
말하자면 원성실성은 이것은 의타기성의 자체요
변계소집성은 다만 횡橫으로 의타기만 집착하는 것이다.
또 진실을 미혹하면 유사한 것이 나타나는 까닭으로 곧 삼성을
의지하여 삼무성을 설하나니, 삼성도 오히려 하나거니 어찌 삼무성
이 있겠는가.
삼무성은 다만 유에 즉한 무요 삼성은 다만 무에 즉한 유니,
유와 무가 둘이 없는 것이 하나의 원성실성이라 하지만 유무의
모습마저 빼앗아버리면 자성도 또한 자성이 아니기에 그런 까닭으로
의타기 가운데 모든 관53을 갖추어 닦게 한다 하였다.

鈔

謂圓成은 卽是依他之體일새 故觀依他하면 必觀其體요 離依他性하
면 無可橫執일새 故遍計性도 亦約依他라 又迷眞似現者는 此之一句
가 具足三性하니 迷卽遍計요 眞卽圓成이요 似卽依他라 前意는 明二
不離依他요 此義는 明二能成依他니 故但觀依他하면 已具三性이라
卽依三性下는 第二에 明三無性이 不離三性이니 全是唯識偈文이라

---

53 원문에 제관諸觀은 삼무성관三無性觀이다.

具足應云하면 卽依此三性하야 立彼三無性이니 初則相無性이요 次
無自然性이요 後由遠離前에 所執我法性이라하니 則三無性이 依三
性有也니라 三性尙一下는 三에 明融通이니 謂三性是有라도 尙猶是
一이어든 三無無相거니 豈定有三이리요 故收三性에 但是一有요 三
無는 但是一無니 離有無無일새 故有無不二니라 初는 約顯이요 後에
有無形奪下는 約遮라 餘義玄中에 已具其相하니라

말하자면 원성실성이라고 한 것은 곧 이것은 의타기성의 자체이기에
그런 까닭으로 의타기성을 관찰한다면 반드시 그 자체를 관찰할
것이요
의타기성을 떠난다면 가히 횡으로 집착할 것이 없기에 그런 까닭으
로 변계소집성도 또한 의타기성을 잡은 것이다.

또 진실을 미혹하면 유사한 것이 나타난다고 한 것은 이 한 구절이
삼성을 구족하였으니
미혹했다고 한 것은 곧 변계소집성이요
진실이라고 한 것은 곧 원성실성이요
유사하다고 한 것은 곧 의타기성이다.
앞에 뜻은 이성二性이 의타기성을 떠나지 아니한 것을 밝힌 것이요
여기의 뜻은 이성이 능히 의타기성을 이루는 것을 밝힌 것이니
그런 까닭으로 다만 의타기성만[54] 관찰한다면 이미 삼성을 구족한

---

54 다만 의타기성만 운운은 응당 이것으로써 해석 가운데 제일과第一科를 삼을

것이다.

곧 삼성을 의지한다고 한 아래는 두 번째 삼무성이 삼성을 떠나지
아니한 것을 밝힌 것이니 온전히 『유식론』 게송의 문장[55]이다.
갖추어 응당히 말한다면
곧 이 삼성을 의지하여
저 삼무성을 성립하는 것이니,
처음[56]에는 곧 일체 만상은 자성이 없는 것이요
다음[57]에는 자연의 자성이 없는 것이요
뒤[58]에는 앞에서
집착한 바 아와 법의 자성을 멀리 떠남을 인유한다 하였으니,
곧 삼무성이 삼성을 의지하여 있는 것이다.

삼성도 오히려 하나라고 한 아래는 세 번째 융합하여 회통함을
밝힌 것이니,
말하자면 삼성이 있을지라도 오히려 하나거든 삼무성이 모습이
없거니 어찌 결정코 삼성이 있겠는가.

것이다. 역시 『잡화기』의 말이다.

55 원문에 유식게문唯識偈文은 『유식삼십송唯識三十頌』이다.

56 처음이란, 변계소집성遍計所執性이다.

57 다음이란, 의타기성依他起性이다. 곧 자연성自然性이 없다는 것이 곧 인연성因
   緣性이라는 것이다.

58 뒤란, 원성실성圓成實性이다.

그런 까닭으로 삼성을 거둠에 다만 이 하나의 유일 뿐이요 삼무성은
다만 이 하나의 무일 뿐이니, 유를 떠나면 무가 없기에 그런 까닭으로
유와 무가 둘이 없다는 것이다.

처음[59]에는 나타난 것을 잡아 해석한 것이요

뒤에 유무의 모습마저 빼앗는다고 한 아래는 차탄하는 것을 잡아
해석한 것이다.

나머지 뜻은 『현담』 가운데[60] 이미 그 모습을 갖추어 설하였다.

---

59 원문에 初句의 句 자는 연자衍字이다.

60 『현담』 가운데란, 『현담』 팔권八卷 가운데 제오권第五卷이니 영인본 화엄
   2책, p.187, 8행이다.

經

諸法無來處며　亦無能作者며
無有所從生일새　不可得分別이니다

一切法無來일새　是故無有生하며
以生無有故로　滅亦不可得이니다

一切法無生하며 亦復無有滅하니
若能如是解인댄 斯人見如來리다

모든 법은 온 곳도 없으며
또한 능히 만든 자도 없으며
좇아온 곳도 생기한 곳도[61] 없기에
가히 분별함을 얻을 수 없습니다.

일체법은 온 적이 없기에
이런 까닭으로 생기한 적도 없으며
생기한 적이 없는 까닭으로
사라진 적도 또한 가히 얻을 수 없습니다.

일체법은 생기한 적이 없으며

---

61 원문에 소종생所從生이란, 소종所從과 소생所生이니 이 둘을 다 보내는 것이다.

또한 다시 사라진 적도 없나니
만약 능히 이와 같이 안다면
이 사람은 여래를 볼 것입니다.

疏

文卽分三하리니 初三은 作生無自性性觀이요 次二는 兼修勝義無
自性性觀이요 後二는 修相無自性性觀이라

경문을 곧 세 가지로 나누리니
처음에 세 게송은 생기하는 것은 자성이 없는 자성이라 관찰함을
짓는 것이요
다음에 두 게송은[62] 승의勝義는 자성이 없는 자성이라 관찰함을 겸하
여 닦는 것이요
뒤에 두 게송은[63] 일체 만상은 자성이 없는 자성이라 관찰함을 닦는
것이다.

鈔

初三은 作生無自性性觀者는 卽第二依他上에 無性也니 卽唯識云
호대 次無自然性이라하니라 然三無性名은 須彌偈品의 文中已有어니
와 今復略釋하리니 謂法從緣일새 無自然生性故니 上生自性은 卽是

所無요 下一性字는 是無性性이니 謂無自然生之自性으로 爲其性故
라 勝義無自性性者는 卽第三無性이니 勝義自性은 卽是所無요 下一
性字는 義同於前이니 顯無彼勝義之性으로 爲其性故라 勝義는 卽是
圓成이요 圓成은 卽是眞如라 故唯識云호대 此諸法勝義가 亦卽是眞
如니 常如其性故로 卽唯識實性이라하니라 相無自性性者는 卽第一
無性이니 謂遍計之相을 亦不可得호미 如繩上蛇요 下一性字는 是第
一性이니 以相無自性으로 而爲其性故라

처음에 세 게송은 생기하는 것은 자성이 없는 자성이라 관찰함을
짓는 것이라고 한 것은 곧 두 번째 의타기성의 분상에는 자성이
없는 것이니, 곧 『유식론』에 말하기를 다음은 자연의 자성이 없다
하였다.
그러나 삼무성이라고 이름한 것은 수미정상게찬품 경문 가운데
이미 있었거니와 지금에 다시 간략하게 해석하리니,
말하자면 모든 법은 인연을 좇기에 자연으로 생기하는 자성이 없는
까닭이니 위에 생기의 자성[64]은 곧 이것은 없는 바요
아래 한 성자性字는 이것은 자성이 없는 자성이니 말하자면 자연으로
생기하는 자성이 없는 것으로 그 자성을 삼는 까닭이다.

승의는 자성이 없는 자성이라고 한 것은 곧 제 세 번째 원성실성의
분상에는 자성이 없는 것이니, 승의勝義의 자성은 곧 이것은 없는

---

64 원문에 생자성生自性은 생무자성生無自性이다.

바요

아래 한 성자性字는 뜻이 앞에서 말한 것과 같나니, 저 승의의 자성이 없는 것으로 그 자성을 삼는 까닭을 나타낸 것이다.

승의는 곧 이 원성실성이요 원성실성은 곧 이 진여이다.

그런 까닭으로『유식론』에 말하기를 이 모든 법의 승의가 또한 곧 이 진여이니, 항상 그 자성과 같은 까닭으로 곧 유식의 실성이다 하였다.

일체 만상은 자성이 없는 자성이라고 한 것은 곧 제일 첫 번째 변계소집성의 분상에는 자성이 없는 것이니, 말하자면 변계의 모습을 또한 가히 얻을 수 없는 것이 마치 노끈을 뱀이라 하는 것과 같은 것이요,

아래 한 성자性字는 이것은 제일의 자성이니 일체 만상이 자성이 없는 것으로써 그 자성을 삼는 까닭이다.

疏

今初에 卽分爲三하리니 初偈는 正觀無生이라 初句果空이니 謂緣生果法이 非先有體라 從世性微塵과 及未來藏과 因緣心識中來니 若有來處인댄 卽先已有가 如鳥來棲樹어니 何得言生이리요 次句因空이니 旣無有果인댄 對何說因이리요 又世性等도 亦是妄計니 因緣有故라 次句雙遣이니 所從是因이요 所生是果라 又初句는 不自生이요 次句는 不他生이요 次句는 不共生이라 又初句는 非先

有而生이요 次句는 非先無而生이요 次句는 非半有半無니 三義가
各以末句로 息妄成觀이라

지금은 처음으로 곧 나누어 세 가지로 하리니
처음에 게송은 바로 생기한 적이 없음을 관찰하는 것이다.
처음 구절은 과果가 공한 것이니,
말하자면 인연으로 생기한 과법果法이 먼저 이미 자체가 있었던
것이 아니라 세성世性의 미진微塵과 그리고 미래장未來藏과 인연과
심식 가운데로 좇아온 것이니, 만약 온 곳이 있다면 곧 먼저 이미
있었다는 것이 마치 새가 와서 숲에 깃든 것과 같거니 어찌[65] 생기한다
말함을 얻겠는가.
다음 구절은 원인이 공한 것이니
이미 과법이 없었다면 무엇을 상대하여 원인을 설하겠는가.
또 세성世性 등도 역시 허망한 계교이니 인연으로 있는 까닭이다.
다음 구절은 함께 보내는 것이니
좇아온 곳이라고 한 것은 이것은 원인이요
생기한 곳이라고 한 것은 이것은 과보이다.

또 처음 구절은 스스로 생기한 것도 아니요
다음 구절은 다른 것을 좇아 생기한 것도 아니요[66]

---

65 원문에 하득何得이라 한 하何 자는 『잡화기』에 연衍이라 하였으니, 그렇다면
   서수棲樹"하야" 토를 달아 깃든 것과 같아서 생기한다 말함을 얻을 것이라고
   해석할 것이니 생각해 볼 것이다.

다음 구절은 함께하여 생기한 것도 아니다.[67]

또 처음 구절은 먼저 이미 있는 것으로 생기한 것도 아니요
다음 구절은 먼저 이미 없는 것으로 생기한 것도 아니요
다음 구절은 반은 있고 반은 없는 것으로 생기한 것도 아니니,
세 가지 뜻이 각각 마지막 구절로써 허망함을 쉬고 관찰함을 이루게
하는 것이다.

鈔

初句果空等者는 卽中論에 先有先無門觀也라 然亦名奪破니 於中
先은 奪破其所計니 先有는 總擧諸宗이라 世性微塵은 卽是外道요
及未來藏은 卽一切有部요 因緣은 通大小乘이니 約相이요 心識은
卽唯識에 唯心所現이니 若執定有인댄 皆爲所遣이라 若有來處下는
縱破라 鳥來棲樹는 卽中論에 靑目의 釋無來文이니 謂先有鳥하야
而來就樹인댄 可名爲來나 今엔 從無之有를 曰生거니 曾何先有리요
次句因空者는 卽經에 亦無能作者니 能作是因이요 因卽我也라 亦
卽牒辭니 則通於法이라 瑜伽論云호대 順益是因義니 謂無常法爲因
이니 無有常法이 能爲法因이라 又雖無常法이 爲無常因이나 然與他
性爲因이며 亦與後自性爲因이니 非卽此刹那라하니라 從旣無有果

---

66 원문에 불타생不他生은 초문鈔文에는 不從他生이라 하며, 불공생不共生은
不從共生이라 하였다.
67 원문에 불공생不共生은 부자타생不自他生이다.

下는 破也니 卽相待門破니 可知라 又世性等도 亦是妄計니 因緣有
故者는 亦因緣門이니 因緣無性故며 亦無體門이니 但有妄計하고 無
實體故라

처음 구절은 과가 공한 것이라고 한 등은 곧 『중론』에 먼저 있고
먼저 없는 문으로 관찰한다 한 것이다.
그러나 또한 이름이 빼앗아 깨뜨리는[68] 것이니
그 가운데 먼저는 그들이 계교하는 바를 빼앗아 깨뜨리는 것이니
먼저 있다고 한 것은 모든 종파를 한꺼번에 거론한 것이다.
세성의 미진이라고 한 것은 곧 이것은 외도요
그리고 미래장이라고 한 것은 곧 일체 유부요
인연이라고 한 것은 대승과 소승에 통하나니 모습을 잡은 것[69]이요
심식이라고 한 것은 곧 유식종에서 오직 심식[70]의 소현이라 한 것이니
만약 결정코 있다고 집착한다면 다 보낼 바가 되는 것이다.
만약 온 곳이 있다면이라고 한 아래는 놓아서 깨뜨리는[71] 것이다.
새가 와서 숲에 깃든다고 한 것은 곧 『중론』에 청목법사[72]가 온

---

68 원문에 탈파奪破는 부정적 입장에서 파破하는 것이다.
69 모습을 잡은 것(約相)이라고 한 것은, 위로는 세성世性에 통하고 아래로는
　심식心識을 상대한 까닭이다. 이상은 『잡화기』의 말이다. 그러나 그 모습이란
　대승과 소승의 인연이 다 그 모습(相)이다.
70 원문에 유식唯識에 유심唯心이란, 性과 相에 통한다.
71 원문에 종파縱破는 긍정적 입장에서 파破하는 것이다.
72 청목법사靑目法師는 불멸후佛滅後 1천 년경에 인도印度에서 태어났다. 용수보
　살龍樹菩薩의 『중론中論』에 해석解釋을 붙인 스님이다.

적이 없다고 한 문장을 해석한 것이니,

말하자면 먼저 새가 있어서 숲에 와서 나아갔다면 가히 이름을 왔다고 할 것이지만, 지금에는 없는 것으로 좇아 있는 것을 생기한다 말하거니 일찍이 어찌 먼저 있었겠는가.

다음 구절은 원인이 공한 것이라고 한 것은 곧 경에 또한 능히 만든 자도 없다 한 것이니,

능히 만든다는 것은 이것은 원인이요 원인[73]은 곧 아我이다.

또한 곧 첩석하는[74] 말이니 곧 법에 통하는 것이다.

『유가론』에[75] 말하기를 이익을 따르는 것은 이것은 원인의 뜻이니,

---

73 원문에 因 자는 고인古人이 말하기를 연자衍字인 듯하다고 하였다. 그렇다면 是因"이니" 卽我也"요"라고 吐할 것이다. 또 因卽의 卽 자를 者 자로 보아 因者는 我也며라고 한 사람도 있다.

74 또한 곧 첩석이라 운운한 것은 바로 위에 작자作者라는 자者 자로써 인人의 뜻을 취한 까닭으로 오직 아我에만 국한하였거니와, 지금에는 그 자者 자로써 첩석하는 말을 삼기에 곧 인人과 법法에 통하는 것이다. 역시 『잡화기』의 말이다.

75 『유가론』이라고 한 아래는 다만 저 법에 통한다는 말만 증거한 것이니, 저 『유가론』에 갖추어 말하기를 다시 다음에 이익을 따른다는 뜻은 이것은 원인의 뜻이요, 건립한다는 뜻은 이것은 조연의 뜻이요, 성판成辦한다는 뜻은 이것은 과보의 뜻이다. 또 건립의 원인이 이 일곱 가지 모습이 있나니, 말하자면 무상한 법은 이 원인이고, 영원한 법이 없는 것은 능히 법의 원인이 되는 것이다. 말하자면 혹은 생生의 원인이 되며, 혹은 득得의 원인이 되며, 혹은 성립成立의 원인이 되며, 혹은 성판成辦의 원인이 되며, 혹은 작용作用의 원인이 되는 것이다. 또 비록 무상한 법이 운운하여 여기 초문에 인용한

말하자면 무상한[76] 법으로 원인을 삼는 것이니 영원한 법이 없는 것이 능히 법의 원인이 되는 것이다.

또 비록 무상한 법이[77] 무상한 법의 원인이 되지만 그러나 저 무상한 법의 자성으로 더불어 원인이 되며, 또한 뒤에 무상한 법의[78] 자성으로 더불어 원인이 되는 것이니 이 찰나[79] 무상에 즉하는 것은 아니다[80] 하였다.

것과 같다. 역시 『잡화기』의 말이다.

76 말하자면 무상한 운운은 오직 무상이라야 저 무상한 법의 원인이 됨을 얻을 수 있고 만약 유상한 법이라면 곧 저 무상한 법의 원인이 될 수 없나니, 유상과 더불어 무상이 서로 이익을 따르지 못하는 까닭이다. 역시 『잡화기』의 말이다.

77 또 비록 무상한 법이 운운한 것은 위에 무상한 법으로 원인을 삼는다는 것을 첩석한 것이니, 비록 무상한 법으로 원인을 삼는 것을 말하였지만 다만 다른 무상한 법으로 더불어 원인을 삼을 뿐 스스로 자성으로 원인을 삼는 것은 아니다. 역시 『잡화기』의 말이다.

78 또한 뒤에 무상한 법의 운운한 것은 가사 스스로 자성으로 원인을 삼을지라도 앞에 무상한 법이 무너진 연후에 바야흐로 뒤에 무상한 법이 생겨나는 것이니, 후시後時의 무상을 바라보아야 바야흐로 원인이 됨을 얻는 것이다. 이 위에는 곧 동시同時로 원인을 삼고 여기는 곧 이시異時로 원인을 삼는 것이다. 역시 『잡화기』의 말이다.

79 찰나刹那는 他性과 自性之因故로 非刹那無常이니 즉 찰나는 타성他性과 자성自性의 원인인 까닭으로 찰나무상이 아니라는 것이다.

80 이 찰나 무상에 즉하는 것은 아니라고 한 것은 『잡화기』에 비즉非卽과 차찰나此刹那라고 하여 비非 자가 양쪽으로 관통한다 하고, 타성他性으로 더불어 원인을 삼는 까닭으로 비즉非卽이라 말하고, 미래 후시의 자성으로 더불어 원인을 삼는 까닭으로 비찰나非刹那라 말한다 하였다. 생각해 볼 것이다.

이미 과법이 없었다면이라고 한 것으로 좇아 아래는 깨뜨리는 것
이니,
곧 상대문으로 깨뜨리는 것[81]이니 가히 알 수가 있을 것이다.

또 세성 등도 역시 허망한 계교이니, 인연으로 있는 까닭이라고
한 것은 또한 인연문이니 인연은 자성이 없는 까닭이며
또한 무체문無體門이니 다만 허망한 계교만 있고 실체가 없는 까닭
이다.

又初句不自生等者는 上之四句는 各別門破어니와 今엔 通用因緣門
하야 以四開破니 略無無因하니라 中觀論云호대 諸法不自生이며 亦
不從他生이며 不共不無因이니 是故知無生이라하니라 而雜集論에
二門釋之하니 一은 云不自生者는 謂一切法은 非自所作이니 彼未生
時엔 無自性故요 不從他生者는 謂彼法緣은 非作者故요 不從共生
者는 謂不由此二種因故니 非不自作他作故요 不無因生者는 謂緣
望果生에 有功能故라 二는 又因緣互奪이니 釋云自種有故로 不從他
等이니 次後當釋호리라 又初句非先有下는 前來엔 唯初句가 用先有
門거니와 今通三句가 皆用先有先無門하니 中論因緣品云호대 果先
於緣中에 有無俱不可니 先無爲誰緣이며 先有何用緣이리요하니라
影公云호대 因中先有인댄 則境界在六根이요 因中先無인댄 則因同

81 원문에 상대문파相待門破라고 한 것은 곧 인과因果를 상대相待하여 설설한
것이니, 과법과果法이 없다면 무엇을 상대하여 인법因法을 설설하겠는가 한
것이다.

非因이니 因同非因인댄 則可鑽氷出火요 境界在六根인댄 則可湯中
求氷이요 若亦有亦無인댄 則具上二過라하니라 其第四句는 乃非此
門이니 故中論云호대 若果非有生이며 亦復非無生이며 亦非有無生
인댄 何得言有緣이리요하니라

또 처음 구절은 스스로 생기한 것도 아니라고 한 등은 위에 네
구절은[82] 각각 별문別門으로 깨뜨렸거니와 지금에는 인연문을 통용
하여 네 구절로 열어서 깨뜨리는 것이니, 원인이 없다는 말은 생략되
어 없다.
『중관론』[83]에 말하기를
모든 법은 스스로 생기한 것도 아니며
또한 다른 것을 좇아 생기한 것도 아니며
함께함을 좇아 생기한 것도 아니고[84] 원인이 없이 생기한 것도 아니니

---

82 위에 네 구절이라 한 그 사四 자는 삼三 자의 잘못이 아닌가 염려한다.
   각각 별문別門으로 깨뜨렸다고 한 것은 처음 구절은 선유문先有門을 쓰고,
   다음 구절은 인연문因緣門을 쓰고, 제 세 번째 구절은 위에 두 문門을 쓰는
   까닭이다. 제 두 번째 뜻은 인연문을 통용하여 세 구절을 해석하고, 제
   세 번째 뜻은 곧 선유선무문先有先無門을 통용하여 세 구절을 해석한 것이다.
   역시 『잡화기』의 말이다.
   원문에 상지사구上之四句는 總으로 말한 것이고, 진실인즉 三句이다. 즉
   初句는 先有先無門破요, 次句는 以相待門破요, 後句는 雙遣上因果니 前二門
   破이다.
83 『중론中論』은 제일第一에 관인연품觀因緣品 제삼第三의 게송偈頌이다.
84 원문에 불공不共이란, 자自·타他가 함께하여 생기한 것도 아니라는 것이다.

이런 까닭으로 생기한 적이 없는 줄 알아야 한다 하였다.

『잡집론』에는 이문二門으로 해석하였으니

첫 번째는 스스로 생기한 것도 아니라고 말한 것은 말하자면 일체법은 스스로 만드는 바가 아니니 저것이 생기기 전에는 자성이 없는 까닭이요

다른 것을 좇아 생기한 것도 아니라고 한 것은 말하자면 저 법의 인연은 만드는 자가 없는 까닭이요

함께함을 좇아 생기한 것도 아니라고 한 것은 말하자면 이 두 가지 원인[85]을 인유하지 않는[86] 까닭이니, 스스로 만드는 것도 다른 곳을

---

85 원문에 이종인二種因이란, 不自性과 不他性이다. 바로 위에 謂卽의 卽 자는 不 자의 잘못이다. 非不의 不 자는 연자衍字이다. 非自作 非他作은 영인본 화엄 6책, p.420, 7행에 있다.

86 이 두 가지 원인을 인유하지 않는다고 한 것은 원문의 위즉謂卽이라 한 즉卽 자는 불不 자의 잘못이다. 그러나 『잡화기』는 그대로 두고 위즉유謂卽由 운운은 반대로 나타낸 것이니, 그 뜻에 말하기를 공생共生이라고 한다면 곧 이 자작自作과 타작他作의 두 가지 원인을 인유한 까닭으로 옳지 않는 것이요, 만약 이 두 가지 원인을 인유한다면 곧 위에 두 가지 허물을 갖추는 까닭이라 하였다. 그리고 바로 아래 비불자작타작고非不自作他作故라고 한 것은 제 네 번째 구절을 해석한 것이니, 저 『중관론』에 곧 말하기를 비불자작타작인생非不自作他作因生이라고 한 것은 인연이 과보를 바라여 생기함에 공능이 있는 까닭이라 하니, 그러한즉 바로 아래 고불무故不無라는 세 글자는 초주鈔主의 뜻이고 그 아래 중생衆生이라 한 중衆 자를 더한 것은 필사한 사람의 착오라 하였다. 그러나 비불非不이라 한 불不 자는 연衍이라고 나는 보았다. 그리고 그 비자작非自作 비타작非他作은 다음 아래 영인본 화엄 6책, p.420, 7행에 있다.

좇아 만드는 것도 아닌 까닭이요

원인이 없이 생기한 것도 아니라고 한 것은 말하자면 인연이 과보를 바라여[87] 생기함에 공능이 있는 까닭이다.

두 번째는 또 원인과 조연이 서로 빼앗는 것이니,

해석하여 말하면 스스로의 종자가 있는 까닭으로 다른 종자를 좇아 생기하지 않는다는 등이니 차후에 마땅히 해석하겠다.[88]

또 처음 구절은 먼저 이미 있는 것으로 생기한 것도 아니라고 한 아래는 전래에는 오직 처음 구절만이 선유문先有門을 사용하였거니와 지금에는 모든 삼구三句가 다 선유선무문先有先無門을 사용하였으니,

『중론』인연품[89]에 말하기를

과보가 먼저 인연 가운데

있다 없다 하는 것이 함께 옳지 않나니,

먼저 이미 없었다고 한다면 무슨 인연이 되며[90]

---

87 원문에 망중望衆의 衆 자는 果 자의 잘못이다. 이상以上의 해석은 주자권珠字卷, 21장, 하, 6행에 잘 나타나 있다.

88 원문에 차후당석次後當釋이란, 여자권呂字卷, 하권, 5장, 하, 2행에 있다. 즉 영인본 화엄 6책, p.428, 6행이니 四는 약이인망과約以因望果니 『중론中論』에 말하기를 自作及他作과 共作無因作 운운하였다. 『잡화기』는 여자권呂字卷, 하권, 초, 5장, 下와 그리고 주자권珠字卷, 21장, 하, 6행을 보라 하였다.

89 『중론』인연품이란, 제일第一 관인연품觀因緣品 제팔 게송이다.

90 원문에 위수연爲誰緣이란, 곧 인연因緣이 아니라는 것이다.

먼저 이미 있었다고 한다면 어찌 인연을 쓰겠는가 하였다.

영공법사가 말하기를 인연 가운데 먼저 이미 있었다고 한다면 곧 경계[91]가 육근에 있는 것이요[92]

인연 가운데 먼저 이미 없었다고 한다면 곧 인연이 인연이 아닌 것과[93] 같나니

인연이 인연이 아닌 것과 같다면 곧 얼음을 뚫어 불을 내는 것과 같은 것이요

경계가 육근에 있다면 곧 가히 끓는 물에 얼음을 구하는 것과 같은 것이요

만약 또한 있기도 하고 또한 없기도 하다고 한다면 곧 위에 두 가지 허물[94]을 갖추는 것이다 하였다.

그 제 네 번째 구절은 이에 이 문門이 아니니[95] 그런 까닭으로 『중론』[96]

---

91 경계境界라고 한 것은 육진六塵으로, 육근六根의 과보를 삼는다.

92 경계가 육근에 있다고 한 것은 경계는 이 과보이고 육근은 이 원인이니, 육근이 건립된 연후에 육경이 바야흐로 생기하는 까닭이다. 역시 『잡화기』의 말이다.

93 인연이 아니라고 한 것은 마치 불을 냄에 나무는 인연이 되고 얼음은 인연이 되지 않는 것과 같다. 역시 『잡화기』의 말이다.

94 원문에 이과二過는 유有와 무無의 두 가지 허물이다.

95 이에 이 문門이 아니라고 한 것은 말하자면 영공影公법사의 해석 가운데 그 제 네 번째 비유비무구句는 여기에 선무문先無門이 아닌 까닭으로 인용하지 아니하였다. 바로 아래 그런 까닭으로 『중론』이라고 한 아래는 영공법사가 제 네 번째 구절을 해석한 『중론』의 문장을 가리킨 것이니, 차례와 같이 위에 삼구三句를 깨뜨리고 끝 구절은 모두 다 보내는 것이다. 역시 『잡화기』의 말이다.

에 말하기를

만약 과보가 먼저 있는 것으로 생기한 것도 아니며,

또한 다시 먼저 없는 것으로 생기한 것도 아니며,

또한 먼저 있고 먼저 없는 것으로 생기한 것도 아니라고 한다면 어찌 인연이 있다고 말함을 얻겠는가 하였다.

疏

次偈는 以無生으로 釋無滅이라 略有三義하니 一은 無生可滅故요 二는 無待對故요 三은 例生從緣故라

다음 게송은 생기한 적이 없는 것으로써 사라진 적이 없음을 해석한 것이다.

간략하게 세 가지 뜻이 있나니

첫 번째는 생生 가히 사라질 것이 없는 까닭이요

두 번째는 기다려 서로 상대할 것이 없는 까닭이요

세 번째는 생기하는 것이 인연을 좇는다는 것에 비례한 까닭이다.

疏

後偈는 觀成利益이니 經云호대 無生卽是佛이라하니라 故論云호대 若見因緣法인댄 則爲能見佛이라하니 依他因緣은 卽無生故니라

---

96 『중론中論』은 제일第一 관인연품觀因緣品 제구第九 게송偈頌이다.

뒤에 게송은 관찰하여 이익을 이루는 것이니
경에 말하기를 생기한 적이 없는 것이 곧 이 부처님이다 하였다.
그런 까닭으로『중론』⁹⁷에 말하기를 만약 인연의 법을 본다면 곧
능히 부처님을 보는 것이 된다 하였으니
의타기의 인연은 곧 생기한 적이 없는 까닭이다.

鈔

經云等者는 正是大品에 法尙이 答常啼云호대 諸法如가 卽是佛이요
諸法無生이 卽是佛等이라 下句旣云호대 斯人見如來라하니 卽無生
是佛義耳니라 須彌頂上偈讚品에 一切慧菩薩云호대 一切法無生이
며 一切法無滅이니 若能如是解인댄 諸佛常現前이라하니라 故論云
等者는 卽中論四諦品末云호대 是故經中說호대 若見因緣法인댄 則
爲能見佛하고 見苦集滅道라하니라 而論引經은 卽智嚴經이니 至第
十菩薩하야 當具引之하리라

경에 말하였다고 한 등은 바로『대품반야경』에 법상이 상제常啼⁹⁸에
게 답하여 말하기를 모든 법이 여여한 것이 곧 이 부처님이요
모든 법이 생기한 적이 없는 것이 곧 이 부처님이다 한 등이다.

---

97 『중론中論』은 제이십사第二十四 관사제품觀四諦品, 제삼십구第三十九 마지막
　 게송偈頌이니, 곧 是故經中說호대 若見因緣法인댄 則爲能見佛하고 見苦集滅
　 道라 한 것이다. 초문鈔文에 자세히 설說하였다.
98 상제常啼는 살타파륜이라 음역한다. 항상 잘 운다고 상제라 하니『반야경』의
　 수호자이다.

아래 구절에 이미 말하기를 이 사람은 여래를 볼 것이다 하였으니
곧 생기한 적이 없는 것이 이 부처님의 뜻인 것이다.
수미정상게찬품에 일체혜보살이 말하기를
일체법은 생기한 적도 없으며
일체법은 사라진 적도 없나니,
만약 능히 이와 같이 안다면
모든 부처님이 항상 앞에 나타날 것이다 하였다.

그런 까닭으로 『중론』에 말하였다고 한 등은 곧 『중론』 사제품
끝에 말하기를
이런 까닭으로 경전 가운데 말하기를
만약 인연의 법을 본다면
곧 능히 부처님을 보는 것이 되고[99]
고집멸도를 보는 것이 된다 하였다.
『중론』에 인용한 경전은 곧 『지혜장엄경』이니,
제십보살[100]에 이르러 마땅히 갖추어 인용하겠다.

---

99 능히 부처님을 보는 것이 된다고 운운한 것은 『중론』에 해석하여 말하기를
　　만약 사람이 모든 법이 수많은 인연을 좇아 생기함을 본다면 부처님의 몸을
　　보고 지혜를 증익하여 능히 사제四諦의 고·집·멸·도를 볼 것이다 하였다.
　　역시 『잡화기』의 말이다.

100 제십보살第十菩薩은 제십지림보살第十智林菩薩이니 영인본 화엄 6책, p.470
　　이다. 『지혜장엄경』 이야기는 영인본 화엄 6책, p.479, 말행末行, 구묘지혜자
　　具妙智慧者 이하이니, 여기 견인연법등見因緣法等의 뜻과는 무관하고 『지혜장
　　엄경』의 내용만 구체적으로 인용引用하였다.

經

諸法無生故로　自性無所有니
如是分別知인댄 此人達深義리다

以法無性故로　無有能了知니
如是解於法인댄 究竟無所解리다

모든 법은 생기한 적이 없는 까닭으로
자성도 있는 바가 없나니
이와 같이 분별하여 안다면
이 사람은 깊은 뜻을 요달할 것입니다.

모든 법은 자성이 없는 까닭으로
능히 요달하여 알 것이 없나니
이와 같이 법을 안다면
구경에 알 바조차 없을 것입니다.

疏

次二偈는 約依他하야 兼修勝義無自性性觀中에 前偈는 遣所觀
이라 上半은 辨觀이요 下半은 明益이니 各含二義일새 故致兼言이
라 一者는 成前이니 謂非唯能相之生이 生卽無生이라 所生法體도
從緣無性일새 卽無所有니 此顯依他無生이 是圓成性이라 益云

深者는 即事而眞故라 二는 云無生眞性도 亦無所有니 即彼勝義
는 無自性性이라 益云深者는 眞性不立故라

다음에 두 게송은 의타기성을 잡아 승의는 자성이 없는 자성이라
관찰함을 겸하여 닦는 가운데 앞에 게송은 관찰하는 바를 보내는
것이다.
위에 반 게송은 관찰하는 모습을 분별한 것이요
아래 반 게송은 관찰하는 이익을 밝힌 것이니,
각각 두 가지 뜻을 포함하였기에 그런 까닭으로 겸하였다는 말을
이루는 것이다.
첫 번째는 앞에 말을 성립하는 것이니,
말하자면 오직 능상能相을 생기하는 것만이 생기하는 것이 생기한
적이 없다고 한 것일 뿐만 아니라 생기할 바 법의 자체도 인연을
좇아 자성이 없기에 곧 있는 바가 없다는 것이니,
이것은 의타기성의 자성이 없는 것이 이 원성실성임을 나타낸 것이다.
이익을 밝힘에 말하기를 깊은 뜻이라고 한 것은 사실에 즉한 진실인
까닭이다.
두 번째는 말하기를 생기한 적이 없는 진성도 또한 있는 바가 없는
것이니,
곧 저 승의는 자성이 없는 자성이다.
이익을 밝힘에 말하기를 깊은 뜻이라고 한 것은 진성조차 세우지
않는 까닭이다.

鈔

各含二義者는 釋上兼修之言이라 而云各者는 正取上半觀相과 下
半觀益하야 爲各二義니 卽依他圓成이니 如下疏列하니라 而下遣能
도 亦含依圓일새 故此各言이 兼於能所하야사 方順二偈는 兼修之言
이라 一者成前下는 別示二義之相이니 此卽依他中義也니라 先明觀
相이니 由前偈의 遣能相이라 四相에 略擧生滅이나 已含住異니라 此
偈는 遣所相이니 色心法體가 由四相相하야 成其有爲하나니 當法緣
生일새 故無自性이라 觀益可知라 二無生眞性下는 卽兼修勝義無性
義也니라

각각 두 가지 뜻을 포함하였다고 한 것은 위에 겸하여 닦는다고
한 말을 해석한 것이다.

그러나 각각이라고 말한 것은 위에 반 게송의 관찰하는 모습과
아래 반 게송의 관찰하는 이익을 바로 취하여 각각 두 가지 뜻을
삼은 것이니,

곧 의타기성과 원성실성이니 아래 소문[101]에서 열거한 것과 같다.

그러나 아래에 능관을 보내는 것도 또한 의타기성과 원성실성을
포함하기에 그런 까닭으로 여기에 각각이라는 말이 능관과 소관을
겸하여야 바야흐로 두 게송은 겸하여 닦는다는 말에 순하는 것이다.

---

101 아래 소문이라고 한 것은, 此疏此文下이니 바로 앞에 영인본 화엄 6책,
   p.386, 7행에 의타무성依他無性과 9행에 승의무성勝義無性 등의 소문疏文
   이다.

첫 번째는 앞에 말을 성립하는 것이라고 한 아래는 두 가지 뜻의 모습을 따로 시현한 것이니,

이것은 곧 의타기성 가운데 뜻이다.

먼저는 관찰하는 모습을 밝힌 것이니,

앞의 게송[102]에 능상能相을 보내는 것을 인유한 것이다.

사상四相에 간략하게 생生·멸滅만을 거론하였지만[103] 이미 주住·이異도 포함하고 있다.

이 게송은 소상所相을 보내는 것이니[104]

색심의 법체가 사상의 모습을 인유하여 그 유위를 이루나니, 당법當法이 인연으로 생기하기에 그런 까닭으로 자성이 없는 것이다.

관찰하는 이익은[105] 가히 알 수가 있을 것이다.

두 번째는 말하기를 생기한 적이 없는 자성이라고 한 아래는 곧 승의는 자성이 없음을 겸하여 닦는다는 뜻이다.

疏

後偈는 遣能觀이라 然有二義하니 一은 成前所觀이니 謂以無性故

---

102 앞의 게송은 영인본 화엄 6책, p.380, 1행이다.

103 원문에 약거생멸略擧生滅이란, 前偈(영인본 화엄 6책, p.380, 1행)에 一切法無生이며 亦復無有滅이라 하여 생멸生滅만 거론하였다는 것이다.

104 원문에 차게견소상此偈遣所相 운운은 북장경北藏經엔 遣所相"인" 色心法體 "니" 토吐이다. 즉 소상인 색심의 법체를 보내는 것이라고 번역한다는 것이다. 그러나 생각해 볼 것이다.

105 관찰하는 이익이란, 아래 반 게송이라고 이 초문 초두에 말하였다.

로 無有能了호미 如無有人이 能了龜毛의 長短大小인달하야 知無
所了가 是究竟了니라 二는 是正遣能了니 旣無所了인댄 亦無能了
니 能所兩亡이 爲究竟解니라

뒤에 게송은 능관을 보내는 것이다.
그러나 두 가지 뜻이 있나니
첫 번째는 앞에 소관을 성립하는 것이니
말하자면 자성이 없는 까닭으로 능히 알아야 할 것이 없는 것이
마치 어떤 사람이 능히 거북이 털이[106] 길고 짧고 크고 작고 한
것을 알아야 할 것이 없는 것과 같아서, 알아야 할 바가 없는 줄
아는 것이 이것이 구경의 아는 것이다.
두 번째는 바로 능요能了를 보내는 것이니
이미 소요所了가 없다면 또한 능요도 없는 것이니, 능요와 소요를
함께 잊는 것이 구경의 앎이 되는 것이다.

鈔

後偈遣能觀者는 然이나 此疏中二義가 亦通前依圓이니 前義는 依他
圓成이 俱無所了요 後義는 依圓이 皆無能了니 皆由卽性과 卽無性
故라 故疏結云호대 能所雙亡이라하니 卽正結上의 二義也며 亦通結
上의 二偈能所니라

---

106 거북이 털이라고 한 등은, 거북 털은 본래 없는 것이기 때문에 크고 작은
    등을 분별할 필요조차 없다는 것이다. 토끼 뿔의 의미도 이와 같다 하겠다.

뒤에 게송은 능관을 보내는 것이라고 한 것은 그러나 이 소문 가운데
두 가지 뜻이 또한 앞에 의타기성과 원성실성에 통하나니,
앞에 뜻[107]은 의타기성과 원성실성이 함께 소요가 없는 것이요
뒤에 뜻[108]은 의타기성과 원성실성이 다 능요가 없는 것이니
다 자성에 즉하고 무자성에 즉함을 인유한 까닭이다.
그런 까닭으로 소문에 맺어 말하기를 능요와 소요를 함께 잊는다
하였으니
곧 바로 위에 두 가지 뜻[109]을 맺는 것이며,
또한 위에 두 게송의 능관과 소관을 모두 맺는 것이다.

---

107 앞에 뜻(前義)은 성전소관成前所觀이다.
108 뒤에 뜻(後義)은 정견능요正遣能了이다.
109 위에 두 가지 뜻(上二義)은 능요能了와 소요所了이다.

經

所說有生者는　以現諸國土니
能知國土性인댄 其心不迷惑하리다

世間國土性이　觀察悉如實이니
若能於此知인댄 善說一切義리다

생기한 적이 있다고 설하는 바는
현재 모든 국토로써 말하는 것이니
능히 국토의 자체성을 안다면
그 마음이 미혹하지 아니할 것입니다.

세간에 국토의 자체성이
다 여실한 줄 관찰할 것이니
만약 능히 여기에서 안다면
일체의 의리를 잘 설할 것입니다.

疏

後二偈는 明相無自性性觀이라 於中初偈는 正明이요 後偈는 總結
이라 前中에 上半顯執이니 不了國等依他하고 謂爲現見이라하야
妄計爲生일새 故晉經云호대 所言有生者는 當知由所生이라하니
라 下半明觀이니 若知無性인댄 則離遍計故라 後偈總結이니 稱於

事理之實하야 以觀世等일새 故善說也라하니라

뒤에 두 게송은 일체 만상은 자성이 없는 자성이라 관찰함을 밝힌 것이다.[110]
그 가운데 처음 게송은 바로 밝힌 것이요
뒤에 게송은 모두 맺는 것이다.
앞의 바로 밝힌 가운데 위에 반 게송은 집착함을 나타낸 것이니,
국토 등이 의타기입을 알지 못하고 말하기를 현재 본다 하여 허망하게 생기한다 계교하기에, 그런 까닭으로 진경에 말하기를 생기한 적이 있다고 말하는 바는 마땅히 생기할 바를 인유한 줄 알아야 한다 하였다.
아래 반 게송은 관찰함을 밝힌 것이니,
만약 자성이 없는 줄 안다면 곧 변계소집을 떠나는 까닭이다.
뒤에 게송은 모두 맺는 것이니,
사실과 진리의 진실에 칭합하여 세간 등等을 관찰하기에 그런 까닭으로 잘 설한다 하였다.

鈔

不了國等者는 而言等者는 國卽共業緣生이요 以後偈總結云호대 世間國土性이라하니 世間之言은 通有情世間일새 故致等言이라 言謂爲現見者는 以中論內에 小乘被破하야 皆悉救云호대 世間現見故라

---

110 원문에 명상明相이라 한 明 자는 영인본 화엄 6책, p.380, 3행엔 修 자이다.

하니 意云호대 不合與世間相違니라 又佛言호대 世智說有어든 我亦
說有하고 世智說無어든 我亦說無라하니 今現見有國等諸法거니 豈
得言無리요할새 故引晉經云호대 當知由所生이라하니 所生卽現일새
故見國等이라

국토 등이 의타기임을 알지 못한다고 한 것은 등等이라고 말한
것은 국토는 곧 공업 인연으로 생기한 것이요
뒤에 게송에 모두 맺어 말하기를 세간에 국토의 자성이다 하였으니
세간이라는 말은 유정세간에 통하기에 그런 까닭으로 등이라는
말을 이루는 것이다.

말하기를 현재 본다 하여라고 말한 것은 『중론』 안에 소승이 깨뜨
림을 입어 다[111] 구원하여 말하기를 세간에 현재 보는 까닭이다
하였으니,
그 뜻에 말하기를 세간으로 더불어 합하지 않는다는 것으로 서로
어기는 것이다.
또 부처님이[112] 말씀하시기를 세간의 지혜로 있다고 설하거든 나도
또한 있다고 설하고 세간의 지혜로 없다고 설하거든 나도 또한

---

111 원문에 皆悉의 悉 자는 實 자인 듯하다. 즉 소승小乘은 제법개실諸法皆實이라
고 계교하다가 대승大乘에게 깨뜨림을 입고서 구원하여 말하기를 세간世間에
제법諸法이 있음을 현재現在 보는 것이다 하였다.
112 또 부처님이라고 한 아래는 저 소승이 구원하는 가운데 스스로 인용한
것이라고 『잡화기』는 말한다.

없다고 설한다 하였으니,

지금 현재 국토 등 모든 법이 있다고 보거니 어찌 없다고 말함을 얻겠는가 하기에, 그런 까닭으로 진경을 인용하여 말하기를 마땅히 생기할 바를 인유한 줄 알아야 한다 하였으니

생기할 바가 곧 나타나기에 그런 까닭으로 국토 등을 보는 것이다.

經

爾時에 無畏林菩薩이 承佛威力하야 普觀十方하고 而說頌言호대

그때에 두려움이 없는 숲 보살이 부처님의 위신력을 받아 널리
시방을 관찰하고 게송을 설하여 말하기를

疏

第四는 以信樂力으로 聞深不畏가 名無畏林이니 偈歎信向益深
德故라

제 네 번째는 믿고 좋아하는 힘으로써 깊은 법을 듣지만 두려움이
없는 것이 이름이 두려움이 없는 숲이니
믿고 향하는 이익이 깊은 공덕을 게송으로 찬탄한 까닭이다.

經

如來廣大身은 究竟於法界일새
不離於此座하고 而遍一切處하니다

여래의 광대한 몸은[113]
법계에 끝까지 하기에
이 자리를 떠나지 않고
일체 처소에 두루하십니다.

疏

十頌分二리니 初一은 所信之境이니 謂法身은 體卽法界요 智身은
證極法界일새 致令應用之身으로 不動而遍이라

열 게송을 두 가지로 나누리니
처음에 한 게송은 믿을 바 경계이니,
말하자면 법신은 자체가 곧 법계요
지신智身[114]은 법계를 증득하여 다하기에 응용應用의 몸[115]으로 하여
금 움직이지 않고 두루하게 함을 이루는 것이다.

---

113 이 게송(此偈)은 여래십신상해품如來十身相海品에 설출說出하였다. 영인본
   화엄 12책, p.548, 3행에 인용引用하였다.
114 지신智身은 보신報身이다.
115 응용應用의 몸은 응화신應化身이다.

經

若聞如是法하고 恭敬信樂者인댄
永離三惡道의　一切諸苦難하리다

만약 이와 같은 법을 듣고
공경하고 믿고 좋아하는 사람이라면
영원히 삼악도의
일체 모든 고난을 떠나게 될 것입니다.

疏

後九는 聞信之益이라 分五하리니 初一은 聞信離惡이라

뒤에 아홉 게송은 듣고 믿는 이익[116]이다.
다섯 가지로 나누리니
처음에 한 게송은 듣고 믿는 사람은 악취를 떠나는 것이다.

---

116 원문에 聞은 第一句이고, 信은 第二句이고, 益은 第三句와 第四句이다.

經

設往諸世界의   無量不可數라도
專心欲聽聞   如來自在力하리다

如是諸佛法은   是無上菩提일새
假使欲暫聞이라도 無有能得者니이다

설사 모든 세계의
한량도 없고 가히 헤아릴 수도 없는 곳에 간다 할지라도
오롯한 마음으로
여래의 자재하신 힘을 듣고자 할 것입니다.

이와 같은 모든 불법은
이 무상보리이기에
가사 잠깐만 듣고자 할지라도
능히 들음을 얻을 자가 없습니다.

疏

次二는 辨其難聞이라

다음에 두 게송은 그 듣기 어려움을 분별한 것이다.

若有於過去에　信如是佛法인댄
已成兩足尊하야 而作世間燈하리다

若有當得聞　　如來自在力하고
聞已能生信인댄 彼亦當成佛하리다

若有於現在에　能信此佛法인댄
亦當成正覺하야 說法無所畏하리다

만약 어떤 사람이 과거에
이와 같은 불법을 믿었다면
이미 양족존을 이루어
세간의 등불이 되었을 것입니다.

만약 어떤 사람이 당래에
여래의 자재한 힘에 대하여 얻어 듣고
들은 이후에 능히 믿음을 낸다면
저도 또한 마땅히 부처를 이룰 것입니다.

만약 어떤 사람이 현재에
능히 이 불법을 믿는다면
또한 마땅히 정각을 이루어

법을 설함에 두려워할 바가 없을 것입니다.

疏

次三은 明聞信成佛이니 將過去已成하야 證現未當成이라

다음에 세 게송은 듣고 믿어서 성불함을 밝힌 것이니,
과거에 이미 성불한[117] 것을 가져 현재와 미래에 마땅히 성불함을
증명한 것이다.

---

117 원문에 과거이성過去已成은 初偈이고, 현재성불現在成佛은 第三偈이고, 미래
성불未來成佛은 第二偈이다.

經

無量無數劫에도 此法甚難値니
若有得聞者인댄 當知本願力이니다

한량없고 헤아릴 수 없는 세월에도
이 법은 매우 만나기 어렵나니
만약 얻어 듣는 사람이 있다면
마땅히 본래 서원의 힘인 줄 알아야 할 것입니다.

疏

四에 有一偈는 明聞必有由하야 勵物起願이라

네 번째 한 게송이 있는 것은 듣는 것이 반드시 이유가 있음을
밝혀 중생에게 권하여 서원을 일으키게 하는 것이다.

經

若有能受持　　如是諸佛法하고
持已廣宣說인댄 此人當成佛하리다

況復勤精進하야 堅固心不捨리요
當知如是人은　決定成菩提하리다

만약 어떤 사람이 능히
이와 같은 모든 불법을 받아 가지고
받아 가진 이후에 널리 선설한다면
이 사람은 마땅히 부처를 이룰 것입니다.

하물며 다시 부지런히 정진하여
견고한 마음을 버리지 아니함이겠습니까.
마땅히 알아야 합니다. 이와 같은 사람은
결정코 보리를 이룰 것입니다.

疏

五에 有二頌은 顯起行益이라

다섯 번째 두 게송이 있는 것은 수행을 일으키는 이익을 나타낸
것이다.

經

爾時에 慚愧林菩薩이 承佛威力하야 普觀十方하고 而說頌言호대

그때에 부끄러워하는 숲 보살이 부처님의 위신력을 받아 널리
시방을 관찰하고 게송을 설하여 말하기를

疏

第五는 拒妄崇眞하며 拒迷崇智가 名爲慚愧林이니 故偈讚如來
大智勝益이라

제 다섯 번째는 허망한 것을 버리고 진실한 것을 숭상하며
미혹한 것을 버리고 지혜로운 것을 숭상하는 것이 이름이 부끄러워
하는 숲이 되는 것이니,
그런 까닭으로 여래의 큰 지혜와 수승한 이익을 게송으로 찬탄한
것이다.

經

若人得聞是　　希有自在法하고
能生歡喜心인땐 疾除疑惑網하리다

만약 어떤 사람이
이 희유하고 자재한 법을 얻어 듣고
능히 환희심을 낸다면
빨리 의혹의 그물을 제멸할 것입니다.

疏

十頌分三하리니 初三은 法說難思요 次六은 以喩並決이요 後一은
結德歸佛이라 今初에 初偈는 明聞生勝益하야 令物希聞이라 自在
法者는 卽佛智也라

열 게송을 세 가지로 나누리니
처음에 세 게송은 법으로 사의하기 어려움을 설한 것이요
다음에 여섯 게송은 비유로써 모두 결정하는 것이요
뒤에 한 게송은 공덕을 맺어 여래에게 돌리는 것이다.
지금은 처음으로 처음 게송은 법문을 들으면 수승한 이익이 생겨남
을 밝혀 중생으로 하여금 듣기를 희망하는 것이다.
자재한 법이라고 한 것은 곧 부처님의 지혜이다.

經

　一切知見人이　　自說如是言호대
　如來無不知일새　是故難思議라하니다

일체를 알아보는 사람이
스스로 이와 같은 말을 설하되
여래는 알지 못함이 없기에
이런 까닭으로 사의하기 어렵다 하였습니다.

疏

次偈는 佛窮種智일새 故下位難思니라

다음에 게송은 부처님은 일체종지를 궁구하여 다하였기에 그런
까닭으로 하위下位는 사의하기 어려운 것이다.

經

無有從無智하야 而生於智慧니
世間常暗冥일새 是故無能生이다

무지無智로 좇아
지혜를 생기하는 것은 있을 수는 없나니
세간은 무지하여 항상 어둡기에
이런 까닭으로 능히 지혜를 생기할 수 없습니다.

疏

後偈는 顯智從生이니 此文反顯이라 然有二意하니 一者는 成前이
니 謂欲生智慧인댄 當於佛求니 佛無不知故요 不應求之於凡이니
凡暗冥故라 猶搴芙蓉인댄 必於深水니 而於木末인댄 安可得耶아

뒤에 게송은 지혜로 좇아 생기함을 나타낸 것이니,
이 경문은 반대로 나타낸 것이다.[118]
그러나 두 가지 뜻이 있나니
첫 번째는 앞에[119] 말을 성립하는 것이니,
말하자면 지혜를 생기하고자 한다면 마땅히 부처님에게서 구할

---

118 원문에 반현反顯은 지혜로 좇아 생기한다 하지 않고 무지로 좇아 생기하는
   것은 있을 수 없다 하니 반현反顯이다.
119 앞이란, 곧 일체지견인一切知見人 운운한 게송偈頌이다.

것이니 부처님은 알지 못함이 없는 까닭이요

응당 범부에게서 구하지 말 것이니 범부는 어두운 까닭이다.

마치 부용芙蓉[120]을 취하고자[121] 한다면 반드시 깊은 물에서 하는

것과 같나니 나무 끝에서 한다면 어찌 가히 취할 수 있겠는가.

鈔

後偈下는 疏文有三이라 一은 案經釋이니 有二意라 前意中云호대 猶 搴芙蓉等은 卽顯所應이요 而於木末은 非所應也라 卽楚辭意니 彼云 호대 搴芙蓉於木末이라하니 此明不應也니라

뒤에 게송이라고 한 아래는 소문에 세 가지가 있다.[122]

첫 번째는 경문을 안찰하여 해석한 것이니,

두 가지 뜻이 있다.

앞의 뜻[123] 가운데 말하기를 마치 부용을 취하고자 한다면이라고

한 등은 곧 응당 취할 바를 나타낸 것이요

---

120 부용芙蓉은 연꽃을 말한다. 목부용木芙蓉도 있으나 여기서는 물에 있는
    부용 즉 연꽃을 말한다.

121 搴은 '취할 건' 자이다.

122 疏文有三이란, 一은 안경석按經釋이요, 二는 회실의會實義요, 三은 회진경會
    晉經이다.

123 二 자는 북장경北藏經엔 意 자로 되어 있고, 고인古人은 연자衍字인 듯하다
    하였다. 『잡화기』도 연자衍字가 아닌가 염려한다 하였다. 나는 意 자로
    해석하였다.

나무 끝에서 한다고 한 것은 응당 취할 바가 아닌 것이다.

곧 초나라 말의 뜻이니,

저기에 말하기를 부용을 저 나무 끝에서 취한다 하였으니

이것은 응당 취할 바가 아님을 밝힌 것이다.

疏

二者는 成後니 智從熏習自種而生이요 不從煩惱의 無智所生이라
是故下는 言二心不同時니 屬自愚智故라 故應愼所習也라

두 번째는 뒤에 말을 성립하는 것이니[124]

지혜는 자기 종자를 훈습함으로 좇아 생기하는 것이요 번뇌의 무지
로 좇아 생기하는 바가 아니다.

이런 까닭이라고 한 아래는 두 가지 마음[125]이 같지 않는 때를 말한
것이니

스스로 어리석고 지혜로움에 속하는 까닭이다.

그런 까닭으로 응당 익힐 바를 삼가 할 것이다.

---

124 원문에 이자성후二者成後에 二니 先은 正釋이요, 後에 시고하是故下는 引證
이다.

125 원문에 二心은 初心과 後心이니 영인본 화엄 6책, p.401, 6행에 설출說出하
였다.

鈔

二者成後는 有二라 先正釋이니 謂由本有無漏種子가 與多聞熏習
和合하야 而生無漏智故라 依唯識論인댄 本有新熏을 三師異說하니
第一에 靑目等師는 唯立本有니 故論云호대 有義는 一切種子가 皆悉
性有요 不從熏生이니 由熏習力하야 但可增長이라하니라 第二에 難陀
는 唯立新熏이니 故論云호대 有義는 種子가 皆熏故生이니 所熏能熏
이 俱無始有일새 故諸種子가 無始成就라하니라 第三에 護法은 正義
니 故論云호대 有義는 種子가 各有二類하니 一者는 本有요 二者는
始起라하며 乃至云호대 由此하야 應信凡諸有情이 無始時來로 有無
漏種하야 不由熏習하고 法爾成就라하니라 又云호대 其聞熏習이 非唯
有漏라 聞正法時에도 亦熏本有無漏種子하야 令漸增盛하야 展轉乃
至生出世心이라하니라 釋曰出世心者는 卽是見道라 其第三義는 正
同瑜伽의 三十五種性品하니라 論云호대 云何種性고 謂略有二種하
니 一은 本性住種性이요 二는 習所成性이라 住種性者는 謂諸菩薩의
六處殊勝하야 有如是相하야 從無始世로 展轉傳來하야 法爾所得이
名本性住種性이라하니라 今疏云熏習은 卽是新熏自種하야 而生者
어니와 熏은 但熏舊요 無別新成이라

두 번째는 뒤에 말을 성립하는 것이라고 한 것은 두 가지가 있다.
먼저는 바로 해석한 것이니,
말하자면 본래부터 있는 무루종자가 많이 듣고 훈습한 것으로 더불
어 화합함을 인유하여 무루지혜를 생기하는 까닭이다.

『유식론』을 의지한다면 본유종자와 신훈종자를 세 스님이 달리 설하였으니

제일 첫 번째 청목[126] 등의 스님은 오직 본유종자만을 세웠으니, 그런 까닭으로 『유식론』에 말하기를 어떤 이의 뜻은 일체 종자가 다 본성에 본래 있는 것이요, 훈습으로 좇아 생기하는 것이 아니니 훈습의 힘을 인유하여 다만 가히 증장할 뿐이다 하였다.

제 두 번째 난타스님은 오직 신훈종자만을 세웠으니, 그런 까닭으로 『유식론』에 말하기를 어떤 이의 뜻은 종자가 다 신훈인 까닭으로 생기하는 것이니 소훈所熏과 능훈能熏[127]이 함께 무시이래로부터 있었기에 그런 까닭으로 모든 종자가 무시이래로부터 성취된다[128] 하였다.

---

126 청목靑目은 북장경北藏經엔 호월護月이라 하나 정월淨月이 아닌가 한다. 청목靑目은 유식 십대논사가 아니고 용수龍樹가 지은 『중관론中觀論』의 대가이다. 북장경의 호월護月도 原作護月이니 與述記로 合이라 하였으나 혹 호법護法과 정월淨月이 아닌가 한다. 왜냐하면 십대논사十大論師에 호월護月이라는 이름이 없다. 십대논사十大論師는 호법護法, 덕혜德慧, 안혜安慧, 친승親勝, 난타難陀, 정월淨月, 화변火辨, 승우勝友, 승자勝子, 지월智月이다. 따라서 대만의 학자들이 原作護月이니 與述記로 合이라 한 것은 호월護月을 잘못 인식하고 호월護月을 붙여서 본 것이다.

127 소훈所熏은 팔식八識이고, 능훈能熏은 칠식七識이다.

128 무시이래로부터 성취된다고 한 아래에 저 『유식론』에 이어서 말하기를 종자가 이미 이 습기의 다른 이름이라고 한다면 습기가 반드시 훈습한 지혜를 인유하여 있는 것이 마치 삼(麻)의 향기가 꽃을 훈습한 까닭으로 생기하는 것과 같은 것이니, 계경에 말하기를 모든 유정의 마음이 염·정의

제 세 번째 호법스님은 정의를 세웠으니,

그런 까닭으로[129] 『유식론』에 말하기를 어떤 이의 뜻은 종자가 각각 두 종류가 있나니

첫 번째는 본유종자요

두 번째는 시기종자始起種子다 하였으며

내지 말하기를 이것을 인유하여 응당 무릇 모든 유정이 무시시래(時來)로 무루종자가 있어서 훈습을 인유하지 않고 법여시 성취한다고 말함을 믿는다 하였다.

또 말하기를 그 많이 듣고 훈습한 것이 오직 유루일 뿐만 아니라 정법을 들을 때도 또한 본래부터 있는 무루종자를 훈습하여 하여금 점점 증성增盛하여 전전히 내지 출세간의 마음을 생기하게 한다 하였다.

해석하여 말하면 출세간의 마음이라고 한 것은 곧 이것은 견도심見道 心이다.

그 제 세 번째 뜻[130]이라고 한 것은 바로 『유가론』 삼십오종 성품과

훈습한 바인 까닭으로 한량없는 종자를 심어 모은다 한 것과 같다. 대개 어떤 사람이 비난하여 말하기를 모든 종자가 다 무시이래로부터 있었다면 곧 이것은 본유本有이고 신훈新熏이 아니라 할까 염려한 까닭으로, 그 말을 막아 말하기를 능훈과 소훈이 함께 무시이래로부터 있는 까닭으로 가히 말하기를 모든 종자가 무시이래로부터 성취된다 하였고, 비록 무시이래로부터 성취되었으나 마치 호마胡麻가 본래 향기가 없지만 다만 꽃을 인유한 까닭으로 향기가 생기하는 것과 같나니 분명히 이것은 신훈新熏이라 할 것이다. 역시 『잡화기』의 말이다.

129 의義 자 아래에 고故 자가 있는 것이 좋다.

같다.

『유가론』에 말하기를 어떤 것이 종성인가.

말하자면 간략하게 두 가지가 있나니

첫 번째는[131] 본성에 본래 머물러 있는 종성이요

두 번째는[132] 훈습하여 이룰 바 종성이다.

본성에 본래 머물러 있는 종성이라고 한 것은 말하자면 모든 보살의 육처六處[133]가 수승하여 이와 같은 모습이 있어서 무시이래 세상으로 좇아 전전히 전래하여 법여시 얻은 바가 이름이 본성에 본래 머물러 있는 종성이다 하였다.

지금 소문에 말하기를 훈습한다고 한 것은 곧 이것은 자기 종자를 새롭게 훈습하여 생기한다는 것이어니와, 훈습한다고 한 것은 다만 옛것만을 훈습할 뿐 따로 새롭게 이룰 것이 없다는 것이다.

---

130 원문에 其第三意란, 제삼第三에 호법의 정의(護法正義)이다.

131 첫 번째는 본유종자本有種子이다.

132 두 번째는 신훈종자新熏種子이다.

133 보살의 육처六處라고 한 것은 총으로 말한 것이나 뜻은 다르나니, 그 뜻은 육의처六意處의 제팔식 안에 무루의 수승한 종자를 함장하고 있음을 나타내는 것이니 『회현기』 21권, 28장, 하, 8행을 자세히 볼 것이다. 역시 『잡화기』의 말이다.

원문에 보살육처菩薩六處라고 한 것은 『菩薩地持經』第一卷云호대 性種性者는 是菩薩의 六入殊勝하야 展轉相續하야 無始法爾니 是名性種性이라하니라. 즉 『보살지지경』 제일권에 말하기를 본성의 종성이라고 한 것은 이 보살의 육입이 수승하여 전전히 상속하여 무시이래로 법여시 그러한 것이니 이 이름이 본성의 종성이라 하였다. 『지지경地持經』은 『유가론瑜伽論』의 이의동명경異義同名經이다.

疏

若爾인댄 何以經言호대 煩惱泥中에 有佛法耶아 此說在纏如來
藏故라 然此大智는 從藏德生이요 非從迷起니라

만약 그렇다면 무슨 까닭으로 경에 말하기를 번뇌의 진흙 가운데
불법이 있다 하는가.
이것은 번뇌에 얽혀 있는 여래장을 설한 까닭이다.
그러나 이 큰 지혜는 여래장 공덕으로 좇아 생기한 것이요 미혹으로
좇아 생기한 것이 아니다.

鈔

若爾인댄 何以經言下는 第二에 釋難會通이라 有兩重難하니 初는 卽
引淨名의 第二佛道品難이라 因淨名이 問文殊言호대 何等爲如來種
고하야 文殊師利言호대 有身爲種이며 無明有愛爲種이며 四顚倒爲
種이며 五蓋爲種이며 六入爲種이며 七識處爲種이며 八邪法爲種이
며 九惱處爲種이며 十不善道爲種이니 以要言之컨댄 六十二見과 及
一切煩惱가 皆是佛種이라 何謂也오 答曰호대 若見無爲하야 入正位
者인댄 不能復發阿耨多羅三藐三菩提心이리니 譬如高原陸地에 不
生蓮華하고 卑濕淤泥에 乃生是華인달하야 如是見無爲하야 入正位
者인댄 終不復能生於佛法하고 煩惱泥中에 乃有衆生하야 起佛法耳
라하니 今疏引此하야 以爲難耳니라 又入大乘論第一에 引龍樹偈云
호대 不從虛空有요 亦非地種生이며 但從煩惱中하야 而證成菩提라

하니 皆此義也니라

만약 그렇다면 무슨 까닭으로 경에 말하기를이라고 한 아래는 제
두 번째 비난을 해석하여 회통한 것이다.
양중의 비난이 있나니
처음에는 곧『정명경』제 두 번째 불도품[134]을 인용하여 비난한
것이다.
정명이 문수보살에게 물어 말하기를 어떤 등이 여래의 종성이 됩니
까 함을 인하여, 문수사리보살이 말하기를 삼유의 몸이 종성이
되며
무명과 유애有愛[135]가 종성이 되며
사전도四顚倒가 종성이 되며
오개五蓋[136]가 종성이 되며
육입이 종성이 되며
칠식처가 종성이 되며
팔사법八邪法[137]이 종성이 되며

---

134 제 두 번째 불도품(第二佛道品)은 지금엔 제 여덟 번째 불도품(第八佛道品)이다.
135 원문에 有身은 五住地 가운데 第一에 見一處住地(혹 一切見住地라고도 함),
    貪瞋痴는 第二에 欲愛住地와 第三에 色愛住地, 無明은 第五에 無明住地.
    有愛는 第四에 有愛住地로 볼 수 있다. 今엔 有愛爲種 아래에 貪瞋痴爲種이
    라는 말이 빠졌다. 五住地는『불교사전』참조.
136 사전도四顚倒와 오개五蓋는『불교사전』참조.
137 팔사법八邪法은 팔정도八正道를 반대로 보는 것이다.

구뇌처九惱處[138]가 종성이 되며

십불선도十不善道가 종성이 되나니

요점만으로 말한다면 육십이견과 그리고 일체 번뇌가 다 부처님의 종성이다.

무엇을 말하는 것입니까.

문수보살이 대답하기를 만약 무위를 보아서 바른 지위(正位)에 들어가고자[139] 한다면 능히 다시 아뇩다라삼막삼보리심을 일으키지 못할 것이니, 비유하자면 높은 육지에서 연꽃이 생기지 않고 낮고 습한 진흙 속에서 이에 연꽃이 생기는 것과 같아서, 이와 같이

---

138 구뇌처九惱處는 구난九難, 구횡九橫, 구죄보九罪報라고도 하나니 석존이 재세시在世時에 받은 아홉 가지 재난으로, 一에 음녀淫女와 二에 전차旃遮와 三에 제바달다提婆達多와 四에 나무에 다리가 찔린 것과 五에 비유리왕毘琉璃王을 위하여 두통을 앓은 것과 六에 아기달다阿耆達多 바라문에게 마맥馬麥을 얻어먹은 것과 七에 찬바람으로 등병(脊病)을 앓은 것과 八에 6년 고행苦行한 것과 九에 바라문 마을에 들어가 먹을 것을 구하였으나 얻지 못한 것이다. 一에 음녀 손타리에게 비방을 받고, 二에 전차 바라문 여인에게 비방을 받은 것은 아홉 가지 재난(九難) 가운데 여자에게 받은 것이다.

139 바른 지위(正位)에 들어간다고 한 것은 다음 9행에 이미 견도위에 들어갔다는 말을 본다면 곧 이것은 보살의 견도위에 해당하는 것이다. 그러한즉 높은 육지는 견도에 비유한 것이요, 만약 가섭이 알아서 말하였다는 말(역시 아래 9행이다)을 잡는다면 곧 지위에 들어간 성문에도 통하는 것이다. 그러한즉 또한 높은 육지는 성문에 비유한 것이다. 바로 아래 능히 다시 아뇩다라삼막삼보리심을 일으키지 못할 것이라고 한 것은 이미 번뇌를 끊은 까닭으로 삶을 윤택케 하려 수행을 더할 이유가 없는 것이니, 그런 까닭으로 반드시 번뇌(諸結)가 있은 연후에 능히 발심할 뿐인 것이다. 역시 『잡화기』의 말이다.

무위를 보아서 정위에 들어가고자 한다면 마침내 다시 능히 불법에
나지 않고 번뇌의 진흙 가운데 이에 중생이 있어 불법을 일으킨다
하였으니,
지금 소문에서 이 말을 인용하여 비난한 것이다.

또 『입대승론』 제일권에 용수보살의 게송을 인용하여 말하기를
허공을 좇아 있는 것도 아니고
땅의 종성을 좇아 생기한 것도 아니며
다만 번뇌 가운데로 좇아
보리를 증득하여 이룬다 하였으니,
다 이 뜻이다.

此說在纏下는 疏答이라 然約彼經文에 見無爲하야 入正位者인댄 不
生佛法인댄 則已入見道일새 便不能發이니라 若約迦葉領解云호대
如是聲聞이 諸結斷者인댄 於佛法中에 無所復益인댄 則諸凡夫와 地
前菩薩이 有諸煩惱일새 增修對治하야 成諸度門하야 得爲佛種이려
니와 若已斷結인댄 不可得爲一切智因일새 故諸菩薩이 留惑潤生하
야 以至惑盡이라 故攝論云호대 煩惱伏不起인댄 如毒呪所害하고 留
惑至惑盡인댄 證佛一切智라하니 此是經之顯意어니와 今疏所明은
乃是經之密意니 而是勝鬘楞伽等義니라 故云在纏如來藏이라하니
煩惱如泥하야 覆於二藏이라 然大智는 自從所藏인 不空大智光明이
遍照法界義生이니 故二相亦異하니라

이것은 번뇌에 얽혀 있는 여래장을 설한 것이라고 한 아래는 소문에서 답한 것이다.

그러나 저『유마경』문에 무위를 보아서 정위에 들어가고자 한다면 불법에 나지 않고 번뇌의 진흙 가운데라고 한 것을 잡는다면 곧 이미 견도에 들어간 것이기에 곧 능히 발심할 필요가 없는 것이다. 만약 가섭이 알아서[140] 말하기를 이와 같이 성문이 모든 번뇌를 끊고자 한다면 저 불법 가운데 다시 이익될 바가 없다고 함을 잡는다면 곧 모든 범부와 지전보살이 모든 번뇌가 있기에 더욱 수행하고 대치하여 모든 바라밀문을 이루어 부처님의 종성이 됨을 얻으려 하거니와, 만약 이미 모든 번뇌를 끊었다면 가히 일체 지혜가 되는 원인을 얻을 필요가 없기에 그런 까닭으로 모든 보살이 번뇌에 머물러 삶을 윤택케 하여 번뇌가 다함에 이르는 것이다.

그런 까닭으로『섭론』에 말하기를 번뇌가 잠복하여 일어나지 않는다면 마치 독주毒呪로 해치는 바와 같고, 번뇌에 머물러 번뇌가 다함에 이른다면 부처님의 일체 지혜를 증득한다 하였으니

---

140 가섭이 알아서 운운한 것은 저『정명경』생기불법生起佛法이라 한 아래에 이 문장이 있다. 역시『잡화기』의 말이다.

원문에 가섭령해迦葉領解라고 한 것은,『정명경淨名經』불도품佛道品이니 앞에 말을 이어서 말하기를 爾時에 大迦葉이 歎言호대 善哉善哉라 文殊師利여 快說此語하나다 운운하고, 譬如根敗之士는 其於五欲에 不能復利니다 如是聲聞이 운운하였다. 즉 그때에 대가섭이 찬탄하여 말하기를 선재선재라. 문수사리여 쾌활하게 이 말을 설합니다 운운하고, 비유하자면 육근이 망가진 사람은 그 오욕에 능히 다시 이롭게 할 수 없습니다. 이와 같이 성문이 운운하였다. 根敗之士는 육근이 망가진 사람이라는 뜻이다.

이것은 이 경의 드러난 뜻이어니와, 지금 소문에 밝힌 바는[141] 이에
이 경[142]의 비밀한 뜻이니

이것은 『승만경』과 『능가경』의 뜻이다.

그런 까닭으로 말하기를 번뇌에 얽혀 있는 여래장이다 하였으니

번뇌가 진흙과 같아 이장二藏[143]을 덮은 것이다.

그러나 큰 지혜는 스스로 소장所藏인 불공不空의 큰 지혜 광명이

법계를 두루 비추는 뜻으로 좇아 생기한 것이니,

그런 까닭으로 이상二相[144]이 또한 다른 것이다.

疏

若爾인댄 煩惱卽菩提는 復云何通고 約體性故며 從所迷故니 如
波與濕하니라

---

141 지금 소문에 밝힌 바라 운운한 것은 저 『정명경』의 드러난 뜻에는 곧 말하기를
　　오직 번뇌가 있은 연후에 바야흐로 능히 발심하여 수행을 더해야 한다
　　하였거늘, 지금 소문에 회통한 바는 다만 번뇌 가운데 불성이 있는 것만
　　잡은 것이니 곧 저 『정명경』의 뜻과 위배되는 것 같다. 그런 까닭으로
　　그렇게 말한 것이다. 즉 대개 비록 저 경의 드러난 뜻은 아니지만 또한
　　이것은 저 경의 비밀한 뜻이기도 하니, 저 『정명경』 가운데 또한 비밀한
　　뜻이 지금 소문에 회통한 바 비밀한 뜻이 있는 까닭이다. 역시 『잡화기』의
　　말이다.
142 이 경이란, 『정명경淨名經』이다.
143 이장二藏은 공여래장空如來藏과 불공여래장不空如來藏이다.
144 이상二相은 지智와 무지無智이다.

만약 그렇다면 번뇌가 곧 보리[145]라고 하는 뜻은 다시 어떻게 통석할 것인가.

자체성을 잡은 까닭이며 미혹한 바를 좇은[146] 까닭이니,

파도와 더불어 습기와 같은 것이다.

鈔

若爾煩惱卽菩提等者는 卽第二에 重難이라 旣言卽者인댄 則不得云二事別也니 謂迷眞起妄은 說爲煩惱요 妄體卽眞은 元是佛種이라 無行經云호대 婬欲卽是道요 恚瞋亦復然等이라 疏約體性故下는 疏答上難이라 有其二意하니 一에 約體性者는 煩惱性卽菩提니 非約相也라 故淨名云호대 煩惱是道場이니 知如實故라하며 無行經云호대 貪欲及瞋恚를 無有能得者라 是法皆如空하니 知是卽成佛이라하니 故知煩惱實性이 卽菩提耳니라 亦就相明인댄 二事不一이라 二에 云約所迷故者는 卽第二義也니 謂迷眞起妄이라 離眞則無能迷妄心일새 故云卽菩提耳라하니 眞卽性淨菩提니라 如波與濕은 雙喩上二니 濕是波性이요 波是濕相이라 動濕成波인댄 是波所依니 能所不同일새 故非一也니라

만약 그렇다면 번뇌가 곧 보리라고 한 등은 곧 제 두 번째 거듭 비난한 것이다.

---

145 번뇌煩惱는 무지無智이고, 보리菩提는 지智이다.

146 초문鈔文엔 從 자가 約 자로 되어 있다.

이미 곧(卽)이라고 말하였다면 곧 두 가지 사실[147]이 다르다고 말함을 얻을 수 없는 것이니,

말하자면 진심을 미혹하여 망심을 일으키는 것은 번뇌가 된다고 설하고 망상 자체가 곧 진심인 것은 원래로 이 부처님의 종성이다.

『제법무행경』[148]에 말하기를 음욕이 곧 도道요

성냄도 또한 다시 그렇다고 한 등이다.

소문에 자체성을 잡은 까닭이라고 한 아래는 소문에 위에서 비난한 것을 답한 것이다.

거기에 두 가지 뜻이 있나니

첫 번째 자체성을 잡은 까닭이라고 한 것은 번뇌의 자체성이 곧 보리이니 모습을 잡은 것이 아니다.

그런 까닭으로 『정명경』에 말하기를 번뇌가 이 도량이니 여실한 줄 아는 까닭이다 하였으며

『제법무행경』에 말하기를 탐욕과 그리고 성냄[149]을

능히 얻을 것이 없다.

이 법은 다 허공과 같나니

이것을 안다면 곧 부처를 이룰 것이다 하였으니,

그런 까닭으로 번뇌의 실성이 보리가 되는 줄 알아야 할 것이다.

또한 모습에 나아가서 밝힌다면 두 가지 사실(二事)이 하나가 아

---

147 두 가지 사실(二事)은 번뇌煩惱와 보리菩提이다.

148 『제법무행경諸法無行經』은 상하上下 두 권(二卷)으로 나습羅什 역譯이다.

149 恚嗔의 嗔 자는 癡 자인 곳도 있다.

니다.[150]

두 번째 미혹한 바를 잡은 까닭이라고 한 것은 곧 제 두 번째 뜻이니, 말하자면 진심을 미혹하여 망심을 일으키는지라, 진실을 떠나면 능히 미혹하는 망심조차 없어지기에 그런 까닭으로 곧 보리다 하였으니
진심은 곧 성정보리이다.
파도와 더불어 습기와 같다고 한 것은 위에 두 가지를 함께 비유한 것이니,
습기는 이 파도의 자체성이요 파도는 이 습기의 모습이다.
습기를 움직여 파도를 이룬다고 한다면 이것은 파도가 의지할 바이니,
능·소가 같지 않기에 그런 까닭으로 하나가 아닌 것이다.

疏

然實義者는 眞妄愚智를 若約相成인댄 二門峙立하며 若約相奪인댄 二相寂然하며 雙照인댄 二門이 非卽非離니라 若說一者인댄 離之令異니 如此章中하고 若云異者인댄 合之令同이니 如後章是니라 善須得意하야 勿滯於言이어다

---

150 원문에 이사불일二事不一이라고 한 것은 二事가 다르다는 것이니, 번뇌는 번뇌이고 보리는 보리라는 것이다.

그러나 진실한 뜻[151]이라고 한 것은 진심과 망심과 어리석음과 지혜를
만약 상성相成함을 잡는다면 이문二門이 치립峙立[152]하며,

만약 상탈相奪함을 잡는다면 이상二相이 고요하며,

함께 비춘다면 이문二門[153]이 즉하지도 않고 떠나지도 않는 것이다.

만약 하나라고 말한다면 그것을 분리하여 하여금 다르게 하나니
이 장章[154] 가운데와 같고,

만약 다르다고 말한다면 그것을 합하여 하여금 같게 하나니 뒤에
장章[155]과 같은 것이 이것이다.

잘 반드시 뜻을 얻어 말에 막히지 말 것이다.

鈔

然實義者下는 第二에 會實義니 通會兩章하야 方顯中道라 正通煩惱
卽菩提難이며 是顯眞妄交徹之義라 雖說三門이나 義含四句니 謂初

---

151 원문에 실의實義는 영인본 화엄 6책, p.412, 말행末行이다.

152 치립峙立이란, 대립對立이다.

153 함께 비춘다면 이문二門이라고 한 것은 곧 진심과 망심의 이문이다. 이미
사구四句 가운데 이것이 제사구第四句에 해당한다고 하였다면 곧 응당 역진역
망亦眞亦妄으로써 함께 비추는 것(雙照)을 삼아야 하거늘, 그러나 이것은
곧 그렇지가 않아서 처음에 이구二句의 즉하지도 않는다는 것과 제삼구第三句
의 떠나지도 않는다는 것을 합하여 이 구절의 비즉비리구非卽非離句가 됨을
얻는 것이다. 역시 『잡화기』의 말이다.

154 이 장(此章)이란, 수에 부끄러워하는 숲장(慚愧林章)이다.

155 뒤에 장(後章)은 정진숲장(精進林章)이니 영인본 화엄 6책, p.406, 5행에
설출하였다.

二門峙立은 依理成事인댄 則唯妄非眞이며 事能顯理인댄 卽唯眞非妄일새 故各峙立이라 若說一者下는 明此二章이 正爲破病이니 若據菩薩인댄 二皆會中이라 又此章은 則二門峙立하고 後章은 則二相寂然일새 故合此二하면 非卽非離니라 若說一者인댄 則離之令異者는 謂有問言호대 萬法卽眞이라 一如無異일새 故妄卽眞이니 有何過耶아 答이라 略有三過하니 一은 能依가 卽是所依니 謂依眞有妄이 如依水有波어늘 今妄卽是眞인댄 便無能依니 以無能依인댄 亦失所依니라 二는 則生滅眞如를 二俱不立者니 二旣不異인댄 亦失眞妄이니 以妄卽眞故로 無妄이요 無妄인댄 對何說眞이리요 三者는 亦失眞假二門이니 若別인댄 則三義俱成이 如金與嚴具와 波之與水의 動濕體相이 二俱不同하야 能依所依가 各有三義하며 皆不雜亂하리라 若云異者인댄 合之令同者는 下章云호대 如金與金色이 其性無差別等이라

그러나 진실한 뜻이라고 한 아래는 제 두 번째 진실한 뜻을 회통한 것이니,

이장二章을 모두 회통하여 바야흐로 중도를 나타낸 것이다.

바로 번뇌가 곧 보리라고 하는 뜻은 어떻게 통석할 것인가 하고 비난한 것을 통석한 것이며,

이것은 진심과 망심이 서로 사무친다는 뜻을 나타낸 것이다.

비록 삼문三門[156]을 말하였지만 뜻은 사구四句를 포함[157]하고 있나니,

---

156 삼문三門은 상성相成, 상탈相奪, 쌍조雙照이다.

157 원문에 함사구含四句는 三에 雙照에 비즉非卽과 비리非離의 二句를 포함하였기에 三門에 四句이다. 또 비즉비리非卽非離와 시즉시리是卽是離를 포함하고

말하자면 처음에 이문이 치립하였다고 한 것은 진리를 의지하여
사실을 이룬다면 오직 망심뿐 진심이 아니며, 사실이 능히 진리를
나타낸다면 곧 오직 진심뿐 망심이 아니기에 그런 까닭으로 각각
치립하는 것이다.

만약 하나라고 말한다면이라고 한 아래는 이 이장二章이 바로 병통을
깨뜨림이 됨을 밝힌 것이니,
만약 보살을 의거한다면 이장二章이 다 중도를 회통한 것이다.
또 이 장章은 곧 이문二門이 치립하고 뒤에 장章은 곧 이상二相이
고요하기에 그런 까닭으로 이 두 가지[158]를 합하면 즉하지도 않고
떠나지도 않는 것이다.
만약 하나라고 말한다면 곧 그것을 분리하여 하여금 다르게 한다고
한 것은, 말하자면 어떤 사람이 물어 말하기를 만법이 곧 진실이라
일여一如하여 다름이 없기에 그런 까닭으로 망심이 곧 진심이니
무슨 허물이 있겠는가.
답하겠다.
간략하게 세 가지 허물이 있나니
첫 번째는 능의가 곧 소의이니,
말하자면 진심을 의지하여 망심이 있는 것이 마치 물을 의지하여
파도가 있는 것과 같거늘, 지금에 망심이 곧 진심이라고 한다면

있기에 三門에 四句이다.
158 이 두 가지란, 이상二相과 이문二門이다.

곧 능의가 없다는 것이니 능의가 없다고 한다면 또한 소의도 찾을 수 없는[159] 것이다.

두 번째는 곧 생멸과 진여를 둘 다 함께 세우지 않는 것이니, 두 가지가 이미 다르지 않다고 한다면 또한 진심과 망심도 찾을 수 없는 것이니, 망심이 곧 진심인 까닭으로 망심이 없는 것이요 망심이 없다면 무엇을 상대하여 진심을 말하겠는가.

세 번째는 또한 진실과 거짓의 이문二門도 찾을 수 없는 것이니, 만약 다르다고 한다면 곧 세 가지 뜻[160]이 함께 이루어지는 것이 마치 금과 더불어 금으로 장엄한 기구와 파도와 더불어 물의 동動·습濕과 체體·상相이 둘이 함께 같지 아니함과 같아서, 능의와 소의가 각각 세 가지 뜻이 있어야 하며 다 섞이어 혼란하지 않아야 할 것이다.

만약 다르다고 말한다면 그것을 합하여 하여금 같게 한다고 한 것은 아래 장章[161]에 말하기를 마치 금과 더불어 금색이 그 성품이 차별이 없는 것과 같다고 한 등이다.

疏

若準晉經云인댄 非從智慧生이며 亦非無智生이니 了達一切法인

---

159 失은 찾을 수 없다는 뜻이다.

160 원문에 三義란, 진망眞妄과 진망상즉眞妄相卽과 진망부즉불리眞妄不卽不離니 즉 상성相成과 상탈相奪과 쌍조雙照이다.

161 아래 장(下章)이란, 영인본 화엄 6책, p.406, 5행이다.

댄 *滅除世間闇*이라하니 *則顯智體*가 *絕於愚智*라 *不稱實了*일새 *則名無智*니라 *此偈*는 *雙明性相*이요 *後喩*는 *但顯二相不同*이라

만약 진경을 기준하여 말한다면
지혜로 좇아 생기한 것도 아니며
또한 무지로 생기한 것도 아니니,
일체법을 요달한다면
세간의 어둠을 멸제할 것이다 하였으니
곧 지혜의 자체가 어리석음과 지혜로움을 끊은 것을 나타낸 것이다.
진실에 칭합하여 요달하지 못하기에 곧 이름을 무지라 하는 것이다.
이 게송은 자체성(性)과 모습(相)을 함께 밝힌 것이요[162]
뒤의 게송에 비유[163]는 다만 이상二相[164]이 같지 않는 것만 나타낸 것이다.

---

162 자체성과 모습을 함께 밝힌 것이라고 한 것은 위에 반 게송은 어리석음과 지혜로움을 끊은 까닭으로 자체성이라 할 것이다. 아래 반 게송에 요달이라고 한 것은 지혜이고, 세간의 어둠이라고 한 것은 어리석은 것이니 어리석음과 지혜로움을 아울러 세운 까닭으로 모습이라 하는 것이다. 이것은 지금 경에 오직 모습만 밝히는 것으로 더불어는 같지 않고, 뒤의 비유 가운데 다만 어리석음과 지혜로움의 두 가지 모습이 같지 아니함을 나타낸 것은 곧 바야흐로 지금의 경으로 더불어 같은 것이다. 이상은 역시 『잡화기』의 말이다.

163 원문에 후유後喩는 여색급비색如色及非色 운운이다.

164 이상二相은 지智와 무지無智이다.

經

如色及非色은　　此二不爲一인달하야
智無智亦然하야　　其體各殊異니이다

如相與無相과　　生死及涅槃은
分別各不同인달하야　智無智如是니이다

世界始成立에　　無有敗壞相인달하야
智無智亦然하야　　二相非一時니이다

如菩薩初心은　　不與後心俱인달하야
智無智亦然하야　　二心不同時니이다

譬如諸識身은　　各各無和合인달하야
智無智如是하야　　究竟無和合이니다

마치 색과 그리고 비색은
이 둘이 하나가 될 수 없는 것과 같아서
지혜와 무지도 또한 그러하여
그 자체가 각각 다릅니다.

마치 상相과 더불어 무상無相과
생사와 그리고 열반은

분별함에 각각 같지 않는 것과 같아서
지혜와 무지도 이와 같습니다.

세계가 처음 성립함에
패괴敗壞되는 모습이 없는 것과 같아서
지혜와 무지도 또한 그러하여
이상二相이 일시가 아닙니다.

마치 보살의 초심은
후심後心으로 더불어 함께할 수 없는 것과 같아서
지혜와 무지도 또한 그러하여
이심二心이 동시가 아닙니다.

비유하자면 모든 식과 몸은
각각 화합할 수 없는 것과 같아서
지혜와 무지도 이와 같아서
구경에 화합할 수 없습니다.

疏

二는 並決中二니 先五는 明二性相違요 後一은 辨功能不等이라
今初에 唯第二偈는 三句是喩요 餘偈는 喩合이 各有半偈라 一에
約色非色者는 非色은 謂心이니 緣慮質礙가 體性不同故라 二中에

有二喩하니 相無相者는 理事相反이요 生死涅槃은 眞妄相反이니
雖同一體나 分別義門에 不相是故라 三에 成之與壞는 約相別故
라 四에 初心後心은 時不同故라 五에 諸識身은 所用別故며 緣會
不同故니 眼無耳用이며 又此眼識은 不合餘根이라 識身同識이나
尙不相合이어든 愚智性異어니 安得相生이리요

두 번째는 비유로써 모두 결정하는 가운데 두 가지가 있나니
먼저 다섯 게송은 두 가지 자체성과 모습이 어김을 밝힌 것이요
뒤에 한 게송은 공능이 같지 아니함은 분별한 것이다.
지금은 처음으로 오직 제 두 번째 게송만은 세 구절이 비유요,
나머지 게송은 비유와 법합이 각각 반 게송씩 있다.
첫 번째 색과 비색을 잡은 것은 비색은 말하자면 마음이니 연려緣慮와
질애質礙[165]가 자체성이 같지 않는 까닭이다.
두 번째 가운데 두 가지 비유가 있나니
상과 무상이라고 한 것은 진리와 사실이 서로 반대되는 것이요
생사와 열반이라고 한 것은 진심과 망심이 서로 반대되는 것이니,
비록 동일한 체성이지만 의문義門을 분별함에 서로 옳지 않는 까닭
이다.
세 번째 이루어지는 것과 더불어 무너진다고 한 것은 서로 다름을
잡은 까닭이다.
네 번째 초심과 후심이라고 한 것은 때가 같지 않는 까닭이다.

---

165 연려緣慮는 심심이고, 질애質礙는 색色이다.

다섯 번째 모든 식과 몸이라고 한 것은 작용하는 바가 다른 까닭이며 인연이 모이는 것이 같지 않은 까닭이니,
눈은 귀의 작용이 없으며 또 이 안식은 나머지 육근에 합하지 않는 것이다.
식과 몸은 다 식이지만 오히려 서로 합하지 않거든, 어리석고 지혜로운 이의 자성이 다르거니 어찌 상생함을 얻겠는가.

鈔

諸識身下는 釋此에 有四意하니 一에 眼은 唯見色하며 耳는 唯聞聲等이요 二에 緣會不同者는 眼은 與色等으로 而爲緣故며 耳는 用聲等으로 而爲緣故요 三에 眼無耳用者는 對於果位의 互用而說이니 初意는 顯自요 此意는 遮他라 四에 又此眼識은 不合餘根者는 亦對六根의 互用義說이니 以互用義로 或言眼根이 發於眼識하야 而了六境하고 餘根亦爾라하니 卽第三意對之요 二에 或言眼根이 能發六識하야 以了六境이라하니 此意對之니 此識은 不合餘根이며 此根도 亦不發餘識이라 更有說言호대 言互用者는 眼根發耳識하야 而能嗅於香等이라하니 亦不出上之二意하니라 識身同識下는 結其不同이라

모든 식과 몸이라고 한 아래는 이 식과 몸을 해석함에 네 가지 뜻이 있나니
첫 번째 눈은 오직 색깔만 보며, 귀는 오직 소리만 듣는다는 등이요
두 번째 인연이 모이는 것이 같지 않다고 한 것은 눈은 색깔 등으로[166]

더불어 인연이 되는 까닭이며, 귀는 소리 등을[167] 작용하는 것으로
인연이 되는 까닭이요

세 번째 눈은 귀의 작용이 없다고 한 것은 과위果位에서 서로 작용함을
상대하여 설한 것이니,

처음에 뜻은 스스로의 인연을 나타낸[168] 것이요

여기에 뜻은 다른 인연을 막는[169] 것이다.

네 번째 또 이 안식은 나머지 오근에 합하지 않는다고 한 것은
또한 육근이 서로 작용하는 뜻을 상대하여 설한 것이니,

서로 작용하는 뜻으로써 혹자가 말하기를 안근이 안식을 일으켜
육경[170]을 요별하고 나머지 오근도 또한 그렇다 하였으니,

곧 제 세 번째 뜻으로 상대한 것이요[171]

두 번째 혹자가 말하기를 안근이 능히 육식을 일으켜 육경을 요별한
다 하였으니,

여기 제 네 번째 뜻으로 상대한 것이니[172]

---

166 눈 등이란, 공空·명明 등 八이다.

167 귀 등이란, 명明 등 七이니 공空만 제외한다.

168 원문에 현자顯自는 眼緣色, 耳聞聲 등등이니 顯自緣이다. 즉 눈은 색을
　　반연하고 귀는 소리를 듣는 등등이니 스스로의 인연을 나타낸 것이다.

169 원문에 차타遮他는 眼無耳用이니 遮他緣이다. 즉 눈은 귀의 작용이 없는
　　것이니 다른 인연을 막는 것이다.

170 육식이란, 육경의 잘못이다.

171 곧 제 세 번째 뜻으로 상대한 것이라고 한 것은 이것은 일근一根이 일식一識을
　　일으키는 것으로써 상대한 것이라고 『잡화기』는 말한다.

172 여기 제 네 번째 뜻으로 상대한 것이라고 한 것은 이것은 일근一根이 다식多識

이 안식은 나머지 육근에 합하지 아니하며 이 안근도 또한 나머지
육식을 일으키지 않는 것이다.
다시 어떤 사람이 말하기를 서로 작용한다고 말한 것은 안근이
이식을 일으켜 능히 향기를 맡는 등이다 하였으니,
위의 두 가지 뜻[173]에 벗어나지 않는 것이다.

식과 몸은 다 식이라고 한 아래는 그 식과 몸이 같지 아니함을
맺는 것이다.

　　을 일으키는 것으로써 상대한 까닭이라고 『잡화기』는 말한다.
173 원문에 상지이의 上之二意란, 四意 가운데 初二意이다. 『잡화기』에 위의 두
　　가지 뜻에 벗어나지 않는다고 한 것은 이미 일근一根이 일식一識을 일으킨
　　까닭으로 처음에 뜻과 같고, 비록 일근一根이 일식一識을 일으키지만 능히
　　다른 유형의 식을 일으키는 까닭으로 뒤에 뜻과 같다 하였다.

經

如阿伽陀藥이　能滅一切毒인달하야
有智亦如是하야 能滅於無智니이다

마치 아가타약이
능히 일체 독을 멸제하는 것과 같아서
지혜 있는 사람도 또한 이와 같아서
능히 무지를 멸제합니다.

疏

二에 功能不等者는 非唯二性各別이라 然이나 智能滅愚나 愚不滅
智하며 藥能去毒이나 毒不去藥하며 亦猶明能滅闇이나 闇不滅明
하니라

두 번째 공능이 같지 않다고 한 것은 오직 이성二性[174]이 각각 다를
뿐만이 아니다.
그러나 지혜는 능히 어리석음을 제멸하지만 어리석음은 지혜를
제멸하지 못하며,
약은 능히 독을 제거하지만 독은 약을 제거하지 못하며,
또한 밝음은 능히 어둠을 제멸하지만 어둠은 밝음을 제멸하지 못하

---

174 이성二性은 지智와 무지無智(愚)이다.

는 것과 같다.

鈔

二에 功能不等下는 先法說이요 後擧二喩하야 皆明不等이니 此亦生
公의 十四科에 善不受報義라 彼問云호대 善惡相傾이 其猶明闇不並
거늘 云何言萬善이 理同惡異하야 各有限域耶아 答이라 明闇雖相傾
이나 而理實天絶이니 明能滅闇일새 故無闇而不滅이라 所以로 一爝
之火가 與巨澤火同이요 闇不能滅明은 以其理가 盡闇質故也라하니
思之可知니라

두 번째 공능이 같지 않다고 한 아래는 먼저는 법으로 설한 것이요
뒤에는 두 가지 비유를 들어 다 같지 아니함을 밝힌 것이니,
이것은 또한 도생법사道生法師[175]의 십사과十四科에 선은 악보를 받지
않는다[176]고 한 뜻이다.
저가 물어 말하기를 선과 악이 서로 다른[177] 것이 마치 밝음과 어둠이
병합하지 않는 것과 같거늘, 어떻게 만 가지 선이 이치가 같지만
악이 달라서 각각 한계가 있다고 말하는가.

---

175 도생법사道生法師는 선불수보善不受報와 돈오성불頓悟成佛과 천제성불闡提成
佛을 주장하였다.
176 원문에 선불수보善不受報라고 한 것은 선은 악보를 받지 않나니, 선은 비록
악을 제멸하지만 그러나 악은 능히 선을 제멸하지 못하는 까닭이다. 역시
『잡화기』의 말이다.
177 傾은 '다를 경' 자이다.

답하겠다.

밝음과 어둠이 비록 서로 다르지만 이치는 진실로 하늘[178]의 절대 이치이니, 밝음이 능히 어둠을 제멸하기에 그런 까닭으로 어둠이 제멸되지 아니함이 없는 것이다.

그런 까닭으로 한 횃불[179]이[180] 큰 늪의 불로 더불어 같고 어둠이 능히 밝음을 제멸하지 못하는 것은 그 이치가 어둠의 본질을 다하는 까닭이다[181] 하였으니

생각하면 가히 알 수가 있을 것이다.

---

178 天 자는 天 자의 잘못이다고 『잡화기』는 말한다.

179 爝은 '횃불 작' 자이다.

180 한 횃불 운운은 말하자면 비록 한 횃불의 불이라도 능히 어둠의 본질을 제멸하는 까닭으로 저 큰 불로 더불어 같나니 말하자면 만 가지 선의 이치가 같은 것이다. 역시 『잡화기』의 말이다.

181 그 이치가 어둠의 본질을 다하는 까닭이라고 한 것은 말하자면 저 밝음이 그 이치가 반드시 이 어둠의 본질을 다하는 까닭으로 어둠이 밝음을 제멸하지 못하는 것이니, 이미 능히 밝음을 제멸하지 못하였다면 곧 한 이치의 선善으로 더불어 하늘의 절대 이치이다. 그런 까닭으로 악惡은 한계의 영역이 있다 하겠다.

經

如來無有上이며 亦無與等者며
一切無能比일새 是故難値遇니이다

여래는 더 이상 없는 존재이며
또한 더불어 같을 수 없는 존재이며
일체 능히 비교할 수 없는 존재이기에
이런 까닭으로 만나기 어려운 것입니다.

疏

三에 一偈는 結歸如來니 逈出世表일새 故難値遇라

세 번째 한 게송은 공덕을 맺어 여래에게 돌리는[182] 것이니,
세상 밖을 멀리 벗어났기에 그런 까닭으로 만나기 어렵다는 것이다.

---

[182] 원문에 결귀여래結歸如來는 영인본 화엄 6책, p.392, 4행엔 결덕귀불結德歸佛
이라 하였다.

經

爾時에 精進林菩薩이 承佛威力하야 普觀十方하고 而說頌言호대

그때에 정진숲 보살이 부처님의 위신력을 받아 널리 시방을 관찰하고 게송을 설하여 말하기를

疏

第六은 勤觀理事가 同無差別하야 離身心相이니 故名精進이라 十頌은 總相으로 顯佛此德이니 前은 卽無差之差요 此는 乃差之無差니 二章相接하야 顯非卽離며 亦互相成이라

제 여섯 번째는 진리와 사실이 다 같이 차별이 없어서 몸과 마음의 모습을 떠난 줄[183] 부지런히 관찰하는 것이니,
그런 까닭으로 정진숲이라 이름하는 것이다.
열 게송은 총상[184]으로 부처님의 이 공덕을 나타낸 것이니,
앞에 부끄러워하는 숲 보살은 곧 차별이 없는 가운데 차별이 있는 것이요
여기 정진숲 보살은 이에 차별이 있는 가운데 차별이 없는 것이니,
이장二章이 서로 근접하여 즉하지도 않고 떠나지도 않으며 또한

---

183 원문에 동무차별同無差別은 영인본 화엄 6책, p.394, 2행엔 이사차별理事差別이라 하였다.
184 總相의 相 자는 연자衍字인 듯하다.

서로서로 성립함을 나타낸 것이다.

鈔

二章相接者는 非卽離義니 已如上明하니라 言互相成者는 由非卽故
로 方成不離等이라 故有問言호대 若言不一者인댄 卽應離於金하고
別有器體어니와 若不異金하고 有體者인댄 卽應於金不異니 以同金
有體하야 無差別故니라 言無差別者는 一種有體故니라 答이라 只由
不異하야 方得不一하나니 何者고 若異인댄 卽妄自有體하야 不依眞
立이니 不依眞故로 卽不得有妄거니와 今有妄者는 由不異故로 得成
不一이니 以妄無自體일새 故妄依眞成하고 以妄成故로 與眞不一이
如波依水에 由不異水하야 遂得成波니 以波成故로 與濕不一하니라
此上은 卽以不異로 成不一也니라 言不一成不異者는 卽如上章에
由有能依所依일새 故得交徹不異가 如有波故로 說波卽濕하고 由有
濕故로 說水卽波等하니라

이장이 서로 근접하다고 한 것은 즉하지도 않고 떠나지도 않는다는
뜻이니,
이미 위에서 밝힌[185] 것과 같다.

서로서로 성립한다고 말한 것은 즉하지 아니함을 인유한 까닭으로
바야흐로 떠나지 아니함을 성립하는 등이다.

---

[185] 원문에 상명上明이란, 영인본 화엄 6책, p.399, 4행 초문鈔文이다.

그런 까닭으로 어떤 사람이 물어 말하기를 만약[186] 하나가 아니라고 말한다면 곧 응당 금을 떠나고 따로 그릇 자체가 있어야 하거니와, 만약 금과 다르지 않고 자체가 있다고 한다면 곧 응당 금과 다르지 않아야[187] 할 것이니,

한 가지 금이 자체가 있어서 차별이 없는 까닭이다.

차별이 없다고 말한 것은 한 가지로 자체가 있는 까닭이다.

답하겠다.

다만 다르지 아니함만을 인유하여 바야흐로 하나가 아님을 얻나니 무슨 까닭인가.

만약 다르다고 한다면 곧 망심이 스스로 자체가 있어서 진심을 의지하여 이루어진 것이 아니니,

진심을 의지하지 않는 까닭으로 곧 망심이 있음을 얻을 수 없거니와 지금에 망심이 있는 것은 다르지 아니함을 인유한 까닭으로 하나가 아님을 이룸을 얻나니,

망심은 자체가 없기에 그런 까닭으로 망심은 진심을 의지하여 이루어지고, 망심이 이루어진 까닭으로 진심으로 더불어 하나가 아닌 것이 마치 파도가 물을 의지함에 물과 다르지 아니함을 인유하여 드디어 파도를 이룸을 얻나니, 파도가 이루어진 까닭으로 습기로

---

186 若 자 아래에 不 자가 있어야 한다.

187 곧 응당 금과 다르지 않다고 한 것은 금도 또한 자체가 있으며 그릇도 또한 자체가 있다. 두 물건이 한 가지로 자체가 있는 까닭이니, 그릇이 곧 자체가 없어야 금으로 더불어 같은 것을 말한 것은 아니다. 역시 『잡화기』의 말이다.

더불어 하나가 아닌 것과 같다.

이 위에는 곧 다르지 않는 것으로써 하나가 아님을 이루는 것이다. 하나가 아닌 것으로써 다르지 않는 것을 이룬다고 말한 것은 곧 위에 장章에서 능의와 소의가 있음을 인유하기에 그런 까닭으로 서로 사무쳐 다르지 아니함을 얻는 것이 마치 파도가 있는 까닭으로 파도가 곧 습기라고 말하고 습기가 있음을 인유한 까닭으로 물이 곧 파도라고 말하는 것과 같다고 한 등과 같다.

경(經)

諸法無差別을 無有能知者요
唯佛與佛知니 智慧究竟故니다

모든 법이 차별이 없는 것을
능히 알 사람도 없고
오직 부처님과 더불어 부처님만이 아시나니
지혜가 구경인 까닭입니다.

소(疏)

十頌分二리니 初一은 約法雙標요 後九는 就喩雙釋이라 今初也니
初句는 標其所知니 五類之法이 皆無有差라 餘三句는 對人以顯
이니 次句는 揀非餘境이요 下半은 唯佛究盡이라

열 게송을 두 가지로 나누리니
처음에 한 게송은 법을 잡아 함께 표한 것이요
뒤에 아홉 게송은 비유에 나아가 함께 해석한 것이다.
지금은 처음으로, 처음 구절은 그 알 바를 표한 것이니
오류五類의 법[188]이 다 차별이 없는 것이다.
나머지 세 구절은 사람을 상대하여 나타낸 것이니

---

188 오류五類의 법法이란, 오위백법五位百法이라고 『잡화기』는 말한다.

다음 구절[189]은 다른 사람의 경계가 아님을 가린 것이요
아래 반 게송은 오직 부처님만이 궁구하여 다하는 것이다.

---

189 다음 구절(次句)이란, 제이구第二句다.

경

經

如金與金色이　其性無差別인달하야
法非法亦然하야　體性無有異니이다

마치 금과 더불어 금색이
그 체성이 차별이 없는 것과 같아서
법과 비법도 또한 그러하여
그 체성이 다름이 없습니다.

소

疏

後九釋中에 前五는 釋所知요 後四는 釋能知라 前中初四는 正釋
이요 後一은 遣疑라 前中에 皆上半喩요 下半法이니 無差所由는
在於末句라 然其能喩가 不離諸法이나 取其所易하야 喩其所難
耳니라

뒤에 아홉 게송을 해석한 가운데 앞에 다섯 게송은 소지를 해석한
것이요
뒤에 네 게송은 능지를 해석한 것이다.
앞의 소지를 해석한 가운데 처음에 네 게송은 바로 해석한 것이요
뒤에 한 게송은 의심을 보내는 것이다.
앞의 바로 해석한 가운데 다[190] 위에 반 게송은 비유요
아래 반 게송은 법이니,

차별이 없는 이유는 끝 구절에 있다.
그러나 그 능유能喩가 모든 법[191]을 떠나지 않았지만 그 쉬운 바를
취하여 그 어려운 바에 비유한 것이다.

鈔

然其能喩者는 如云호대 衆生非衆生과 三世生滅이라하니 皆是初句
의 諸法中收나 並無差別을 斯則難見거니와 若就未來無過去相인댄
則無相理가 昭然易見일새 故喩色心無相之難이라

그러나 그 능유라고 한 것은 저기에 말하기를 중생과 비중생과
삼세와 생멸[192]이라 하였으니,
다 이것은 처음 구절의 모든 법 가운데 거두지만 모두 차별이 없는
법을 이에 곧 보기 어렵거니와[193] 만약 미래에 과거의 모습이 없다고

---

190 다(皆)란, 네 게송(四頌) 모두를 말함이다.

191 모든 법(諸法)은 초구初句를 가리킨다.

192 중생衆生과 비중생非衆生은 영인본 화엄 6책, p.412, 말행末行이고, 삼세三世
는 영인본 화엄 6책, p.413, 7행이고, 생멸生滅은 영인본 화엄 6책, p.414,
4행이다.

193 이에 곧 보기 어렵다고 운운한 것은 그 뜻에 말하기를 무릇 비유를 말하는
것은 다 반드시 그 보기 쉬운 것으로써 그 보기 어려운 것에 비유하는
것이어늘, 그러나 지금에 이 중생 등은 이미 다 이 법 가운데 모습을 도리어
보기 어렵기에 곧 비록 가히 비유할 수 없으나 그러나 저 중생 등이 스스로
쉽게 보는 변邊이 있는 까닭으로 지금에 그 쉽게 보는 변에 나아가 장차
비유하려는 것이다. 역시 『잡화기』의 말이다.

함에 나아간다면 곧 무상無相의 진리가 소연昭然하여 보기가 쉽기에
그런 까닭으로 색과 마음이 모습이 없다는 어려움에 비유한 것이다.

疏

一은 體色無別喩니 此喩爲總이라 喩雖是一이나 法合有二하니 該
橫豎故니라

첫 번째는 체성과 색이 차별이 없다는 비유이니,
이 비유가 총유總喩가 되는 것이다.
비유는 비록 한 가지이지만 법합은 두 가지가 있나니
횡橫과 수豎[194]를 해통該通한 까닭이다.

鈔

此喩爲總者는 法非法言이 該通性相과 及諸法故니라

이 비유가 총유가 된다고 한 것은 법과 비법이라는 말이 성상性相과
그리고 모든 법을 해통한 까닭이다.

---

194 횡橫과 수豎란, 법法과 비법非法의 성상性相은 횡통橫通이고, 제법諸法은
    수통豎通이다.

疏

豎約理事交徹이니 法者는 事也요 非法은 理也니 色卽空故라 亦
可法은 眞法也요 非法은 妄法也니 取文雖異나 義旨乃同이니 謂
如金之黃色이 與金體斤兩으로 性無差別하야 隨取互收니라 合中
에 金是所依니 喩其眞法이요 色是能依니 喩妄非法이라 以妄無體
하야 攬眞而起일새 則眞無不隱하야 唯妄現也요 以眞體實일새 妄
無不盡하야 唯眞現也니라 是則無體之妄이 不異體實之眞일새 故
云無有異也라하니 亦同密嚴의 如金與指環이 展轉無差別하니라

수竪로는 진리와 사실이 서로 사무침을 잡은 것이니
법이라고 한 것은 사실이요
비법이라고 한 것은 진리이니
색이 곧 공인 까닭이다.
또한 가히 법이라고 한 것은 진실한 법이요
비법이라고 한 것은 허망한 법이니
취한 문장은 비록 다르지만 뜻은 이에 같나니 말하자면 마치 금의
황색이 금 자체의 무게[195]로 더불어 체성이 차별이 없는 것과 같아서
취함을 따라 서로 거두는 것이다.
법합 가운데 금은 이 소의所依이니 그 진실한 법에 비유하고, 색은
이 능의能依이니 허망한 비법에 비유한 것이다.
허망한 것은 자체가 없어서 진실한 것을 잡아 일어나기에 곧 진실한

---

195 원문에 斤兩은 무게, 중량의 뜻이다.

것이 습지 아니함이 없어서 오직 허망한 것만 나타나는 것이요 진실한 것은 자체가 진실하기에 허망한 것이 다하지 아니함이 없어서 오직 진실한 것만 나타나는 것이다.

이것은 곧 자체가 없는 허망한 것이 자체가 진실한 진실과 다르지 않기에 그런 까닭으로 말하기를 다름이 없다 하였으니,

또한『밀엄경』에 금과 더불어 손가락지가 전전히 차별이 없는 것과 같다고 한 것과 같다.

鈔

取文雖異等者는 謂若理若事와 若眞若妄이라호미 此文乃異나 互相交徹에 義旨則齊니라 亦同密嚴者는 問明已引云호대 如來清淨藏이 世間阿賴耶가 如金與指環이 展轉無差別이라하니 則金色如指環이요 金體卽金이라 然이나 此上不異가 總有四句하니 一은 以本成末에 本隱末存이니 此卽存隱不異니 卽疏云호대 以妄無體하야 攬眞而起일새 則眞無不隱하야 唯妄現也라하니라 二는 攝末歸本에 末盡本顯이니 此卽顯滅不異니 故疏云호대 以眞體實일새 妄無不盡하야 唯眞現也라하니라 三은 攝本從末에 末存하고 攝末歸本에 本顯이니 此則法法俱存이나 但眞妄有異라 卽有眞有妄으로 明不異니 故疏云호대 是則無體之妄이 不異體實之眞일새 故云無有異也라하니라 四는 攝本從末에 本隱은 是不無義요 攝末歸本에 末盡은 是不有義니 此則不有不無로 明不異니 亦是末後二句니라 又非異故로 非邊이요 不一故로 非中이니 非邊非中이 是無寄法界니라 妙智所證일새 湛然常住하

야 無所寄也며 又非一이 卽非異故로 恒居邊이나 而卽中等이며 又非
一은 卽生死요 非異는 卽涅槃이니 非一이 卽非異故로 恒住生死가
卽處涅槃等이라 云云하니라 然其法體는 圓融無礙니라 上來所說의
非一異等도 亦是假言이니 故前疏云호대 善須得意라하니 以法就喩
인댄 金等亦然하니라

취한 문장은 비록 다르지만이라고 한 등[196]은 말하자면 혹 진리와
사실과 혹 진실한 것과 허망한 것이라고 한 것이 이 문장은 이에
다르지만 서로서로 사무침에 뜻은 곧 같은 것이다.

또한 『밀엄경』과 같다고 한 것은 문명품에 이미 인용하여 말하기를
여래의 청정장이
세간의 아뢰야식인 것이
마치 금과 더불어 손가락지가
전전히 차별이 없는 것과 같다 하였으니
곧 금색은 손가락지와 같고 금 자체는 금인 것과 같다.
그러나 이 위에 다르지 않는 것이 모두 네 구절[197]이 있나니
첫 번째는 근본으로써 지말을 이룸에 근본은 숨어서 없고 지말만이
있는 것이니,
이것은 곧 있는 것과 숨어서 없는 것이 다르지 않는 것이니,

---

196 이異 자 아래에 등等 자가 있는 것이 좋다.
197 원문에 총유사구總有四句라고 한 것은, 一은 妄이고, 二는 眞이고, 三은
亦眞亦妄이고, 四는 非眞非妄이다. 此下 초문鈔文을 잘 살펴볼 것이다.

곧 소문에 말하기를 허망한 것은 자체가 없어서 진실한 것을 잡아 일어나기에 곧 진실한 것이 숨지 아니함이 없어서 오직 허망한 것만 나타나는 것이다 하였다.

두 번째는 지말을 거두어 근본에 돌아감에 지말이 다함에 근본이 나타나는 것이니,

이것은 곧 나타나는 것과 사라지는 것이 다르지 않는 것이니,

그런 까닭으로 소문에 말하기를 진실한 것은 자체가 진실하기에 허망한 것이 다하지 아니함이 없어서 오직 진실한 것만 나타나는 것이다 하였다.

세 번째는 근본을 거두어 지말을 좇음에 지말이 있고 지말을 거두어 근본에 돌아감에 근본이 나타나는 것이니,

이것은 곧 법과 법이 함께 있지만 다만 진실한 것과 허망한 것이 다름이 있을 뿐이다.

곧 진실한 것이 있고 허망한 것이 있는 것으로써 다르지 아니함을 밝힌 것이니,

그런 까닭으로 소문에 말하기를 이것은 곧 자체가 없는 허망한 것이 자체가 진실한 진실과 다르지 않기에 그런 까닭으로 말하기를 다름이 없다 하였다.

네 번째는 근본을 거두어 지말을 좇음에 근본이 숨는 것은 이것은 없지 않다는 뜻이고 지말을 거두어 근본에 돌아감에 지말이 다한 것은 이것은 있지 않다는 뜻이니,

이것은 곧 있지도 않고 없지도 않는 것으로써 다르지 아니함을 밝힌 것이니 역시 말후에 두 구절이다.

또 다르지 않은 까닭으로 이변二邊[198]도 아니고 하나가 아닌 까닭으로
중간도 아니니,

이변도 아니고 중간도 아닌 것이 이것이 의지함이 없는 법계이다.

묘한 지혜로 증득한 바이기에 담연히 상주하여 의지하는 바가 없는
것이며

또 하나가 아닌 것이 곧 다르지 않는 것인 까닭으로 항상 이변二邊에
있지만 중간에 즉하는 등[199]이며

또 하나가 아니라고 한 것은 곧 생사요

다르지 않다고 한 것은 곧 열반이니,

하나가 아닌 것이 곧 다르지 않는 것인 까닭으로 항상 생사에 머무는
것이 곧 열반에 거처하는 등이다 운운云云하였다.

그러나 그 법의 자체는 원융하여 걸림이 없는 것이다.

상래에 설한 바 하나도 아니고 다르지도 않다고 한 등도 역시 거짓말
이니[200]

그런 까닭으로 앞의 소문[201]에 말하기를 잘 반드시 뜻을 얻어야
한다 하였으니,

법으로써 비유해 나아간다면 금이라고 한 등도 또한 그러한 것이다.

---

198 이변二邊이란, 유변有邊과 무변無邊이다.
199 원문에 즉중등卽中等이라고 한 것은 비리즉비일고非異則非一故로 항거중이즉
변恒居中而卽邊이라는 것을 등취等取하는 것이다.
200 원문에 역시가언亦是假言이라고 한 것은 一異라는 문세를 상대하여 非一非異
라 하였지, 저 眞理엔 非一非異라는 말이 없는 것이다. 다 거짓이다.
201 앞의 소문(前疏)이란, 영인본 화엄 6책, p.399, 4행이다.

疏

橫者는 異法相望이니 法者는 可軌之法也요 非法者는 不可軌之
法也라 又法謂有法이요 非法謂無니 故中論에 釋法不生非法云
호대 有不生無故라하니라 體性無異者는 謂同如故니라

횡橫으로는 다른 법이 서로 바라보는 것이니,
법이라고 한 것은 가히 궤범할 만한 법이요
비법이라고 한 것은 가히 궤범할 만한 법이 아니다.
또 법이라고 한 것은 유법有法을 말하는 것이요
비법이라고 한 것은 무법을 말하는 것이니,
그런 까닭으로 『중론』에 법으로 비법[202]이 생기한 것이 아니라고
한 것을 해석하여 말하기를 유법으로 무법이 생기한 것이 아닌
까닭이다 하였다.

그 체성이 다름이 없다고 한 것은 말하자면 동일한 진여의 체성[203]인
까닭이다.

鈔

橫者異法相望者는 卽一切差別法이 無差別也니 法卽是善法이요
非法卽惡法이라 故百論에 取般若意云호대 福尙捨어든 何況罪리요

---

202 법法은 유법有法이고, 비법非法은 무법無法이다.
203 원문에 동여同如란, 동일여체同一如體이다.

하며 以金剛云호대 法尙應捨어든 何況非法이리요하니 故以非法으로
而名爲罪라하니라 又法謂有法者는 亦是橫論이니 有無相對니라 故
中論下는 引論하야 證成無法이 爲非法也니 卽第三論의 成壞品이라
頌云호대 從法不生法이요 亦不生非法이며 從非法不生 法及於非法
이라하니 直釋偈意인댄 法卽是有니 如色心等이요 非法是無니 如兎
角等이라 若從法生法인댄 如母生子요 法生非法인댄 如人生石女兒
며 從非法生法인댄 如兎角生人이요 從非法生非法者인댄 如龜毛生
兎角이라 故長行釋云호대 從法不生法者는 若至若失이 二俱不然이
라 從法不生非法者는 非法은 名無所有요 法은 名爲有니 云何從有
相하야 生無相이리요 從非法不生法者는 非法名爲無어니 無云何生
有리요 若從無生有者인댄 是則無因이니 無因則有大過니라 是故로
不從非法生法이니라 不從非法生非法者는 兎角不生龜毛니라

횡으로는 다른 법이 서로 바라본다고 한 것은 곧 일체 차별한 법이
차별이 없는 것이니,
법이라고 한 것은 곧 이 선법이요
비법이라고 한 것은 곧 악법이다.
그런 까닭으로 『백론百論』[204]에 반야의 뜻을 취하여 말하기를 복도
오히려 버려야 하거든 어찌 하물며 죄이겠는가 하였으며,
『금강경』에 말하기를 법도 오히려 응당 버려야 하거든 어찌 하물며
비법이겠는가 하였느니,

___
204 『백론百論』은 사전을 참고하라.

그런 까닭으로 비법으로써 이름을 죄가 된다고 한다 하였다.

또 법이라고 한 것은 비법을 말하는 것이라고 한 것은 역시 횡으로 논한 것이니 유법과 무법을 상대한 것이다.

그런 까닭으로 『중론』이라고 한 아래는 『중론』을 인용하여 무법이 비법이 됨을 증거하여 성립한 것이니,
곧 제삼론第三論의 성괴품成壞品[205]이다.
그 게송에 말하기를
법을 좇아 법이 생기한 것도 아니고
또한 비법이 생기한 것도 아니며,
비법을 좇아
법과 그리고 비법이 생기한 것도 아니다 하였으니,
바로 게송의 뜻을 해석한다면[206] 법이라고 한 것은 곧 이 유법이니
색심 등과 같은 것이요
비법이라고 한 것은 이 무법이니 토끼 뿔 등과 같은 것이다.
만약 법을 좇아 법이 생기한다고 한다면 마치 어머니가 자식을 생기하는 것과 같고
법으로 비법이 생기한다고 한다면 마치 사람이 석녀石女의 아이를 생기하는 것과 같으며

---

205 성괴품成壞品은 『중론中論』 제이십일第二十一 관성괴품觀成壞品 제 열한 번째 게송이다.
206 원문에 직석게의直釋偈意란, 청량淸凉의 뜻이다.

비법을 좇아 법이 생기한다고 한다면 마치 토끼 뿔이 사람을 생기하
는 것과 같고,

비법을 좇아 비법이 생기한다고 한다면 마치 거북이 털이 토끼
뿔을 생기하는 것과 같다.

그런 까닭으로 장행長行에 해석하여 말하기를[207] 법을 좇아 법이
생기한 것도 아니라고 한 것[208]은 혹 얻고 혹 잃는[209] 것이 두 가지가
함께 옳지 않다는 것이다.

법을 좇아 비법이 생기한 것도 아니라고 한 것[210]은 비법은 이름이
있는 바가 없는 것이요

---

207 원문에 장행석운長行釋云이란, 청목青目의 해석이다.

208 第一句.

209 혹 얻고(至는 得의 뜻) 혹 잃는다고 한 것은 저 『중론』에 두 가지가 함께
옳지 않다(불연不然)고 한 아래에 이에 해석하여 말하기를 법으로 좇아 법을
생기함에 혹 얻고 혹 잃는다고 한다면 이것은 곧 원인이 없는 것이요, 원인이
없다면 곧 단견에 떨어지는 것이다. 혹 이미 얻어 법으로 좇아 법을 생기한다
면 이것은 법을 얻은 이후에 이름을 생기한다는 것이니 곧 이것은 상견이
되는 것이고, 또 생기한 이후에 다시 생기한다면 또한 원인 없이 생기한
것이니 이 사실은 옳지 않는 것이다. 다음에 혹 잃는다는 것을 해석하여
말하기를 혹 이미 잃어 법으로 좇아 법을 생기한다면 이것은 곧 원인을
잃는 것이니 생기하는 것이 원인을 잃는 것이다. 이런 까닭으로 법을 좇아
또한 법을 생기하지 않는다 하였으니, 대개 앞의 오온이 저 뒤의 오온에
이르러 저 뒤에 오온을 생기한다고 한다면 이것은 상견이고, 만약 앞의
오온이 괴멸하여 저 뒤에 오온을 생기한다고 한다면 이것은 단견이니, 혹
상견과 혹 단견은 다 이것은 원인이 없는 것이다. 역시 『잡화기』의 말이다.

210 第二句.

법은 이름이 있는 것이 되나니 어떻게 유상有相을 좇아 무상이 생기하
겠는가.

비법을 좇아 법이 생기한 것도 아니라고 한 것[211]은 비법은 이름이
없는 것이어니 없는 것이 어떻게 있는 것을 생기하겠는가.

만약 없는 것을 좇아 있는 것이 생기한다고 한다면 이것은 곧 원인이
없는 것이니

원인이 없다고 한다면 곧 큰 허물이 있게 되는 것이다.

이런 까닭으로 비법을 좇아 법이 생기한 것도 아니라고 한 것이다.

비법을 좇아 비법이 생기한 것도 아니라고 한 것[212]은 토끼 뿔이
거북이 털을 생기하지 못하는 것이다 하였다.

疏

然前義는 正順於喩요 後義는 乃順標中에 諸法之言이라 要由初
義에 性相無差하야사 方得顯於後義에 事事無差어니와 若但用後
義인댄 未顯相全同性거니 那得顯於事事가 同於一性이리요

그러나 앞에 뜻[213]은 바로 비유에 순하는 것이요

뒤에 뜻[214]은 이에 알 바를 표標[215] 한가운데 모든 법이라고 한 말에

---

211 第三句.

212 第四句.

213 앞에 뜻(前義)이란, 수석竪釋이다.

214 뒤에 뜻(後義)이란, 횡석橫釋이다.

215 표標란, 표기소지標其所知니 영인본 화엄 6책, p.406, 3행이다.

순하는 것이다.

반드시 처음 뜻에 자성과 모습이 차별이 없음을 인유하여야 바야흐로 뒤의 뜻에 사실과 사실이 차별이 없음을 나타냄을 얻거니와, 만약 다만 뒤의 뜻만을 쓴다면 모습이 온전히 자성과 같음을 나타낼 수 없거니 어찌 사실과 사실이 한 자성(一性)과 같음을 나타냄을 얻겠는가.

鈔

然前義下는 斷上二說이니 前義는 即事理無礙요 後義는 即事事無礙라 若但用後義下는 反以理結하야 要用上二니 謂由事理無礙하야사 方得以理融於事하야 事事隨理而融通耳니라 此中에 更有別義하니 謂又若依前義인댄 則心等四類가 即第五無爲요 若依後義인댄 由無爲故로 前四無差니라 又依前義인댄 是性無異일새 故無有差요 若依後義인댄 是同一如體일새 故無差也니라

그러나 앞에 뜻이라고 한 아래는 위에 두 가지 말을 결단하는 것이니 앞에 뜻은 곧 사리무애요
뒤에 뜻은 곧 사사무애다.

만약 다만 뒤에 뜻만을 쓴다면이라고 한 아래는 반대로 진리로써 맺어 위에 두 가지 뜻을 쓰기를 요망하는 것이니,
말하자면 사실과 진리가 무애함을 인유하여야 바야흐로 진리로써

사실에 융통하여 사실과 사실이 진리를 따라 융통함을 얻는 것이다.

이 가운데 다시 다른 뜻이 있나니[216]

말하자면 또 만약 앞에 뜻을 의지한다면 곧 심왕 등 사류四類[217]가 곧 제 다섯 번째 무위요

만약 뒤에 뜻을 의지한다면 무위를 인유한 까닭으로 앞에 사류가 차별이 없는 것이다.

또 앞에 뜻을 의지한다면 이 체성이 다름이 없기에 그런 까닭으로 차별이 없고

만약 뒤에 뜻을 의지한다면 동일한 진여의 체성이기에 그런 까닭으로 차별이 없는 것이다.

---

216 이 가운데 다시 다른 뜻이 있다고 한 것은 이것은 곧 저 표석標釋 가운데 모든 법이라는 말이 앞과 뒤의 두 가지 뜻에 통하는 까닭으로, 소문 가운데 다만 뒤의 뜻(사사무애)만 가져 말하기를 표석 가운데 모든 법이라고 한 말에 따르는 것으로 더불어는 다른 것이다. 역시 『잡화기』의 말이다.

217 원문에 심등사류心等四類는 오위백법五位百法이니

1. 心王－八種이고
2. 心所－五十一種이고
3. 色－十一種이고
4. 不相應－二十四種이고
5. 無爲－六種이다.

經

眾生非眾生이 二俱無眞實하니
如是諸法性이 實義俱非有니이다

중생과 비중생이
둘 다 함께 진실이 없나니
이와 같이 모든 법성이
진실한 뜻이 함께 있지 않습니다.

疏

第二偈는 假名不實喩니 以眞奪俗일새 是故無差니라 攬緣成眾
生일새 卽虛非眾生이니 所遣旣無인댄 能遣安有리요 故俱無實이
라하니 以喩諸法皆無實義하야 並從緣故니라 若以正報爲眾生하
고 依報非眾生인댄 乃全是所遣이니 非實之相도 尙難顯了니라

제 두 번째 게송은 거짓 이름으로 진실하지 않다는 비유이니,
진제로써 속제를 빼앗기에 이런 까닭으로 차별이 없는 것이다.
인연을 잡아 중생을 이루기에 곧 허공은 중생이 아니니 보낼 바가
이미 없다고 한다면 능히 보낼 자[218]가 어찌 있겠는가. 그런 까닭으로
함께 진실이 없다 하였으니,

---

218 원문에 소견所遣은 비중생非眾生이고, 능견能遣은 중생眾生이다.

모든 법이 다 진실한 뜻이 없어서 모두 인연을 좇는다고 함에 비유한 까닭이다.

만약 정보正報로써 중생을 삼고 의보로써 비중생을 삼는다면 이에 온전히 이것은 보낼 바(所遣)이니[219]

진실하지 않는 모습도 오히려 밝게 알기 어려운 것이다.

鈔

以眞奪俗下는 初는 立二相이요 次에 所遣旣無下는 釋無實義요 以喩 下는 釋合下半이요 後에 若以正報下는 結彈古釋이라

진제로써 속제를 빼앗는다고 한 아래는 처음에는 두 가지 모습[220]을 성립한 것이요

다음에 보낼 바가 이미 없다면이라고 한 아래는 진실이 없다는 뜻을 해석한 것이요

---

219 원문에 전시소유全是所喩라고 한 등은 무릇 말한 바 비유(喩)라고 한 것은 그 쉬운 바로써 그 어려운 바를 비유한 것이어늘, 그러나 만약 이 구절을 가져 의보와 정보를 해석한다면 이것은 비록 능유能喩이지만 곧 소유所喩로 더불어 온전히 같나니 비유의 뜻이 어찌 존재하겠는가. 비록 그 비유가 있으나 오히려 보기 어려운 것이다. 그런 까닭으로 반드시 대대對待하여 진실이 없는 것으로 해석하여야 비유의 뜻이 이에 성립하는 것이다. 역시 『잡화기』의 말이다. 그러나 나는 소유所喩라 한 유喩 자를 견遣 자의 잘못으로 보아 소견所遣 즉 보낼 바로 해석하였다.

220 원문에 이상二相은 진眞과 속俗이다.

모든 법이 다 진실한 뜻이 없어서 모두 인연을 좇는다고 함에 비유한
다고 한 아래는 법합인 아래 반 게송을 해석한 것이요

뒤에 만약 정보로써 중생을 삼는다고 한 아래는 고인의 해석을
맺어 탄핵한 것이다.

譬如未來世엔　無有過去相인달하야
諸法亦如是하야　無有一切相이니다

비유하자면 미래 세상에는
과거의 모습이 없는 것과 같아서
모든 법도 또한 이와 같아서
일체 모습이 없습니다.

三은 三世互無喩니 喩無相故無別이라 謂若未來에 有過去者인댄
應名過去리니 何名未來리오 故知定無過現之相이라 文擧一隅니
應反餘二리라 諸法無相은 如彼互無니 此以差別로 喩無差別이라

세 번째는 삼세가 서로 없다는 비유이니,
모습이 없는 까닭으로 차별이 없음에 비유한 것이다.
말하자면 만약 미래에 과거가 있다고 한다면 응당 이름을 과거라
해야 할 것이니 어찌 이름을 미래라 하겠는가.
그런 까닭으로 결정코 과거와 미래의 모습이 없는 줄 알아야 할
것이다.
경문에는 한 구석[221]만 거론하였으니 응당 나머지 두 가지[222]를 반복하
여 거론해야 할 것이다.

모든 법이 모습(相)이 없다고 한 것은[223] 저 삼세가 서로 없다고
한 것과 같나니[224]
이것은 차별로써 차별이 없는 것에 비유한 것이다.

鈔

文擧一隅니 應反餘二者는 應明現在에 無過未하고 過去에 無現未等
이라 故論語云호대 擧一隅에 不以三隅反이라하니 諸法亦然하니라

경문에 한 구석만 거론하였으니 응당 나머지 두 가지를 반복하여
거론해야 할 것이라고 한 것은 응당 현재에는 과거와 미래가 없고
과거에는 현재와 미래가 없다는 등을 밝힌 것이다.
그런 까닭으로 『논어』에 말하기를[225] 한 구석을 거론함에 세 구석을

---

221 원문에 일우一隅란, 약미래若未來에 유과거상有過去相 云云이다.

222 나머지 두 가지(餘二)란, 과거過去와 현재現在이다.

223 원문에 제법무상諸法無相은 下二句이다.

224 원문에 여피호무如彼互無는 삼세호무三世互無니 차별差別이고, 제법무상諸法
無相은 무차별無差別이다. 고故로 차별差別로써 무차별無差別에 비유한다
한 것이다.

225 『논어論語』는 제7권 술이편述而篇이니 子曰 不憤不啓하고 不悱不發호대
擧一隅에 不以三隅反하야 則不復也라 하였다. (發은 發言. 悱는 말 나오지
아니할 비.) 子曰 분하지 않거든 마음을 열지 말고, 말이 나오지 않거든
말하지 말되 한 구석을 거론함에 세 구석을 반복하여 거론하지 않고 곧
다시 말하지 않는다(역으로 하나를 말하면 셋을 다 알아야 한다는 것) 하였다.

반복하여 거론하지 않는다 하였으니,

모든 법도 또한 그러한 것이다.

經

譬如生滅相이　種種皆非實인달하야
諸法亦復然하야 自性無所有니이다

비유하자면 생멸의 모습이
가지가지가 다 진실하지 않는 것과 같아서
모든 법도 또한 이와 같아서
자성이 있는 바가 없습니다.

疏

四는 四相非實喻니 喻無性故로 無差別이라 生等四相이 離所相
法인댄 無別自性하고 一切諸法이 離所依理인댄 無別自性이니 此
以相無로 喻於性無니라

네 번째는 사상四相[226]이 진실하지 않다는 비유이니,
자성이 없는 까닭으로 차별이 없음에 비유한 것이다.
생生 등 사상이 소상所相의 법을 떠나면 따로 자성이 없고 일체
모든 법이 소의所依의 진리를 떠나면 따로 자성이 없나니,
이것은 상무성相無性으로써 성무성性無性에 비유한 것이다.

---

226 사상四相은 생生, 주住, 이異, 멸滅이다.

經

涅槃不可取나　說時有二種인달하야
諸法亦復然하야　分別有殊異니이다

열반은 가히 취할 수 없지만
말할 때는 두 가지가 있는 것과 같아서
모든 법도 또한 다시 그러하여
분별함에 다름이 있는 것입니다.

疏

後에 遣疑者는 疑云호대 若都無別인댄 云何見有性相等殊고할새
故此釋云호대 亦如涅槃은 體離有無하야 百非斯絶이나 而強立名
字하야 曰餘無餘인달하야 諸法亦然하야 眞俗並虛나 分別成異하
나니 若離分別인댄 則無一切境界之相이리라

뒤에 의심을 보낸다고 한 것은 의심하여 말하기를 만약 모두 다름이
없다고 한다면 어떻게 자성과 모습 등이 다름이 있음을 보는가
하기에 그런 까닭으로 여기에 해석하여 말하기를 또한 열반은 자체
가 유와 무를 떠나 백비百非가 이에 끊어졌지만 굳이 이름을 세워
말하기를 유여열반이다 무여열반이다 하는 것과 같아서, 모든 법도
또한 그러하여 진제와 속제가 모두 허망하지만 분별함에 다름을
이루나니 만약 분별을 떠난다면 곧 일체 경계의 모습이 없을 것이다.

鈔

眞俗並虛等者는 故肇公云호대 涅槃은 蓋是鏡像之所歸요 絶稱之
幽宅也니 豈可以有無標牓고할새 故有餘無餘가 乃出處之異號이며
應物之假名耳라하니라 若離分別者는 即起信論이니 前文已引하니
라 此論前文云호대 一切境界가 唯依妄念하야 而有差別이라하고 次
云호대 若離心念인댄 則無一切境界之相이라하니라

진제와 속제가 모두 허망하지만이라고 한 등은 그런 까닭으로 승조
법사가 말하기를 열반은 대개 거울의 영상[227]이 돌아갈 바요 이름이
끊어진 깊은 집이니 어찌 가히 유·무로써 표방[228]하겠는가 하기에,
그런 까닭으로 유여열반과 무여열반이 이에 삼계의 처소를 벗어나
는[229] 다른 이름이며 중생에게 응하는 거짓 이름일 뿐이다 하였다.

만약 분별을 떠난다면이라고 한 것은 곧 『기신론』의 말이니
앞의 문장에서 이미 인용하였다.
이 논論의 앞 문장에 말하기를 일체 경계가 오직 망념을 의지하여

---

227 거울의 영상은 보신과 화신에 비유한 것이라고 『잡화기』는 말한다.

228 牓은 榜 자와 통용通用된다. 금장경金藏經엔 榜 자이다.

229 원문에 출처出處라고 한 것은 『잡화기』에는 저 대처大處에 들어가서는 스스로
유여열반과 무여열반이 끊어졌지만 그러나 저 승조법사가 말한 바 유여열반
과 무여열반은 다 이것은 저 대처大處를 벗어난 까닭이라 하였다. 그 처소는
대처이고 그 대처는 삼계화택三界火宅이다. 삼계화택의 처소를 벗어난 것이
열반이니, 출처出處라고 한 것은 곧 열반이다.

차별이 있다 하고, 다음에 말하기를 만약 마음에 생각을 떠난다면 곧 일체 경계의 모습이 없을 것이다 하였다.

經

如依所數物하야 而有於能數인달하야
彼性無所有니　如是了知法이니다

마치 헤아릴 바 물건을 의지하여
능히 헤아리는 사람이 있는 것과 같아서
저 자체성은 있는 바가 없는 것이니
이와 같이 법을 요달하여 알아야 할 것입니다.

疏

第二에 四偈는 喩能知者니 皆展轉遣疑라 初偈疑云호대 旣有分
別인댄 則有能知라할새 故釋云호대 離所數物인댄 無能數數라하니
旣所知無性거니 何有能知리요 無知之知가 是眞了法이라

제 두 번째 네 게송은 능히 아는 사람에게 비유한 것이니
다 전전히 의심을 보내는 것이다.
처음 게송에 의심하여 말하기를 이미 분별이 있었다면 곧 능히
아는 사람이 있을 것이다 하기에, 그런 까닭으로 해석하여 말하기를
헤아릴 바 물건을 떠난다면 능히 헤아릴 수수數[230] 없다 하였으니,
이미 소지所知가 자체성이 없거니 어찌 능지能知가 있겠는가.
앎이 없이 아는 것이 이것이 진실로 법을 아는 것이다.

---

230 수수數數는 수數의 數라 할 것이다.

經

譬如算數法이　增一至無量인달하야
數法無體性이나　智慧故差別이니다

비유하자면 수를 계산하는 법이
하나를 더하여 한량이 없는 데 이르는 것과 같아서
수를 계산하는 법이 자체성이 없지만
지혜를 인유한 까닭으로 차별이 있습니다.

疏

次復疑云호대 若依向喩인댄 能數喩能知니 能知雖無나 所知猶
有일새 故復用能數法으로 以喩所知하고 智慧差別로 以喩能知니
라 反覆相遣하야 顯無差理니 謂一上加一을 名之爲二니 乃至百
千이라도 皆是諸一이라 由能數智하야 作百千解일새 故晉譯中엔
第三句云호대 皆悉是本數라하얏거니와 今譯엔 明一多相待일새
故無體性이라하니 喩彼妄想이 於無性中에 計爲有無耳니라

다음 게송에 다시 의심하여 말하기를 만약 향전向前에 비유를 의지한
다면 능수能數로 능지能知에 비유한 것이니,
능지는 비록 없지만 소지所知는 오히려 있기에[231] 그런 까닭으로

---

231 소지所知는 오히려 있다고 한 것은 앞의 소문 가운데 비록 소지의 자체성이
　　없는 것(무성無性)을 말한 것은 그 뜻이 능지의 자체성이 없는 것을 나타내고자

다시 능히 계산하는 법으로써²³² 소지에 비유하고 지혜의 차별로써
능지에 비유한 것이다.

반복으로 서로 보내어 차별이 없는 이치를 나타낸 것이니,

말하자면 하나 위에 하나를 더하는 것을 이름하여 둘이라 하나니,

내지 백천이라도 다 모두 하나이다.

능수能數의 지혜를 인유하여 백천 가지 지해를 짓기에 그런 까닭으로
진역晉譯 가운데는 제 세 번째 구절에 말하기를 다 이것은 근본
수數라 하였거니와 지금 해석에는 하나와 많은 것이 상대相待함을
밝혔기에 그런 까닭으로 자체성이 없다 하였으니,

저 망상이 자성이 없는 가운데 헤아려서 있다 없다 함에 비유한
것이다.

鈔

反覆相遣者는 謂以所知로 遣能知하고 復以能知로 遣所知耳니라

반복으로 서로 보낸다고 한 것은 말하자면 소지로써 능지를 보내고
다시 능지로써 소지를 보내는 것이다.

한 것이지만 곧 게송의 뜻은 다만 능지만 깨뜨리는 까닭으로 여기에 밟아
비난함이 있는 것이다. 역시 『잡화기』의 말이다. 여기에 밟아 비난함이
있다고 한 것은 여기 소문에서 능지는 비록 없지만 소지는 오히려 있다고
한 것이다.

232 원문에 고부용故復用이라고 한 아래는 此頌이고, 이 위에는 上에 여의소수물
如依所數物 게송偈頌이다.

經

譬如諸世間이　　劫燒有終盡이나
虛空無損敗인달하야　佛智亦如是니이다

비유하자면 모든 세간이
겁소劫燒²³³로 마침내 다함이 있지만
허공은 무너짐이 없는 것과 같아서
부처님의 지혜도 또한 이와 같습니다.

疏

次又疑云호대 都無能所인댄 何名佛智고할새 故釋云호대 能所雙
亡인댄 佛智斯顯이니 故所知妄法은 如世成壞요 能知眞智는 湛若
虛空이라 尙不初成거니 況當有敗리요 如出現品하니라 又權智照
俗은 同世成壞요 權卽是實은 如不離空이라

다음 게송에 또 의심하여 말하기를 다 능소가 없다고 한다면 어찌
부처님의 지혜라 이름하겠는가 하기에, 그런 까닭으로 해석하여
말하기를 능소가 둘 다 없어지면 부처님의 지혜가 이에 나타나나니
그런 까닭으로 소지所知의 허망한 법은 세간이 이루어지고 무너지는
것과 같고, 능지能知의 참다운 지혜는 담연하여 허공과 같다.

---

233 겁소劫燒는 겁화劫火이다.

오히려 처음부터 이루어진 적이 없었거니 하물며 마땅히 무너질
것이 있겠는가.
출현품에서 말한 것과 같다.
또 방편의 지혜로 속제를 비추는 것은 세간이 이루어지고 무너지는
것과 같고, 방편의 지혜가 곧 진실의 지혜인 것은 허공을 떠나지
않는 것과 같다.

鈔

況當有敗者는 經云호대 譬如世界有成壞나 而其虛空不增減인달하
야 一切諸佛成菩提나 成與不成無差別이라하니 是也니라

하물며 마땅히 무너질 것이 있겠는가 한 것은 경[234]에 말하기를
비유하자면 세계는 이루어지고 무너짐이 있지만
그 허공은 증감이 없는 것과 같아서,
일체 모든 부처님이 보리를 이루었지만
이루어짐과 더불어 이루어지지 아니함이 차별이 없다 하였으니
이것이다.

---

234 경經이란, 출현품경出現品經의 게송이다.

經

如十方眾生이　　各取虛空相인달하야
諸佛亦如是하나니 世間妄分別이니다

시방의 중생이
각각 허공의 모습을 취하는 것과 같아서
모든 부처님도 또한 이와 같이 하나니
세간이 허망하게 분별[235]할 뿐입니다.

疏

末偈疑云호대 佛智旣等인댄 應用何殊고할새 釋云호대 隨心妄取
니 佛無異相이라 又謂常無常은 如各取空하고 佛智雙非는 如空無
別이라

말후 게송에 의심하여 말하기를 부처님의 지혜가 이미 평등하다면
응용이 어찌 다르는가 하기에, 해석하여 말하기를 마음을 따라
허망하게 취하는 것이니 부처님은 다른 모습이 없는 것이다.
또 말하자면 영원한 것과 영원하지 않는 것은 각각 허공을 취하는
것과 같고, 부처님의 지혜에 함께 아닌[236] 것은 허공이 차별이 없는
것과 같다.

235 분별分別이란, 세간世間의 중생衆生이 부처를 분별分別한다는 것이다.
236 원문에 쌍비雙非란, 상常과 무상無常이 함께 붙을 수 없다는 것이다.

대방광불화엄경수소연의초 제십구권의 삼권

大方廣佛華嚴經隨疏演義鈔 第十九卷之三卷

우진국 삼장사문 실차난타 번역
청량산 대화엄사 사문 징관 찬술
대한민국 조계종 사문 수진 현토역주

經

爾時에 力林菩薩이 承佛威力하야 普觀十方하고 而說頌言호대

그때에 힘 있는 숲 보살이 부처님의 위신력을 받아 널리 시방을
관찰하고 게송을 설하여 말하기를

疏

第七은 智了三種世間하야 性相諸邊不動일새 故名力林이라

제 일곱 번째는 지혜로 세 가지 세간을 요달하여 자성과 모습의
모든 변경邊境에 움직이지 않기에 그런 까닭으로 이름을 힘 있는
숲이라 하는 것이다.

經

一切衆生界가　皆在三世中하고
三世諸衆生이　悉住五蘊中이니다

諸蘊業爲本이요 諸業心爲本이니
心法猶如幻하야 世間亦如是니이다

일체중생의 세계가
다 삼세 가운데 있고
삼세의 모든 중생이
다 오온 가운데 머뭅니다.

오온은 업이 근본이 되고
모든 업은 마음이 근본이 되나니
마음과 법이 오히려 환과 같아서
세간도 또한 이와 같습니다.

疏

十頌은 顯佛離相眞智라 於中分三하리니 初四는 遍明世間이요 次
五는 雙遣世及出世요 後一은 觀成利益이라 今初에 略有二觀하니
初二偈는 攝末歸本觀이니 顯衆生世間空이요 後二는 緣生無作
觀이니 兼顯器世間空이라 今初也니 初二句는 推假名衆生이 不出

三世하야 顯是無常이요 次二句는 推三世衆生이 不出於蘊하야 顯
無有我요 次句는 蘊由業生으로 以明果空하야 顯非邪因이요 次句
는 推業唯心하야 明心外無法이요 次句는 體心如幻하야 不離性空
과 及與中道니 如幻無性故며 非有非無故요 末句는 以本例末이니
則上五一如하야 皆展轉緣生故니라

열 게송은 부처님의 모습을 떠난 진실한 지혜를 나타낸 것이다.
그 가운데 세 가지로 나누리니
처음에 네 게송은 세간을 치우쳐[237] 밝힌 것이요
다음에 다섯 게송은 세간과 그리고 출세간을 함께 보내는 것이요
뒤에 한 게송은 관찰함에 이익을 이루는 것이다.
지금은 처음으로 간략하게 두 가지로 관찰함이 있나니
처음에 두 게송은 지말을 거두어 근본에 돌아감을 관찰하는 것이니
중생세간이 공함을 나타낸 것이요
뒤에 두 게송은 인연으로 생기하여 조작이 없음을 관찰하는 것이니
기세간도 공함을 겸하여 나타낸 것이다.
지금은 처음이니,
처음에 두 구절은 가명假名의 중생이 삼세를 벗어나지 않는다고
한 것을 미루어 영원한 것이 없음을 나타낸 것이요
다음에 두 구절은 삼세의 중생이 오온을 벗어나지 않는다고 한
것을 미루어 아我가 없음을 나타낸 것이요

---

237 遍 자는 偏 자가 옳다.

다음 구절은 오온[238]이 업을 인유하여 생기한다는 것으로써[239] 과보가 공함을 밝혀 삿된 원인이 아님을 나타낸 것이요

다음 구절은 업이 오직 마음이라는 것을 미루어 마음 밖에 법이 없음을 밝힌 것이요

다음 구절은 마음이 환과 같은 줄 체달하여 자성이 공한 것과 그리고 중도를 떠나지 않는 것이니,

환과 같다고 한 것은 자성이 없는 까닭이며 자성이 있지도 않고 없지도 않는 까닭이요

끝 구절은 근본으로써 지말에 비례한 것이니,

곧 위에 다섯 가지[240]가 일여一如하여 다 전전히 인연으로 생기하는 까닭이다.

---

238 온蘊은 과果요 공空이다.
239 원문에 차구온유업생次句蘊由業生이라고 한 아래는 제이게第二偈이다.
240 원문에 上五란, 初二句와 次二句와 次句와 次句와 次句이다. 즉 二偈를 六으로 나눈 가운데 앞에 다섯 가지이니 末句를 더하면 여섯 가지가 되는 것이다.

經

世間非自作이며 亦復非他作이나
而其得有成이며 亦復得有壞니다

世間雖有成이며 世間雖有壞나
了達世間者는　此二不應說이니다

세간은 스스로 만든 것도 아니며
또한 다시 다른 사람이 만든 것도 아니지만
그러나 그 세간은 이루어짐이 있음을 얻으며
또한 다시 무너짐이 있음을 얻습니다.

세간이 비록 이루어짐이 있으며
세간이 비록 무너짐이 있지만
세간을 요달한 사람은
이 두 가지를 응당 말하지 않습니다.

疏

二는 緣生無作觀中에 初偈는 無作故緣成이요 後偈는 緣成卽無
作이라

두 번째는 인연으로 생기하여 조작이 없음을 관찰하는 가운데 처음

게송은 조작이 없는 까닭으로 인연으로 이루어졌다는 것이요
뒤에 게송은 인연으로 이루어진 것은 곧 조작이 없다는 것이다.

鈔

二에 有二頌下는 疏文有二하니 初는 總科니 謂前偈에 上半無作이요
下半緣成이며 後偈에 上半緣成이요 下半卽無作이라

두 번째 두 게송이 있다[241]고 한 아래는 소문에 두 가지가 있나니
처음에는 총과總科이니,
말하자면 앞의 게송에 위에 반 게송은 조작이 없다는 것이요
아래 반 게송은 인연으로 이루어졌다는 것이며
뒤의 게송에 위에 반 게송은 인연으로 이루어졌다는 것이요
아래 반 게송은 조작이 없다는 것이다.

疏

今初에 言不自他作者는 通遣諸非라 一은 約外道니 非自性等作
이며 亦非梵天等他作이요 但以虛妄하야 無業報故라 廣如三論破
니라

---

[241] 원문에 二有二頌이라고 한 것은 소문疏文에 二는 緣生無作觀이라 하였으니
意引이다.

지금은 처음으로 스스로 만드는 것도 다른 사람이 만드는 것도 아니라고 말한 것은 모든 것이 아님을 한꺼번에 보내는 것이다.
첫 번째는 외도를 잡은 것이니,
자성 등이 만드는 것도 아니며 또한 범천 등의 다른 사람이 만드는 것도 아니고 다만 허망하여 업보가 없는 까닭이다.
널리는 삼론三論에서 깨뜨린 것과 같다.

鈔

非自性等作者는 卽明非自作也라 外道宗計之盛이 不出數論勝論이니 數論은 計自性能作이라 自性은 卽冥諦能作이니 而我非能作者요 但是知者니라 而疏言等은 卽等於我니 我爲能作者는 卽勝論師라 次言亦非梵天等他作者는 且等取安茶論師所計니 第一疏에 已明하니라 自在는 卽塗灰外道所計니 合上하면 爲共作이요 離上하면 爲無因이라 故但擧自他하야도 四句已備니라 但以虛妄者는 卽總破四句니 四句之計가 皆無業報니라

자성 등이 만드는 것도 아니라고 한 것은 곧 스스로 만드는 것이 아님을 밝힌 것이다.
외도종에서 계교하는 것이 그 성한 것이 수론數論과 승론勝論을 벗어나지 않나니.
수론은 자성이 능히 만든다고 계교한다.
자성은 곧 명제冥諦가 능히 만드는 것이니, 아我는 능히 만드는

사람이 아니고 다만 아는 사람일 뿐이다.

그러나 소문에서 등等이라고 말한 것은 곧 아我를 등취한 것이니,

아我가 능히 만드는 사람이라고 한 것은 승론파 스님이다.

다음에 또한 범천 등의 다른 사람이 만드는 것도 아니라고 말한
것은 또 안다론파의 스님이 계교한 바를 등취[242]한 것이니[243]

제일 소문[244]에 이미 밝혔다.

자재천이 만든다고 한 것은 곧 도회외도塗灰外道[245]가 계교한 바이니
위에 자작과 타작을 합하면 공작共作이 되고, 위에 자작과 타작을

---

242 원문에 차등취且等取 세 글자(三字)는 『사기私記』에서 바로 아래 自在라는
    말 위에 있어야 한다고 하였다. 그 이유는 안다安茶는 범천梵天의 조작이라
    계교하고 도회塗灰는 자재천自在天의 조작이라 계교하는데, 그 도회塗灰의
    말을 등취等取하였다는 것이다. 안다安茶는 計本際이다.

243 또 안다론파의 스님이 계교한 바를 등취한다고 한 것은 안다론사와 더불어
    위타론사는 다 같이 범천이 만든다고 계교한다. 그러나 소문 가운데 뜻은
    위타론사로써 능히 등취함(위타론사로 안다론사를 등취함)을 삼는 까닭이다.
    이것은 곧 범천이 유일하게 계교한다고 한 가운데 다른 논사(안다 등)가
    있는 까닭으로 등취한다 말한 것이요, 바로 아래 자재천이 만든다고 한
    것은 곧 도회 운운이라 한 아래는 범천이 만든다고 계교한 밖에 또 자재천으로
    써 계교함을 삼는 이가 있는 까닭으로 등취한다 말한 것이다. 역시 『잡화
    기』의 말이다.

244 원문에 제일소第一疏는 『현담玄談』의 십일사十一師를 논론한 소문疏文 가운데
    제일사第一師를 논론한 소문疏文이다. 홍자권洪字卷 61장, 上九行과 50장,
    下八行이다.

245 도회외도塗灰外道는 자재천외도自在天外道니 마혜수라摩醯首羅 논사論師라고
    도 한다. 대자재천황大自在天王이 모든 것을 만든다고 믿고 세계의 성립
    원인이 자재천왕自在天王이라고 믿는 것이다.

떠나면 무인작無因作이 되는 것이다.

그런 까닭으로 다만 자작과 타작[246]만 거론하여도 사구四句[247]가 이미 구비되는 것이다.

다만 허망하다고 한 것은 곧 사구를 모두 깨뜨리는 것이니 사구로 계교하는 것이 다 업보가 없는 것이다.[248]

言廣如三論破者는 不欲繁文하야 指廣有原이라 然三論엔 皆破나 百論엔 廣破二宗이어니와 今엔 取順非四句作苦하야 且依十二門論하야 釋云호리라 然이나 自性一計는 第一疏抄에 已廣破竟거니와 衛世가 計我爲自는 今當更釋호리라 卽觀作者門의 第十偈云호대 自作及他作과 共作無因作을 如是不可得이니 是則無有苦라하얏거늘 長行에 以因緣門釋하니 則通小乘大乘等이라 次는 約破外道說이니 先總敘云호대 如經說호대 有裸形迦葉하야 問佛호대 苦自作耶닛가 佛默然不答하시니라 世尊이시여 若爾인댄 苦不自作者요 是他作耶닛가 佛亦不答하시니라 世尊이시여 若爾인댄 苦自作이요 他作耶닛가 佛亦不答하시니라 世尊이시여 若爾者인댄 苦無因無緣作耶닛가 佛亦不答이라 하니라 釋曰下論에 破有二意하니 一은 約性空이니 結云호대 如是四

---

246 원문에 자작自作의 作은 他인 듯. 곧 자타自他는 자작自作·타작他作이라 할 것이다.

247 사구四句는 자작自作·타작他作·공작共作·무인작無因作이다.

248 다 업보가 없다고 한 것은 그 사구로 계교하는 것이 다 업보가 없는 까닭으로 그것을 깨뜨리는 것이다. 역시 『잡화기』의 말이다.

問을 佛皆不答하시니 當知하라 苦則是空이라하니라 第二는 約外道說
이니 問曰호대 佛說是經호대 不說苦空하고 隨可度衆生하야 作是說
이라하니 是裸形迦葉이 謂人是苦는 因有我者니다 說好醜가 皆神所
作이나 神常淸淨하야 無有苦惱니다 所知所解에 悉皆是神이 作好醜
苦樂하야 還受種種身이니다하야 以是邪見故로 問佛호대 苦自作耶닛
가할새 是故佛不答하시니 苦實非是我作이라 若我是苦因이라 因我
生苦인댄 我卽無常이니 何以故요 若我是因이며 及從因生我인댄 皆
亦無常이라 若我無常인댄 則罪福果報가 皆悉斷滅이며 修梵行福報
도 亦是應空이리라 若我是苦因인댄 則無解脫이니 何以故요 我若作
苦인댄 離苦無我리니 能作苦者가 以無身故니라 若無身而能作苦者
인댄 得解脫者도 亦應是苦리니 如是則無解脫이나 而實有解脫이니
是故로 苦自作不然이라하니라 釋曰此破我爲自作이라 故疏云호대
自性等이라하니 等於我故니라

널리는 삼론에서 깨뜨린 것과 같다고 말한 것은 문장을 번잡하게
않고자 하여 널리 설한 것은 그 원유原由[249]가 있다고 지시한 것이다.
그러나 삼론에서는 다 깨뜨렸지만 『백론』에서는 이종二宗[250]만을
널리 깨뜨렸거니와, 지금에는 사구가 괴로움을 만드는 것이 아니라
고 함을 취순取順[251]하여 또한 『십이문론』을 의지하여 해석하여 말하
겠다.

---

249 원유原由는 곧 삼론三論을 말한다.
250 이종二宗은 수론數論과 승론勝論이다.
251 원문에 順非는 『잡화기』에 사람 이름이라 하니 생각해 볼 것이다.

그러나 자성의 한 계교는 제일소초第一疏抄[252]에 이미 폭넓게 깨뜨려 마쳤거니와, 위세衛世가 아我를 계교하여 자성을 삼은 것은 지금에 마땅히 다시 해석하겠다.

곧 관작자문觀作者門[253]의 제 열 번째 게송에 말하기를

자작과 그리고 타작과

공작과 무인작을

이와 같이 가히 얻을 수 없나니,

이것이 곧 괴로움이 없는 것이다 하였거늘

장행문에 인연문으로써 해석하였으니

곧 소승과 대승 등에 통하는 것이다.

다음에는 외도의 말을 깨뜨리는 것을 잡은 것이니

먼저는 한꺼번에 서술하여 말하기를 저 경에 말하되 나형裸形 가섭이 있어 부처님께 묻기를 괴로움은 자작입니까.

부처님께서 침묵하고 답하지 아니하셨다.

세존이시여, 만약 그렇다고[254] 한다면 괴로움은 자작이 아니고 타작입니까.

부처님께서 역시 답하지 아니하셨다.

세존이시여, 만약 그렇다고 한다면 괴로움은 자작이기도 하고 타작

---

252 제일소초第一疏抄는 소문疏文과 같다. 抄는 鈔 자와 통용通用한다.

253 관작자문觀作者門은 십이문十二門 가운데 제십문第十門이다. 『잡화기』는 제 열 번째 게송이라고 한 것은 십이문 가운데 이 문門이 제 열 번째 게송에 해당한다고 하였다.

254 원문에 약이若爾라 한 이爾 자는 본론에는 없다.

이기도 합니까.

부처님께서 역시 답하지 아니하셨다.

세존이시여, 만약 그렇다고 한다면 괴로움은 문인작이기도 하고
무연작이기도 합니까.

부처님께서 역시 답하지 아니하셨다 하였다.

해석하여 말하기를 하론下論에 깨뜨린 것이 두 가지 뜻이 있나니
첫 번째는 자성이 공함을 잡은 것이니,

맺어 말하기를 이와 같이 네 가지 질문을 부처님이 다 답하지 않으시
니 마땅히 알아라. 괴로움은 곧 공이다 하였다.

제 두 번째는 외도를 잡아 말한 것이니,[255]

물어 말하기를[256] 부처님께서 이 경을 설하시되 괴로움(苦)과 공空을

---

255 외도를 잡아 말한 것이라고 한 것은 외도를 깨뜨림을 잡아 말한 것이다.

256 원문에 問은 혹 論 자가 아닌지. 영인본 화엄 6책, p.421, 4행에 차파타작론운次
破他作論云 이하의 뜻을 기준한다면 論 자인 듯하다.

물어 말하기를 운운한 것은 본론을 기준한다면 여기로 좇아 사행四行(네
줄 뒤 자작야自作耶)에 이르기까지는 다 삿된 소견인 까닭으로 부처님이 답하지
아니한 것은 다 이것은 묻는 말이요, 이에 맺어 말하기를 이런 까닭으로
이 경이 다만 네 가지 삿된 소견만 깨뜨릴 뿐 괴로움이 공이 된다고 말하지
않았다 하였다. 그다음에 바야흐로 답한 문장이 있나니, 그 문장에 말하기를
부처님이 비록 이와 같이 수많은 인연을 좇아 괴로움이 생기한다 말함이라
하여 네 가지 삿된 소견을 깨뜨리지만 곧 이것은 공의 뜻을 말한 것이니
무슨 까닭인가. 만약 수많은 인연을 좇아 생기한다면 곧 자성이 없을 것이요,
자성이 없다면 곧 이것은 공이다. 괴로움(苦)과 공이 같아서 마땅히 유위와
무위와 그리고 일체중생의 법이 다 공이라 하였으니, 대개 이 물음은 위에
괴로움과 공을 밟아 생기한 것이니, 그 뜻에 말하기를 부처님이 이 네 가지

설하지 않고 가히 제도할 중생을 따라 이 말을 짓는다 하시니, 이 나형 가섭이 말하기를 사람이 괴로운 것은 아我[257]가 있음을 원인한 것입니다. 좋고 추한 것이 다 신神이 만드는 바라 말하지만 신神은 항상 청정하여 고뇌가 없습니다. 소지所知와 소해所解에 다 이 신神이[258] 좋고 추하고 괴롭고 즐거움을 만들어 도리어 가지가지 몸을 받습니다 하여 이 사견을 쓴 까닭으로 부처님께 묻기를 괴로움은 자작입니까 하기에, 이런 까닭으로 부처님이 답하지 아니하시니 괴로움은 진실로 아我가 만드는 것이 아니다.

만약 아가 이 괴로움의 원인이라, 아를 인하여 괴로움이 생기한다고 한다면 아가 곧 무상한 것이니 무슨 까닭인가.

만약 아[259]가 이 원인이며 그리고 원인을 좇아 아[260]가 생기한다면

샷된 소견에 다 묵연默然(답하지 아니한 것)한 것은 이것은 가히 제도할 중생을 따라 이 말을 지은 것이니, 곧 다만 그 네 가지 샷된 소견만 깨뜨릴 뿐이 괴로움(苦)과 공을 말한 것이 아니다. 답한 뜻은 곧 비록 이 샷된 소견을 깨뜨리는 것이나 곧 이것은 공을 말한 것이니, 지금에 이 소가의 뜻은 우선 샷된 소견을 깨뜨리기를 요망할 뿐 괴로움과 공을 말하는 것이 아닌 까닭으로 다만 그 물음만 인용하고 그 답은 인용하지 아니한 것이다. 그러한즉 이 인용문 가운데 오히려 묻고 답한 것이 있는 것은 이것은 이 묻는 사람이 스스로 묻는 바에 답한 것이라 하겠다. 역시 『잡화기』의 말이다.

257 我는 神이다.

258 신神 자와 작作 자 사이에 본론에는 다시 신神 자가 있다고 『잡화기』는 말한다.

259 法 자는 我 자의 오자誤字이다.

260 法 자는 역시 我 자의 오자이다. 아래 약아무상若我無常이라는 말이 그 증거이다. *혹은 아래에 법法 자 즉 生法의 法 자를 연衍 자로 보기도 한다.

다 또한 무상한 것이다.

만약 아가 무상하다고 한다면 곧 죄와 복의 과보가 다 단멸할 것이며 범행을 닦은 복의 과보도 또한 응당 공할 것이다.

만약 아가 이 괴로움의[261] 원인이라고 한다면 곧 해탈이 없을 것이니 무슨 까닭인가.

아가 만약 괴로움을 만든다면 괴로움을 떠남에 아가 없어야 할 것이니 능히 괴로움을 만드는 이가 몸이 없는 까닭이다.

만약 몸이 없는 것으로[262] 능히 괴로움을 만드는 이라고 한다면 해탈을 얻은 이도 또한 응당 괴로워야 할 것이니, 이와 같다면 곧 해탈이 없어야 할 것이지만 진실로 해탈이 있나니 이런 까닭으로 괴로움이 자작이라고 하는 것이 옳지 않다 하였다.

해석하여 말하면 이것은 아가 자작한다는 것을 깨뜨리는 것이다.

---

[261] 만약 아가 이 괴로움 운운한 것은 해탈은 이 즐거움이 괴로움을 벗어나 이루어지는 바이거늘, 이미 아가 괴로움의 원인이라고 한다면 곧 이것은 괴로움으로 더불어 떠나지 않는 것이다. 만약 저 괴로움을 떠난다면 이 나의 몸이 없을 것이니 누가 이 해탈을 얻을 사람이겠는가. 역시 『잡화기』의 말이다.

[262] 만약 몸이 없는 것으로 운운한 것은 전전히 해석한 것이니, 어떤 사람이 계교하여 말하기를 비록 저 몸이 없을지라도 능히 괴로움을 만든다면 곧 이것은 아가 따로 자체가 있는 까닭이다. 비록 괴로움의 원인이 되지만 또한 해탈을 얻을 수 있다 하기에, 그런 까닭으로 깨뜨려 말하기를 만약 그렇다면 비록 해탈이라는 이름을 얻었을지라도 또한 응당 이것은 괴로움이니, 무엇 때문인가. 저 아가 이미 이 괴로움을 만든 사람인 까닭이다. 역시 『잡화기』의 말이다.

그런 까닭으로 소문에 말하기를 자성 등이라 하였으니 아를 등취한
까닭이다.

次는 破他作이니 論云호대 他作苦亦不然이니 離苦何有人이 而能作
苦與他리요 復次若他作苦者인댄 則爲是自在天作이니 如此邪見問
故로 佛亦不答하시니라 而實不從自在天作이니 何以故요 性相違故
니라 如牛子還生牛인달하야 若萬物이 從自在天生인댄 皆應似自在
天이리니 是其子故니라 復次若自在天이 作衆生者인댄 不應以苦與
子리니 是故로 不應言自在天作이라하야 問曰衆生이 從自在天生이
며 苦樂亦自在天生이나 以不識樂因일새 故與其苦닛가할새 答曰若
衆生이 是自在天子者인댄 唯應以樂遮苦하고 不應與苦며 亦應但供
養自在天인댄 則減苦得樂이어늘 而實不爾하니 但自行苦樂因緣으
로 而自受報언정 非自在天作이니라 復次彼若自在者인댄 不復有所
須리니 有所須인댄 自作을 不名自在리라 若無所須인댄 何用變化하
야 作萬物을 如小兒戲리요 復次若自在가 作衆生者인댄 誰復作自在
리요 若自在自作인댄 則不然이니 如物不能自作하며 若更有作者인
댄 不名自在라하야 下廣有破는 具如彼論하니라 乃至云호대 若自在
作苦樂等事인댄 而自成壞世間法等이라하니라 又自在亦從他作인
댄 則無窮이니 無窮則無因일새 故非自在니라 已破共作이니 有上二
過故라 假因和合일새 故非無因이니 四皆邪見일새 故佛不答하시니라
破梵天等도 例同自在이니 約人雖異나 他作義同하니라

다음에는 타작이라고 한 것을 깨뜨리는 것이니,

논에 말하기를 다른 사람이 괴로움을 만든다고 하는 것도 또한 옳지 않나니, 괴로움을 떠남에 어떤 사람이 능히 괴로움을 만들어 다른 사람에게 주겠는가.

다시 만약 다른 사람이 괴로움을 만든다고 한다면 곧 이것은 자재천이 만드는 것이 되나니, 이와 같은 사견으로 물은 까닭으로 부처님께서 또한 답하지 아니하셨다.

그러나 진실로 자재천을 좇아 만들어진 것이 아니니 무슨 까닭인가. 자성(性)이 서로 어기는 까닭이다.[263]

마치 소가 도리어 소를 낳는 것과 같아서, 만약 만물이 자재천을 좇아 생기하였다고 한다면 다 응당 자재천과 같아야 할 것이니 이 만물이 그 자재천의 자식인 까닭이다.

다시 만약 자재천이 중생을 만든다고 한다면 응당 괴로움을 자식에게 주지 않아야 할 것이니, 이런 까닭으로 응당 자재천이 만든다고 말하지 말아야 할 것이다 하여 부처님께 물어 말하기를 중생이 자재천을 좇아 생기하며 괴로움과 즐거움도 또한 자재천을 좇아 생기하지만 즐거움의 원인을 알지 못하기에 그런 까닭으로 그 괴로움을 주는 것입니까 하기에, 부처님께서 답하여 말씀하시기를 만약 중생이 이 자재천의 자식이라고 한다면 오직 응당 즐거움만으로써 괴로움을 막고 응당 괴로움은 주지 말아야 할 것이며, 또한 응당 다만 자재천에만 공양한다면 곧 괴로움은 제멸하고 즐거움은 얻어야

---

263 원문에 성상위고性相違故는 자성自性이 서로 어긴다는 뜻이지 性·相이 어긴다는 뜻이 아니다. 『잡화기』는 이것은 세간 사람이 저 하늘로 더불어 종성이 서로 어긴다 하였다.

하거늘 그러나 진실로 그렇지 못하나니, 다만 스스로 괴로움과 즐거움을 행하는 인연으로 스스로 과보를 받을지언정[264] 자재천이 만드는 것이 아니다.

다시 저것이 만약 자재천이라고 한다면[265] 다시 수구하는 바가 있지 않아야 할 것이니, 수구하는 바가 있다고 한다면 자작을 자재천이라고 이름할 수 없을 것이다.

만약 수구하는 바가 없다고 한다면 어찌 변화를 써서 만물을 만들기를 마치 어린아이가 희롱하는 것과 같이 하겠는가.

다시 만약 자재천이 중생을 만든다고 한다면 누가 다시 자재천을 만드는가.

만약 자재천이 스스로 만든다고 한다면 곧 옳지 않는 것이니, 마치 만물이 능히 스스로 만들 수 없는 것과 같으며, 만약 다시 스스로 만드는 사람이 있다고 한다면 자재천이라고 이름할 수 없다 하여 아래에 널리 깨뜨린 것이 있는 것은 저 논에 갖추어 설한 것과 같다.

---

264 원문에 수보受報는 고락苦樂의 과보果報를 받는다는 뜻이다. 즉 지금에 중생衆生들이 천만번 자재천自在天에 공양供養할지라도 괴로움을 멸滅하고 즐거움을 얻을 수 없고, 스스로 고락苦樂을 행함에 따라 받는 것이다.

265 다시 저것이 만약 자재천이라고 한다면 운운한 것은 저가 계교하여 말하기를 이미 이 자재천이라고 하였다면 곧 어느 곳인들 만들지 못하겠는가 하기에 이런 까닭으로 또한 능히 괴로움을 만들며 또한 능히 악을 만든다 하기에, 곧 깨뜨려 말하기를 수구하는 바가 있는 까닭으로 자재천이라 할 수 없나니 변화를 쓰는 것은 이것은 수구하는 바가 있다는 것이다. 역시 『잡화기』의 말이다.

내지 말하기를 만약 자재천이 괴로움과²⁶⁶ 즐거움 등의 일을 만든다고
한다면 스스로 세간의 법을 이루고²⁶⁷ 무너뜨린다는 등이다 하였다.
또 자재천이²⁶⁸ 역시 타작을 좇아 생기한다고 한다면 곧 다함이
없을 것이니, 다함이 없다고 한 것은 곧 원인이 없는 것이기에
그런 까닭으로 자재천이 만드는 것이 아니다.

이후²⁶⁹에는 공작共作을 깨뜨리는 것이니
위에 두 가지 허물²⁷⁰이 있는 까닭이다.

---

266 만약 자재천이 괴로움 운운한 것은 저 논에 갖추어 말하기를 다시 자재천이
　　만든다고 한다면 선과 악과 괴롭고 즐거운 일이 만들지 않아도 자연스레
　　올 것이니, 이와 같다면 세간의 법을 무너뜨리는 것이다. 계를 가지고 범행을
　　닦는 것이 다 이익이 없다 하지만 그러나 진실로 그렇지가 않나니, 이런
　　까닭으로 자재천이 만드는 것이 아니다 하였으니, 이 가운데 성成 자는
　　내來 자의 잘못이다. 역시 『잡화기』의 말이다.

267 원문에 自成의 成 자는 來 자로 보기도 한다. 즉 '스스로 와서'라고 번역한다는
　　것이다.

268 또 자재천이 운운한 것은 저 논에 갖추어 말하기를 만약 인연 없이 자재천이
　　만든다고 한다면 일체중생도 또한 응당 자재천이 만들어야 할 것이지만
　　그러나 진실로 그렇지가 않는 것이다. 만약 자재천이 타작을 좇아 얻는다면
　　곧 타작이 다시 타작을 좇는 것이다. 이와 같다면 곧 다함이 없는 것이요
　　다함이 없다면 곧 원인이 없는 것이니, 이와 같다면 곧 인연이다. 마땅히
　　만물이 자재천이 만드는 것이 아닌 줄 알아야 할 것이다. 역시 『잡화기』의
　　말이다.

269 已 자는, 원본原本에는 次 자이다.

270 원문에 이과二過는 자작自作과 타작他作이다.

거짓 인연으로 화합하기에 그런 까닭으로 무인작도 아니니,
사구四句가 다 사견이기에 그런 까닭으로 부처님께서 답하지 아니하
셨다.

범천 등을 깨뜨린 것도[271] 그 예가 자재천을 깨뜨린 것과 같나니
사람을 잡은 것은[272] 비록 다르지만 타작의 뜻은 같다.

然此方妄計도 亦自西天相傳之說이라 案三王曆云인댄 天地渾沌에
盤古生其中하야 一日九變하야 神於天하고 聖於地하니 天日高一丈
하며 地日厚一丈하며 盤古亦長一丈하야 如此萬八千年然後에 天地
開闢하니 盤古는 龍身人首라 首極東하고 足極西하며 左手極南하고
右手極北하며 開目成晝하고 合目成夜하며 呼爲暑하고 吸爲寒하며
吹氣成風雲하고 吒聲爲雷霆이라 盤古死에 頭爲甲하고 喉爲乙하며
肩爲丙하고 心爲丁하며 膽爲戊하고 脾爲已하며 脅爲庚하고 肺爲辛
하며 腎爲壬하고 足爲癸하며 目爲日月하고 髭爲星辰하며 眉爲斗樞
하고 九竅爲九州하며 乳爲崑崙하고 膝爲南嶽하며 股爲太山하고 尻
爲魚鼈하며 手爲飛鳥하고 爪爲龜龍하며 骨爲金銀하고 髮爲草木하
며 毫毛爲梟鴨하고 齒爲玉石하며 汗爲雨水하고 大腸爲江海하며 小
腸爲淮泗하고 膀胱爲百川하며 面輪爲洞庭이라하며 韋昭同記曰호

---

271 범천 등을 깨뜨린다 운운한 것은 이 위에는 다 저 논문이고, 이 초문은
   범천으로써 저 자재천에 비례한 것이다. 역시 『잡화기』의 말이다.
272 원문에 약인約人 운운한 것은, 범천梵天이 만들고 자재천自在天이 만든다는
   것은 다 타작他作이라는 것이다.

대 世俗相傳호대 爲盤古가 一日七十化하야 覆爲天하고 偃爲地라하
니 八萬歲乃死라하니라 然盤古事跡은 近爲虛妄이라 旣無史籍인댄
難可依憑이니 但是古來에 相傳虛妄耳니라 斷曰호대 誠如所言인댄
亦依稀西域梵天과 韋紐等하니 今旣破邪일새 敘之無失이라

그러나 차방(중국)에서[273] 허망하게 계교하는 것도 또한 서천(인도)
에서 상전相傳하는 말로부터 시작한 것이다.

삼왕三王의 역사를 안찰하여 말한다면 천지가 혼돈混沌한 때에 반고
盤古가 그 가운데 태어나 하루에 아홉 번 변화하여 하늘에는 신神으로
하고 땅에는 성인으로 하니, 하늘이 날로 일장一丈씩 높아지며 땅이
날로 일장씩 두터워지며 반고도 또한 일장씩 커져서 이와 같이
만 팔천 세가 지난 연후에 천지가 개벽하니, 반고는 몸은 용이고
머리는 사람이다.

머리는 동東에서 다하고 다리는 서西에서 다하며,

왼손은 남에서 다하고 오른손은 북에서 다하며,

눈을 뜸에 낮을 이루고 눈을 감음에 밤을 이루며,

숨을 내쉼에 더위가 되고 숨을 들이쉼에 추위가 되며,

입으로 부는 기운은 바람과 구름을 이루고 입맛을 다시는[274] 소리는

---

273 그러나 차방(중국)에서 운운한 것은 말하자면 저 서역 지방에 이미 이와
    같은 등의 허망하게 계교하는 것이 있은 까닭으로 차방此方에도 저 서역
    지방과 같이 있는 것이니, 말한 바 반고씨의 전설이다. 역시 『잡화기』의
    말이다.

274 吒는 '입맛 다실 타' 자이다.

천둥[275]이 된다.

반고가 죽음에 머리는 갑甲이 되고 목구멍은 을乙이 되며

어깨는 병丙이 되고 심장은 정丁이 되며

간은 무戊가 되고 비장은 기己가 되며

겨드랑이[276]는 경庚이 되고 폐는 신辛이 되며

콩팥은 임壬이 되고 발은 계癸가 되며

눈은 일日·월月이 되고 코밑의 수염[277]은 성신星辰이 되며

눈썹은 북두칠성[278]이 되고 아홉 구멍은 구주九州가 되며

젖은 곤륜이 되고 무릎은 남악이 되며

넓적다리는 태산이 되고 꽁무니[279]는 물고기와 자라가 되며

손은 나는 새가 되고 손톱은 거북이와 용이 되며

뼈는 금과 은이 되고 머리카락은 초목이 되며

가는 털은 오리가 되고 치아는 옥석이 되며

땀은 비가 되고 대장은 강과 바다가 되며

소장은 회수淮水[280]와 사수泗水[281]가 되고 방광[282]은 백천百川이 되며

---

275 霆은 '천둥소리 정' 자이다.

276 脇은 '겨드랑이 협' 자이다.

277 髭는 '윗수염 자' 자이다.

278 斗樞는 북두칠성北斗七星이니 樞는 '별이름 추' 자이다.

279 屍 자는 尻 자가 옳다. 尻는 '꽁무니 구(고)' 자이다.

280 회수淮水는 하남성河南省 동백산桐柏山에서 시작하여 안휘성安徽省을 지나 황화강黃河江으로 들어가는 물이다.

281 사수泗水는 산동성山東省에서 시작하여 강소성江蘇省을 지나 회수淮水로 들어가는 물이다.

얼굴은 동정호洞庭湖²⁸³가 된다 하였으며

위소韋昭²⁸⁴의 『동기同記』에 말하기를 세속에 상전相傳하기를 반고가 하루에 칠십 번을 변화하여 뒤집어 하늘을 만들고 눕히어 땅을 만든다 하였으니 팔만 세에 이에 죽는다 하였다.

그러나 반고의 사적事跡은 허망²⁸⁵함에 가깝다.

이미 사적史籍이 없다면 가히 의지하기 어렵나니, 다만 이것은 고래에 상전하는 허망일 뿐이다.

결단하여 말하기를 진실로 말한 바와 같다면 또한 서역의 범천과 위유갈마천²⁸⁶ 등²⁸⁷과 비슷²⁸⁸하나니, 지금에 이미 사견을 깨뜨렸기에 그것을 서술하는 것이 허물이 없는 것이다.

疏

二는 約小乘이니 非同類因自作이며 亦非異熟因他作이니 以皆相

---

282 腸은 초문鈔文에 膀이니 '오줌통 방' 자이다.

283 동정호洞庭湖는 호남성湖南省 안에 있다. 또 강소성江蘇省의 태호太湖를 동정호라고도 한다.

284 위소韋昭는 사람 이름이다.

285 원문에 궤망詭亡은 허망虛妄의 뜻이다. 詭는 '괴이할 궤' 자이다.

286 위유갈마천은, 『중론中論』에 말하기를 어떤 사람은 만물萬物이 다 범천梵天을 좇아 생기한다 하고, 어떤 사람은 다 위유천으로 좇아 생기한다 하나니 운운하였다.

287 등等이란, 자재천自在天을 등취等取한 것이다.

288 원문에 의희依稀는 비슷하다는 뜻이다.

待하야 無自性故니라

두 번째는 소승을 잡은 것이니,
동류인同類因의 자작도 아니며 또한 이숙인異熟因[289]의 타작도 아니
니 다 상대相待하여 자성이 없는 까닭이다.

疏

三은 約因緣相待니 如十地論과 及對法所明이라

세 번째는 인연이 상대相待함을 잡은 것이니
『십지론』과 그리고 『대법론』에서 밝힌 바와 같다.

鈔

三에 約因緣相待者는 十地在下니라 對法云호대 自種有故로 不從他
요 待衆緣故로 非自作이며 無作用故로 不共生이요 有功能故로 非無

---

289 이숙인異熟因이라고 한 것은 이숙인은 선과 악에 통하지만 과는 오직 무기뿐이
니 곧 원인이 과보와 다른 것이다. 바로 위에 동류인이라고 한 것은 『구사
론』에 말하기를 말하자면 상사한 법(相似法)이 상사한 법으로 더불어 동류인
이 되는 것이니, 말하자면 선善의 오온(因)이 선의 오온(果)으로 더불어
전전展轉히 서로 바라보아 동류인이 되는 것이다. 염오染汚와 더불어 염오와
무기無記와 더불어 무기의 오온이 서로 바라보는 것도 또한 그러하다 하였으
니, 또 주자권珠字卷 20장, 상 6행을 볼 것이다. 역시 『잡화기』의 말이다.
동류인同類因과 이숙인異熟因은 다 육인六因의 하나이다.

因이라하니 斯則以因爲自하고 以緣爲他하야 假因遣緣하고 假緣遣
因하며 假無用以遣共하고 假有功以遣無因이니 十地更廣하리라

세 번째 인연이 상대함을 잡은 것이라고 한 것은『십지론』은 아래에
있다.
『대법론』에 말하기를 스스로의 종자가 있는 까닭으로 타작을 좇는
것도 아니고, 수많은 인연을 상대相待하는 까닭으로 자작도 아니며,
작용이 없는 까닭으로 공생共生290도 아니고, 공능이 있는 까닭으로
무인작도 아니다 하였으니,
이것은 곧 인법으로써 자작을 삼고 연법으로써 타작을 삼아 인법을
가자하여 연법을 보내고 연법을 가자하여 인법을 보내며,
작용이 없음을 가자하여 공생을 보내고 공능이 있음을 가장하여
무인작을 보내는 것이니,
십지에서 다시 폭넓게 설하겠다.

疏

四는 約以因望果니 中論云호대 自作及他作과 共作無因作으로
如是說諸苦나 於果則不然이라하니 此自他言은 含於二意라 一은
以果爲自하고 以因爲他니 論云호대 果法이 不能自作已體故라하
니라 二는 以因爲自하고 以緣爲他니 此明不從因緣하야 無果待對

故라 離旣不成인댄 合亦不成故니 論云若彼此共成인댄 應有共
作苦어니와 彼此尙無作거니 何況無因作이리요하니 彼此는 卽自
他也니라

네 번째는 인법으로써 과법을 바라봄을 잡은 것이니,
『중론』[291]에 말하기를
자작과 그리고 타작과[292]
공작과 무인작으로
이와 같이 모든 괴로움을 설하지만
저 과법에는 곧 옳지 않다 하였으니
여기에 자작 타작이라는 말은 두 가지 뜻을 포함하고 있다.
첫 번째는 과법으로써 자작을 삼고 인법으로써 타작을 삼는 것이니,
『중론』에 말하기를 과법이[293] 능히 스스로 자기의 몸을 만들지 못하는
까닭이다 하였다.
두 번째는 인법으로써 자작을 삼고 연법으로써 타작을 삼는 것이니,

---

291 『중론中論』은 제십이第十二, 관고품觀苦品 제일송第一頌이다.
292 자작과 그리고 타작 운운한 것은 저 『중론』에 해석하여 말하기를 어떤
사람은 고뇌가 자작이라 말하며 혹은 타작이라 말하며 혹은 무인작이라
말하나 저 과법에는 다 옳지 않나니, 저 과법에는 옳지 않다고 한 것은
중생과 더불어 수많은 인연의 고뇌를 이루기에 고뇌를 싫어하고 적멸을
구하는 것이다. 고뇌가 진실한 인연인 줄 알지 못하고 자작·타작 등 네
가지 잘못된 계교가 있기에 이런 까닭으로 저 과법에는 옳지 않다고 말한
것이다 하였다. 역시 『잡화기』의 말이다.
293 과법 운운은 자작自作이라는 말을 깨뜨리는(破) 것이다.

이것은 인연의 법을 좇지 아니하여[294] 과법에는 대대待對가 없음을 밝힌 까닭이다.

떠나는 것이 이미 이루어지지 않는다면 합하는 것도 또한 이루어지지 않는 까닭이니,

『중론』에 말하기를

만약 저것과 이것이 함께[295] 이루어진다면

응당 공작의 괴로움이 있을 것이어니와

저것과 이것[296]도 오히려 만들 수 없거니

어찌 하물며 원인 없이 만들 수 있겠는가 하였으니,

저것과 이것이라고 한 것은 곧 자自와 타他이다.

---

294 이것은 인연의 법을 좇지 않는다 운운한 것은 그 뜻에 말하기를 괴로움의 과보가 다 공이다 가히 더불어 상대待가 없는 까닭으로 인연을 좇지 않는 것이다. 그러나 이것은 지금에 경의 뜻을 따른 것이어니와, 만약 저『중론』인 즉 네 가지 잘못된 계교를 깨뜨려 바야흐로 인연으로 생기함을 분별한 것이다. 저『중론』에 말하기를 만약 그대가 네 가지로 계교한다면 곧 인법이 과법과 다르고 인법이 비인非因과 같아서 자작과 타작이 함께 인연을 좇아 생기하지 않거니, 어떻게 과법이 인법을 상대하여 인연으로 생기함을 얻겠는 가. 그런 까닭으로 말하기를 저 과법에는 옳지 않다 하였다. 지금에는 곧 위에 반경半經은 또한 자성이 공함을 나타내고, 아래 반경에 이르러서 바야흐로 인연으로 생기함을 분별하였으니, 초문 가운데 말한 바 뜻을 취하여 인용한다(영인본 화엄 6책, p.429, 8행) 한 것이 이것이다. 역시『잡화기』의 말이다.

295 共 자는 『중론中論』에는 苦 자이다.

296 원문에 彼此는 『중론中論』에는 此彼로 되어 있다.

鈔

四에 約以因望果者는 初標也니 卽約無相宗說이라 中論云下는 次引
論正釋이니 卽破苦品이라 初引一偈는 卽初總標偈니 明四句不作이
라 彼此自他下는 三에 疏釋이니 初는 以果爲自니 引論果法이 不能自
作己體는 卽靑目이 釋因緣品中에 不自生義니라 其以因爲自하고 以
緣爲他는 雖同雜集이나 雜集은 卽因緣相奪거니와 此卽當句하야 以
辨緣生이라 無果對待는 正釋偈中에 於果則不然也니라 然疏取意하
야 釋初二句어니와 若論偈中인댄 各一偈破니 初破自作云호대 苦若
自作者인댄 則不從緣生이어니와 因有此陰故로 而有彼陰生이랄하니
라 釋曰上半은 縱其自作하고 不從緣이요 下半은 示其因緣하야 明非
自作이라 次破他作云호대 若謂此五陰이 異彼五陰者인댄 如是則應
言호대 從他而作苦라하니라 釋曰此但反顯不他作이니 以今此陰이
必不異後일새 故不他作이라 必若令異인댄 因則異果하고 因同非因
하야 自作他作이 俱不從緣거니 如何得果가 以待於因이리요 故不可
也니라 離旣不成下는 疏에 生起第三四句요 後는 引論하야 正釋不共
句니 但躡前縱破요 擧況은 釋第四句라 故上論云호대 有因尙不放거
든 無因何得成이리요하니라

네 번째 인법으로써 과법을 바라봄을 잡는다고 한 것은 처음에
표한 것이니,
곧 무상종의 말을 잡은 것이다.
『중론』에 말하였다고 한 아래는 다음에 『중론』을 인용하여 바로

해석한 것이니

곧 파고품破苦品[297]이다.

처음에 인용한 한 게송은 곧 처음에 한꺼번에 표한 게송이니

사구로 작위할 수 없음을 밝힌 것이다.

저것과 이것이라고[298] 한 것은 곧 자와 타라고 한 아래는 세 번째

소가가 해석한 것이니

처음에는 과법으로써 자작을 삼은 것이니,

『중론』에 과법이 능히 스스로 자기의 몸을 만들지 못한다고 한

것을 인용한 것은 곧 청목법사가 인연품 가운데 모든 법은 스스로

생기한 것도 아니라는 뜻을 해석[299]한 것이다.

그 인법으로써 자작을 삼고 연법으로써 타작을 삼는다고 한 것은

비록 『잡집론』과 같지만, 『잡집론』은 곧 인과 연을 서로 빼앗거니

와[300] 여기서는 당구當句에 즉하여[301] 인연으로 생기함을 분별한 것

---

297 파고품破苦品이란, 곧 관고품觀苦品이니, 내용이 고苦를 파괴하는 것으로
　　이루어져 있다.

298 원문에 차자타此自他는 彼此自他니 彼 자가 빠졌다. 소문疏文에 此自他言이란
　　말이 아니고 彼此卽自他라 한 말이다.

299 원문에 청목석인연품靑目釋因緣品이란, 제일第一 관인연품觀因緣品의 제삼
　　第三 게송偈頌에서 말한 諸法不自性 亦不從他生 不共不無因 是故知無生을
　　말하고 있다. 영인본 화엄 6책, p.383, 7행에 이미 인용한 바 있다.

300 원문에 잡집즉인과상탈雜集卽因果相奪이란, 上鈔文에 『대법론對法論』을 인용
　　하여 假因遣緣하고 假緣遣因 운운한 것이다. 『대법론對法論』은 『잡집론雜集

이다.[302]

과법에는 대대가 없다고 한 것은 게송 가운데 과법에는 곧 옳지
않다는 것을 바로 해석한 것이다.

그러나 소문에는 뜻을 취하여 처음에 두 구절[303]을 해석하였거니와
만약 논의 게송 가운데라고 한다면 각각 한 게송으로써 깨뜨렸으니,
처음에는 자작을 깨뜨려[304] 말하기를

괴로움이 만약 자작이라고 한다면
곧 인연을 좇아 생기한 것이 아니거니와,
이 오음이 있음을 인유한 까닭으로
저 오음이 생기함이 있다 하였다.

해석하여 말하면 위에 반 게송[305]은 그 자작을 좇고[306] 인연을 좇지

論』의 이명異名이다.

301 여기서는 당구當句에 즉하여라고 한 등은 말하자면 자작이 아니라 이것은
    인연으로 좇아 생기한 것이요, 또한 타작이 아니라 이것은 인연으로 좇아
    생기한 것이라 한 등이다. 역시 『잡화기』의 말이다.

302 원문에 차즉당구此卽當句하야 이변연생以辨緣生이란, 자작自作과 타작他作의
    당구當句에 오음五陰의 연생緣生을 분별하여 그 自種의 作과 他衆緣의 作을
    破한 것이다. 弁은 辨 자가 옳다.

303 원문에 初二句란, 자작自作과 타작他作이다.

304 처음에는 자작을 깨뜨린다 한 그 자작은 『중론』에 해석하여 말하기를 자작이
    라 한 이름은 자성을 좇아 생기한 것이다 하였다. 역시 『잡화기』의 말이다.

305 원문에 上半이란, 苦若自作者인댄 卽不從緣生이라 한 것이다.

306 원문에 종기縱其의 縱 자는 從 자와 같다.

않는 것이요

아래 반 게송은 그 인연을 보여 자작이 아님을 밝힌 것이다.

다음에는 타작을 깨뜨려[307] 말하기를

만약 말하자면 이 오음이

저 오음과 다르다고 한다면

이와 같이 곧 응당 말하기를

다른 사람을 좇아 괴로움을 만든다고 해야 할 것이다 하였다.

해석하여 말하면 이것은 다만 타작이 아님을 반대로 나타낸 것이니,

지금에 이 오음이 반드시 뒤에 오음과 다르지 않기에 그런 까닭으로

타작이 아니다.

반드시 만약[308] 하여금 다르게 한다면 인법이 곧 과법과 다르고

인법이 비인非因과 같아서 자작과 타작이 함께 인연을 좇지 않거니[309]

어떻게 과법이 인법을 상대相待함을 얻겠는가. 그런 까닭으로 옳지

---

307 다음에는 타작을 깨뜨린다 운운한 것은 저 『중론』 다음 앞에 어떤 사람이
   묻기를, 만약 이 오음이 저 오음을 만든다고 말한다면 곧 이것은 타작이다
   하기에 그런 까닭으로 여기에서 그것을 깨뜨리는 것이다. 역시 『잡화기』의
   말이다.

308 반드시 만약 운운한 것은, 저 어떤 사람은 저 『중론』에 게송의 뜻을 해석한
   것이고 이 소문 가운데 과법에는 대대가 없다는 등의 말을 해석한 것은
   아니거니와, 여기서는 곧 과법이 인법을 상대함을 얻는 것으로써 인연으로
   생기한다는 것을 밝히는 까닭이다. 자작, 타작 운운한 것은 지금에 두 게송을
   해석한 것인 줄 가히 알 것이다. 역시 『잡화기』의 말이다.

309 원문에 구부종연俱不從緣이라고 한 것은 쌍결雙結이다.

않는 것이다.

떠나는 것이 이미 이루어지지 않는다면이라고 한 아래는 소문에
제삼구와 제사구를 생기하는 것이요
뒤[310]에는 『중론』을 인용하여 공작구共作句도 아님을 바로 해석한
것이니, 다만 앞에 말을 밟아 종縱으로 깨뜨린 것이요
거론하여 비황[311]한 것은 제사구[312]를 해석한 것이다.
그런 까닭으로 상론上論[313]에 말하기를 유인有因도 오히려 놓지 못하
거든 무인無因이 어찌 성립함을 얻겠는가 하였다.

疏

下半二意니 一은 不礙緣成으로 以遣無因이요 二는 非但不礙幻有
라 亦由有空義故로 能成因果니 是則不動眞際하고 建立諸法이라
又非但說於苦에 四種義不成이라 一切外萬物에도 四義皆不成이
라 成壞之言은 顯兼器界라

---

310 뒤란, 논운약피차論云若彼此 이하이다.

311 원문에 거황擧況이란, 하황무인작何況無因作이다.

312 제사구第四句는 무인작無因作이다.

313 상론上論은, 소문疏文에 論云 若彼此 운운은 『중론中論』의 게송게송偈頌이고
   그 위에는 장행문長行文의 말이다. 즉 彼論엔 유인상가파有因尙可破어든
   하황무인何況無因 운운하였다. 또 소문疏文에 『중론中論』을 뜻으로 인용한
   것으로도 볼 수 있다. 여기 인용한 것과는 글자가 조금 다르다.

아래 반 게송[314]은 두 가지 뜻이 있나니

첫 번째는 인연으로 이루어짐에 걸리지 않는 것으로써 무인작을 보내는[315] 것이요

두 번째는 다만 환으로 있음에 걸리지 아니할 뿐만 아니라 또한 공의 뜻이 있음을 인유한 까닭으로 능히 인과를 이루는 것이니, 이것은 곧 진제眞際에서 움직이지 않고 모든 법을 건립하는 것이다. 또 다만 괴로움(苦)에 네 가지 뜻[316]을 설한 것만이 이루어지지 아니할 뿐만 아니라 일체 밖의 만물에도 네 가지 뜻이 다 이루어지지 않는 것이다.

이루어지고 무너진다고 말한 것은 기세계까지 겸한 것을 나타낸 것이다.

鈔

下半二意者는 卽經에 而其得有成이며 亦復得有壞라하니라 前意는 則上半性空이 不礙下半緣成이니 卽事理無礙義요 後意는 由上性空하야 成於下半이니 卽以有空義故로 一切法得成이니 則是事理相成門이라 又非但說於苦下는 卽是中論에 結例之言이라 成壞之言者

---

314 원문에 下半이란, 이기득유성而其得有成 운운한 것이다.

315 遣는 遣 자의 잘못이다.

316 원문에 고사종의苦四種義란, 苦是自作耶아 他作耶아 自他作耶아 無用作耶아 한 것이다.

는 中論엔 正約正報어니와 今經엔 意在雙含耳라

아래 반 게송은 두 가지 뜻이 있다고 한 것은 곧 경에 그러나 그 세간은 이루어짐이 있음을 얻으며 또한 다시 무너짐이 있음을 얻는 것이다 하였다.

앞에 뜻은 곧 위에 반 게송에 자성이 공한 것이 아래 반 게송에 인연으로 이루어짐에 걸리지 않는 것이니 곧 사리무애[317]의 뜻이요 뒤에 뜻은 위에 반 게송에 자성이 공함을 인유하여 아래 반 게송을 성립한 것이니, 곧 공의 뜻이 있는 까닭으로 일체법이 이루어짐을 얻는 것이니 곧 이것은 사리상성事理相成의 문이다.

또 다만 괴로움의 네 가지 뜻을 설한 것만이 이루어지지 아니할 뿐만 아니라고 한 아래는 곧 이것은 『중론』에 예를 맺는 말이다.

이루어지고 무너진다고 말한 것이라고 한 것은 『중론』에는 바로 정보만을 잡았거니와 지금 경에는 그 뜻이 함께 포함함[318]에 있는 것이다.

疏

後偈는 緣成卽無作者는 向約幻有하야 雖言成壞나 幻有卽空일새

---

317 閡는 대만본엔 碍 자이다. 上에 不閡의 閡 자도 마찬가지다.
318 원문에 쌍함雙含이란, 정보正報와 의보依報를 함께 포함한다는 뜻이다.

故不應說이니 是則不壞假名하고 而說實相이라

뒤에 게송은 인연으로 이루어진 것은 곧 조작이 없다[319]고 한 것은
향래에는 환상으로 있음을 잡아서 비록 이루어지고 무너짐을 말하였
지만 환상으로 있는 것은 곧 공이기에 그런 까닭으로 응당 설하지
말아야 할 것이니,
이것은 가명假名을 무너뜨리지 않고 실상을 설한 것이다.

經

云何爲世間이며 云何非世間고
世間非世間은　但是名差別이니다

三世五蘊法은　說名爲世間이요
彼滅非世間이니 如是但假名이니다

云何說諸蘊이며 諸蘊有何性고
蘊性不可滅일새 是故說無生이니다

分別此諸蘊인댄 其性本空寂하며
空故不可滅이니 此是無生義니이다

衆生旣如是인댄 諸佛亦復然하나니
佛及諸佛法은　自性無所有니이다

어떤 것을 세간이라 하며
어떤 것을 세간이 아니라 합니까.
세간이라 하고 세간이 아니라 하는 것은
다만 이 이름만 차별할 뿐입니다.

삼세에 오온법은
이름을 세간이라 하고

저 오온이 사라진 것은 세간이 아니라 말하는 것이니
이와 같이 다만 거짓으로 이름하였을 뿐입니다.

어떤 것을 오온이라 말하며
오온은 무슨 성품이 있습니까.
오온의 자체성은 가히 사라지지 않기에
이런 까닭으로 생기한 적이 없다 말하는 것입니다.

이 오온을 분별한다면
그 자체성이 본래 공적하며
공적한 까닭으로 가히 사라지지 않나니
이것이 이 생기함이 없는 뜻입니다.

중생이 이미 이와 같다면
모든 부처님도 또한 다시 그러하나니
부처님과 그리고 모든 부처님의 법은
자성이 있는 바가 없습니다.

疏

第二에 五頌은 雙遣中에 初半偈는 假徵이요 次半은 標答이라 次偈
는 出體釋成이니 蘊是世間이요 緣成寂滅은 卽出世間이라 故淨名
經云호대 世間性空이 卽是出世間이라하니 一體說二일새 故云假

名이라하니라

제 두 번째 다섯 게송은 함께 보내는 가운데
처음에 반 게송은 물음을 가자한 것이요
다음에 반 게송은 답을 표한 것이다.
다음 게송은 자체를 설출하여 해석하여 성립한 것이니
오온은 이 세간이요
인연으로 이루어진[320] 것이 적멸한 것은 곧 출세간이다.
그런 까닭으로『정명경』에 말하기를 세간의 자성이 공한 것이 곧
출세간이다 하였으니,
한 자체에 두 가지를 설하기에[321] 그런 까닭으로 거짓으로 이름한다
하였다.

鈔

故淨名下는 引證이니 卽不二法門品에 第十二那羅延菩薩曰호대 世
間出世間이 爲二나 世間性空이 卽是出世間이니 而於其中에 不入不
出하며 不溢不散이 是爲入不二法門이라하니 是也니라 又思益第一
云호대 五陰是世間이니 世間所依止라 依止於五陰하면 不脫於世間
이어니와 菩薩有智慧하야 知世間實性하나니 所謂五陰如하야 世間法
不染이라하며 又云호대 五陰無自性이 卽是世間性이니 若人不知是

---

320 원문에 緣成이란, 오온五蘊을 말한다.
321 원문에 說二란, 세간世間과 출세간出世間을 말한다.

하면 常住於世間이어니와 若見知五陰이 無生亦無死하면 是人行世
間이나 而不依世間이리라 凡夫不知法하야 於世起諍訟호대 是實是
不實이 但是二相中거니와 我常不與世로 起於諍訟事하나니 世間之
實相을 悉已了知故라하니 與此大同하니라

그런 까닭으로 『정명경』이라고 한 아래는 『정명경』을 인용하여
증거한 것이니,
곧 불이법문품에 제 열두 번째 나라연보살이 말하기를 세간과 출세
간이 둘이 되지만 세간의 자성이 공한 것이 곧 출세간이니,
그 가운데 들어가지도 않고 나오지도 아니하며 차지도[322] 않고 흩지도
않는 것이 이것이 불이법문에 들어가는 것이다 하였으니 이것이다.

또 『사익범천경』 제일권에 말하기를[323]
오음이 이 세간이니
세간이 의지하는 바이다.
오음에 의지한다면
세간을 벗어날 수 없거니와

보살은 지혜가 있어서
세간의 실성을 아나니

---

322 溢은 '찰 일' 자이다.
323 원문에 사익제일思益第一 운운은 六頌이 있나니 一·三·五頌은 미자迷者의
失이고, 二·四·六頌은 오자悟者의 得이다.

말하자면 오음이 여여하여
세간의 법에 물들지 않는다 하였으며

또 말하기를
오음의 자성이 없는 것이
곧 이 세간의 자성이니
만약 사람이 이것을 알지 못한다면
항상 세간에 머물 것이어니와

만약 오음이 생기한 적도 없고
또한 죽은 적도 없는 줄 보아 안다면
이 사람은 세간에 유행하지만
세간을 의지하지 아니할 것이다.

범부는 법을 알지 못하여
세간에 다툼을 일으키되
이 진실과 진실하지 않는 것이
다만 이 두 가지 모습(二相)[324] 가운데 있다 하거니와

나는 항상 세간으로 더불어

---

324 두 가지 모습(二相)은 세간世間과 출세간出世間이다. 혹 실實과 불실不實이라
　　고도 한다.

다투는 일을 일으키지 않나니
세간의 실상을
다 이미 요달하여 아는 까닭이다 하였으니
이것으로 더불어 크게는 같은 것이다.

疏

次二句는 徵蘊名體니 世以蘊爲體어니와 蘊以何爲體고 次二句는
標答이니 上句答體요 下句答名이니 應名無生五蘊이라 旣云性不
可滅인댄 則顯前非事滅이라

다음에 두 구절[325]은 오온의 이름과 체성을 물은 것이니,
세간은 오온으로써 자체를 삼거니와 오온은 무엇으로써 자체를
삼는가.
다음에 두 구절은 답을 표한 것이니
위에 구절은 자체를 답한 것이요
아래 구절은 이름을 답한 것이니
응당 생기함이 없는 오온이라 이름해야 할 것이다.
이미 자체성이 가히 사라지지 않았다고 말하였다면 곧 앞에 사실도
사라지지 아니함을 나타낸 것이다.

---

325 次二句는 제삼게第三偈에 초이구初二句이다.

鈔

則顯前非事滅者는 然滅有二種하니 謂理及事故라 上出世間도 亦
有二種하니 一은 約事出이니 謂地前爲世間이요 登地爲出世間이니
此約事滅이라 由偈但云호대 彼滅非世間인댄 則通二釋이니 以此文
證인댄 明非事滅이라 二者는 約相名世요 約性爲出世이니 卽今文意
라 是約理滅이니 合於淨名과 思益等經이라

곧 앞에 사실도 사라지지 아니함을 나타낸 것이라고 한 것은 그러나
사라짐에 두 가지가 있나니,
말하자면 진리(理)와 그리고 사실(事)인 까닭이다.
위에 출세간도 또한 두 가지가 있나니
첫 번째는 사실을 잡아 설출한 것이니,
말하자면 십지 이전은 세간이 되고 십지에 오른 이후는 출세간이
되나니 이것은 사실이 사라짐을 잡은 것이다.
게송에[326] 다만 말하기를 저 오온이 사라진 것은 세간이 아니라고
한 것을 인유한다면 곧 두 가지 해석[327]에 통하나니,
이 문장으로써 증거한다면 사실도 사라지지 아니함을 밝힌 것이다.
두 번째는 모습을 잡는다면 이름이 세간이 되고 자성을 잡는다면
출세간이 되나니 곧 지금 경문의 뜻이다.

---

[326] 원문에 유게由偈 운운은 古人曰호대 由偈로 至事滅은 疑前却이니 合在下經
典下也라. 즉 思益等下에 있어야 한다는 것이다.

[327] 원문에 二釋이란, 이멸理滅과 사멸事滅이다.

이것은 곧 진리가 사라짐(理滅)을 잡은 것이니 『정명경』과 『사익범
천등경』에 부합하는 것이다.

疏

次一偈는 釋成이니 空故不滅이며 亦非事在不滅이니 則知本自不
生이 是無生義니라

다음에 한 게송[328]은 해석하여 성립한 것이니,
공적한 까닭으로 사라진 것도 아니며[329] 또한 사실이 있어서 사라지지
아니한 것도 아니니,
곧 본래 스스로 생기한 적이 없는 것이 이것이 생기함이 없는 뜻인
줄 알아야 할 것이다.

鈔

則知等者는 旣言空故로 不可滅인댄 是無滅義요 而結云호대 此是無
生義者는 以無可滅故니 是本自不生이라 卽法自在菩薩曰호대 生滅
爲二나 法本不生이며 今則無滅이니 得此無生法忍이 是爲入不二法
門也이라하니라

곧 알아야 한다고 한 등은 이미 말하기를 공적한 까닭으로 가히

사라지지 않는다고 하였다면 이것은 사라짐이 없는 뜻이요
그러나 맺어서 말하기를 이것이 이 생기함이 없는 뜻이라고 한
것은 가히 사라질 것이 없는 까닭이니,
이것이 본래 스스로 생기한 적이 없다는 것이다.
곧 법자재보살法自在菩薩[330]이 말하기를 생기하고 사라지는 것이 둘
이 되지만 법은 본래 생기한 적도 없으며 지금에 곧 사라진 적도
없나니, 이 생기한 적이 없는 법인을 얻는 것이 이것이 불이법문에
들어가는 것이 된다 하였다.

疏

後偈는 例出世間하야 顯智正覺世間도 亦應緣無性이며 又證無
性之理로 爲自體故니라

뒤에 게송은 출세간을 비례하여[331] 지정각세간도 또한 인연에 응하여
자성이 없음을 나타낸 것이며,
또 자성이 없는 진리로 자체를 삼는 것을 증거한 까닭이다.

---

330 법자재보살法自在菩薩은 『정명경淨名經』 불이법문품不二法門品에 처음 등장
   하는 보살菩薩이다.
331 출세간을 비례한다고 한 것은 말하자면 위에 세간의 자성이 없는 것으로써
   여기에 출세간의 자성이 없는 것에 비례한 것이다. 역시 『잡화기』의 말이다.

鈔

又證無性之理者는 前約應身하야 論無性이요 此約眞身하야 論無性
이라

또 자성이 없는 진리로 자체를 삼는 것을 증거하였다고 한 것은
앞[332]에서는 응신을 잡아서 자성이 없음을 논하였고, 여기[333]서는
진신을 잡아서 자성이 없음을 논하였다.

---

332 앞이란, 지정각세간智正覺世間도 역응연무성亦應緣無性이라 한 것이다.
333 여기란, 우증무성又證無性 이하이다.

經

能知此諸法이 如實不顚倒인댄
一切知見人이 常現在其前하리다

능히 이 모든 법이
여실하여 전도되지 아니한 줄 안다면
일체를 알아보는 사람이
항상 그 앞에 나타나 있을 것입니다.

疏

末後一偈는 明觀益者는 佛以實法으로 爲其體일새 故見法則常
見佛也니라

말후에 한 게송은 관찰하는 이익을 밝힌다[334]고 한 것은 부처는
여실한 것으로써 그 자체를 삼기에 그런 까닭으로 법을 보면 곧
항상 부처를 보는[335] 것이다.

---

334 원문에 末後一偈는 明觀益이라고 한 것은 前 영인본 화엄 6책, p.419,
9행에서 後一은 관성이익觀成利益이라 하였다.

335 여기 소문에 상견常見이라 하였다면 경문도 상현常現이 아니라 상견常見이
아닌가 의심한다. 대만 교정본에는 常見으로 되어 있다. 그러나 나는 常現으
로 우선 번역하였다.

經

爾時에 行林菩薩이 承佛威力하야 普觀十方하고 而說頌言호대

그때에 수행의 숲 보살이 부처님의 위신력을 받아 널리 시방을 관찰하고 게송을 설하여 말하기를

疏

第八은 照理觀佛하야 而起正修일새 故名行林이라

제 여덟 번째는 진리를 비추어 부처님을 관찰하여 바른 수행을 일으키기에[336] 그런 까닭으로 이름을 수행의 숲이라 하는 것이다.

---

336 원문에 조리관불照理觀佛은 前九頌의 뜻이고, 이기전수而起正修는 後一頌의 뜻이다.

經

譬如十方界에   一切諸地種이
自性無所有나   無處不周遍인달하야

佛身亦如是하야 普遍諸世界나
種種諸色相이   無住無來處니이다

비유하자면 시방세계에
일체 모든 지대종地大種[337]이
자성이 있는 바가 없지만
곳곳마다 두루하지 아니함이 없는 것과 같아서

부처님의 몸도 또한 이와 같아서
널리 모든 세계에 두루하지만
가지가지 모든 색상이
머무는 곳도 없고 온 곳도 없습니다.

疏

十頌은 觀佛體相普周德이라 於中分二리니 前七은 約喩顯修요
後三은 見實成益이라 前中復二리니 初二는 地種無性普周喩니

---

337 원문에 地種은 사대종四大種 가운데 지대종地大種이다.

喩佛無住遍應德이라

열 게송은 부처님의 자체와 모습이 널리 두루하는 공덕을 관찰하는
것이다.
그 가운데 두 가지로 나누리니
앞에 일곱 게송은 비유를 잡아 수행하는 것을 나타낸 것이요
뒤에 세 게송은 진실을 보아 이익을 이루는 것이다.
앞의 일곱 게송 가운데 다시 두 가지가 있나니,
처음에 두 게송은 지대종이 자성이 없지만 널리 두루하는 비유이니
부처님의 머무는 곳도 없지만 두루 응하는 공덕에 비유한 것이다.

經

但以諸業故로　說名爲衆生이나
亦不離衆生하야　而有業可得이니다

業性本空寂하야　衆生所依止에
普作衆色相이나　亦復無來處니이다

如是諸色相과　業力難思議하니
了達其根本인댄　於中無所見이니다

다만 모든 업을 쓴 까닭으로
이름을 중생이라 설하지만
또한 중생을 떠나서
업 가히 얻을 것이 없습니다.

업의 자성은 본래 공적하여
중생이 의지하는 바에
널리 수많은 색상을 만들지만
또한 다시 온 곳이 없습니다.

이와 같은 모든 색상과
업의 힘을 사의하기 어렵나니
그 근본을 요달한다면

그 가운데는 볼 바가 없습니다.[338]

疏

後五는 業相無依成事喩니 喩佛難思現用德이라 於中二니 三偈
는 喩요 二偈는 合이라 前中初一은 明業果互依요 次偈는 明相依無
性이니 業不離生일새 故業性空이요 因業有生일새 故로 生無來處
니라 後偈는 雙結難思하야 顯成眞觀이니 若逆推其本인댄 業復有
因이나 卒至無住니라 無住無本일새 故無所見이니 無見之見이라
사 方了業空이라

뒤에 다섯 게송은 업상이 의지하는 바 없이 사실을 이루는 비유이니
부처님의 사의하기 어려운 현재 작용의 공덕에 비유한 것이다.
그 가운데 두 가지가 있나니
앞에 세 게송은 비유요
뒤에 두 게송은 법합이다.
앞의 가운데 처음에 한 게송은 업과 과보[339]가 서로 의지함을 밝힌
것이요
다음 게송은 서로 의지하여 자성이 없음을 밝힌 것이니,
업은 중생을 떠나지 않기에 그런 까닭으로 업의 자성이 공적한
것이요

---

338 볼 바가 없다고 한 것은 근본이 없기에 볼 바가 없다는 것이다.
339 과보(果)는, 여기서는 중생衆生이다.

업을 인하여 중생이 있기에 그런 까닭으로 중생이 온 곳이 없는
것이다.

뒤에 게송은 사의하기 어려움을 함께 맺어 진관眞觀 이름을 나타낸
것이니,

만약 그 근본을 역으로 추구하여 본다면 업은 다시 원인이 있지만
마침내 머무름이 없는 곳에 이른다.

머무름이 없는 곳은 근본이 없기에 그런 까닭으로 볼 바가 없는
것이니 봄이 없이 보는 것이라야 바야흐로 업이 공적함을 요달하는
것이다.

鈔

若逆推其本等者는 前偈에 因業有生은 卽是順明이요 今明生依於
業하고 業亦從緣일새 故云性空이라하니 已是逆推니라 言卒至無住는
卽淨名經意니 彼逆推云호대 身孰爲本고 答曰호대 欲貪爲本이라 又
問호대 欲貪孰爲本고 答云호대 虛妄分別爲本이라 又問호대 虛妄分
別孰爲本고 答曰호대 顚倒想爲本이라 又問호대 顚倒想孰爲本고 答
曰호대 無住爲本이라 文殊師利여 從無住本으로 立一切法이라하니
今經中三이 並攝在業이요 衆生卽身이요 空寂無來는 卽無住本이라

만약 그 근본을 역으로 추구하여 본다면이라고 한 등은 앞의 게송에
업을 인하여 중생이 있다고 한 것은 곧 이것은 순리대로 해석한
것이요

지금에는 중생이 업을 의지하고 업은 또한 인연을 좇음을 밝히기에
그런 까닭으로 업의 자성은 공적하다 하였으니,
이미 이것이 역으로 추구한 것이다.[340]

마침내 머무름이 없는 곳에 이른다고 말한 것은 곧 『정명경』의
뜻이니,
저 경에 역으로 추구하여 말하기를 몸은 무엇이 근본이 됩니까.
답하여 말하기를 탐욕이 근본이 됩니다.
또 묻기를 탐욕은 무엇이 근본이 됩니까.
답하여 말하기를[341] 허망한 분별이 근본이 됩니다.
또 묻기를 허망한 분별은 무엇이 근본이 됩니까.
답하여 말하기를 전도된 생각이 근본이 됩니다.
또 묻기를 전도된 생각은 무엇이 근본이 됩니까.
답하여 말하기를 머무름이 없는 것이 근본이 됩니다.
문수사리여, 머무름이 없는 근본으로 좇아 일체법을 세웁니다 하였
으니,
지금의 경에는 중간에 세 가지[342]가 모두 업에 섭수되어 있고,
중생은 곧 몸이 되고,
공적과 온 곳이 없는 것은 곧 머무름이 없는 것이 근본이 된다.

---

340 역으로 추구한 것이란, 즉 반대로 해석한 것이다.
341 북장北藏에는 云 자가 있다. 그러나 曰 자를 두는 것이 앞뒤 문장상 더
    옳다.
342 원문에 中三이란, 『정명경淨名經』에 욕탐欲貪과 분별分別과 전도顚倒라 하였다.

經

佛身亦如是하야 不可得思議나
種種諸色相으로 普現十方刹하니다

身亦非是佛이며 佛亦非是身이나
但以法爲身하야 通達一切法하니다

부처님의 몸도 또한 이와 같아서
가히 사의함을 얻을 수 없지만
가지가지 모든 색상으로
널리 시방의 세계에 나타나십니다.

몸도 또한 이 부처님이 아니며
부처님도 또한 이 몸이 아니지만
다만 법으로써 몸을 삼아
일체법을 통달하십니다.

疏

二頌은 合이라 於中初偈는 難思普應이니 合上業果互依요 次二句
는 以互不相是로 合上互依無性이니 身若是佛인댄 轉輪王等도
卽是如來요 佛若是身인댄 正覺之心도 應同色相이라 後二句는
結示眞體唯如唯智하야 合第三偈에 難思達本이라

두 게송은 법합이다.

그 가운데 처음에 게송은 사의하기 어렵지만 널리 응하는 것이니 위[343]에 업과 과보가 서로 의지한다고 한 것을 법합한 것이요

다음에 두 구절[344]은 서로 서로 옳지 않다는 것으로써[345] 위에[346] 서로 의지하여 자성이 없다는 것을 법합한 것이니,

색신이 만약 이 부처님이라고 한다면 전륜성왕 등도 곧 여래일 것이요

부처님이 만약 이 색신이라고 한다면 정각의 마음도 응당 색상과 같아야 할 것이다.

뒤에 두 구절은 진여의 자체는 오직 여여요 오직 여여지임을 맺어 보여서 제 세 번째 게송[347]에 사의하기 어렵나니 그 근본을 통달한다 고 한 것을 법합한 것이다.

鈔

身若是佛者는 謂色相之身이니 卽金剛經云호대 若以三十二相으로 觀如來者인댄 轉輪聖王도 卽是如來라하니라 後二句結示는 三은 卽

---

343 上이란, 영인본 화엄 6책, p.436, 8행이다.

344 원문에 次二句란, 다음 게송에 처음 두 구절이다.

345 원문에 이호불상시以互不相是라고 한 것은, 게송偈頌에 신역비시불身亦非是佛 이며 불역비시신佛亦非是身이라 한 것이다.

346 원문에 合互의 合 자 아래에 上 자가 있어야 한다. 그 上이란 영인본 화엄 6책, p.436, 9행에 있다.

347 제 세 번째 게송은 영인본 화엄 6책, p.436, 6행이다.

如如요 四는 卽如如智라

색신이 만약 이 부처님이라고 한다면이라고 한 것은 말하자면 색상
의 몸이니,
곧 『금강경』에 말하기를 만약 삼십이상으로써 여래를 본다고 한다면
전륜성왕도 곧 이 여래일 것이다 하였다.

뒤에 두 구절은 맺어서 보인 것이라고 한 것은 세 번째 구절은
곧 여여如如요
네 번째 구절은 곧 여여지(如智)이다.

經

若能見佛身이　淸淨如法性인댄
此人於佛法에　一切無疑惑이리다

若見一切法이　本性如涅槃인댄
是則見如來가　究竟無所住리이다

若修習正念하야 明了見正覺이
無相無分別인댄 是名法王子리이다

만약 능히 부처님의 몸이
청정하여 법의 자성과 같은 줄 본다면
이 사람은 부처님과 법에
일체 의혹이 없을 것입니다.

만약 일체법이
본성이 열반과 같은 줄 본다면
이 사람은 곧 여래가
구경에 머무는 바가 없는 줄 볼 것입니다.

만약 바른 생각을 닦아 익혀
정각이 모습도 없고 분별도 없는 줄
분명히 요달하여 본다면

이 사람의 이름을 법왕자라 할 것입니다.

二에 有三偈는 明見實이라 於中初頌은 見佛卽了法이니 以見佛稱
性하야 不疑同體故니라

두 번째 세 게송이 있는 것은 진실한 몸을 보는 것을 밝힌 것이다.
그 가운데 처음에 게송은 부처님을 보는 것이 곧 법을 아는 것이니
부처님이 법의 자성에 칭합함을 보아서 같은 몸임을 의심하지 않는
까닭이다.

以見佛稱性者는 三寶同體니 佛卽是法이요 法卽是衆이라 故經云호
대 淸淨如法界者는 如卽稱義니 人信法界나 難信法佛일새 故致如言
이언정 實則佛身이 卽法界也니라

부처님이 법의 자성에 칭합함을 본다고 한 것은 삼보三寶가 같은
몸이니
부처님이 곧 법이요, 법이 곧 대중이다.
그런 까닭으로 경에 말하기를 청정하여 법계[348]와 같다고 한 것은

---

348 界 자는 경經에는 性 자이다.

같다고 한 것이 곧 칭합한다는 뜻이니,
사람이 법계를 믿지만 법계가 곧 부처임을 믿기가 어렵기에 그런
까닭으로 같다는 말을 이룰지언정 진실인즉 부처님의 몸이 곧 법계
인 것이다.

疏

次偈는 見法卽見佛이니 了法卽性淨인댄 知佛不住性相故니라 後
偈는 明了正修行이니 照了無相하고 心寂分別하야 寂照雙流일새
故名正念이요 則從佛法生이 是法王子故니라 又上三偈에 初는
知離名爲法이요 次는 知法名爲佛이요 後는 知無名爲僧이니 窮見
三寶之實體也니라

다음에 게송은 법을 보는 것이 곧 부처님을 보는 것이니,
모든 법이 곧 본성이 청정한 줄 안다면 부처님이 자성과 모습에
머물지 아니함을 아는 까닭이다.
뒤에 게송은 바른 수행을 분명하게 아는 것이니,
모습이 없는 줄 비추어 알고 마음에 분별이 없어서 적멸과 조요照了가
함께 유행하기에 그런 까닭으로 바른 생각(正念)이라 이름하는 것이요
곧 불법을 좇아 생기하는 것이 이것이 법왕자인 까닭이다.

또 위에 세 게송에[349] 처음 게송은 떠남을 아는 것이 이름이 법이

되는 것이요

다음 게송은 법을 아는 것이 이름이 부처님이 되는 것이요

뒤에 게송은 없음을 아는 것[350]이 이름이 스님이 되는 것이니

삼보의 실체를 궁구하여 보는 것이다.

鈔

初知離名爲法者는 卽思益第一이니 已如上引이어니와 第四句云호
대 是菩薩遍行이라하니라

처음 게송에 떠남을 아는 것이 이름이 법이 된다고 한 것은 곧
『사익범천경』제일권이니

이미 위에서 인용한 것과 같거니와[351] 제사구[352]에 말하기를 이것은
보살이 두루 행하는 것이다 하였다.

진실을 보아 해석한 것이다. 역시『잡화기』의 말이다.

350 원문에 知無의 無란, 무상無相과 무분별無分別이다.

351 원문에 思益第一이니 已如上引이라고 한 것은 영인본 화엄 6책, p.432.
말행末行에『사익경思益經』제일권第一卷을 인용하였으나 이 내용이 아니다.
따라서 此 소문疏文에 初는 知離名爲法이요 次는 知法名爲佛이요 後는
知無名爲僧이라 한 것이 上引이 되는 것이다.

352 제사구第四句라고 한 것은 소문疏文에 初知離와 次知法과 後知無라 한 것이
삼구三句이기에 제사구第四句는 是菩薩遍行이라 한 것이다. 따라서 上引은
소문疏文에 인용한 제사구第四句 前 삼구三句이고 此引은 초문鈔文에 인용한
제사구第四句이다. 즉 제사구第四句 前이 上引이 되는 것이다. 그러나 멀리는
내자권來字卷 하권, 17장下, 6행에 인용한 것을 가리키는 것이기도 하다.

經

爾時에 覺林菩薩이 承佛威力하야 遍觀十方하고 而說頌言호대

그때에 깨달음의 숲 보살이 부처님의 위신력을 받아 두루[353] 시방을 관찰하고 게송을 설하여 말하기를

疏

九는 照心本末이 名爲覺林이라

제 아홉 번째는 마음의 근본과 지말[354]을 비추는 것이 이름이 깨달음의 숲이 되는 것이다.

疏

十頌은 顯於具分唯識이라 大分爲二하리니 前五는 約喩顯法이요 後五는 法合成觀이라 前中二니 前二는 約事요 後三은 約心이라 乍觀此喩하면 似前喩所作이요 後喩能作이나 細尋喩意하면 前喩 却親故로 喩眞妄依持요 後喩는 心境依持라 然이나 依生滅八識인 댄 但有心境依持나 而卽如來藏心일새 故有眞妄依持니라 以會 緣入實하야 差別相盡은 唯眞如門이니 卽前喩所顯이요 攝境從心

---

353 遍 자는 앞에서는 普 자이다.
354 원문에 心本末이란, 진심眞心과 망심妄心의 근본根本과 지말枝末이다.

하야 不壞相故는 是生滅門이니 卽後喩所明이라 存壞不二하야 唯
一緣起요 二門無礙하야 唯是一心일새 故下合中에 但明心造어니
와 欲分義別하야 喩顯二門이니 是名具分唯識이라

열 게송은 구분具分 유식[355]을 나타낸 것이다.
크게 나누어 두 가지로 하리니
앞에 다섯 게송은 비유를 잡아 법을 나타낸 것이요
뒤에 다섯 게송은 법합으로 관찰함을 이루는 것이다.

앞에 비유를 잡아 법을 나타내는 가운데 두 가지가 있나니,
앞에 두 게송은 사실을 잡은 것이요[356]
뒤에 세 게송은 마음을 잡은 것이다.
잠깐 이 비유를 관찰하면 앞에 비유는 소작所作이고 뒤에 비유[357]는
능작能作인 것 같지만, 비유의 뜻을 자세히 찾아보면 앞에 비유는
도리어 친한[358] 까닭으로 진심과 망심이 의지함에 비유하고, 뒤에

---

355 구분유식具分唯識이란, 아래 초문鈔文에 있다.

356 사실을 잡았다고 한 것과 바로 아래 마음을 잡았다고 한 것은 다 오직
    비유만 잡아서 말한 것이니, 법 가운데 또한 이 말을 사용하는 것은 옳지
    않다 하겠다. 역시 『잡화기』의 말이다.

357 앞에 비유(前喩)는 앞에 오게(前五偈) 가운데 앞에 이게(前二偈)이고, 뒤에
    비유(後喩)는 앞에 오게(前五偈) 가운데 뒤에 삼게(後三偈)이다.

358 원문에 전유각친前喩却親이란, 『간정기刊定記』에는 앞에 비유(前喩)로써 소작
    所作을 삼았으나, 지금에는 진眞이 능히 망妄을 일으키는 것으로 능작能作을
    삼기에 각친却親이라 하는 것이다.

비유는 마음과 경계가 의지함에 비유한 것이다.

그러나 생멸生滅 팔식을 의지한다면 다만 마음과 경계가 의지함이 있을 뿐이지만, 그러나 여래장의 마음에 즉하기에[359] 그런 까닭으로 진심과 망심이 의지함이 있는 것이다.
인연을 모아 진실에 들어가 차별의 모습이 다한 것은 오직 진여문이니 곧 앞의 비유에 나타낸 바요
경계를 거두어 마음을 좇아 모습을 무너뜨리지 않는 까닭은 이 생멸문이니 곧 뒤의 비유에 밝힌 바이다.

존재하고 무너지는 것이 둘이 없어서 오직 한 연기緣起뿐이요 두 문門[360]이 걸림이 없어서 오직 한마음뿐이기에 그런 까닭으로 아래 법합 가운데 다만 마음이 만든다고만 하였거니와, 뜻이 다름을 분별하고자 하여 비유로 두 문을 나타낸 것이니
이것이 이름이 구분 유식이다.

鈔

具分唯識者는 已如上釋거니와 正取眞妄合成하야 以爲具分이라 乍

---

359 그러나 여래장의 마음과 경계에 즉한다 운운한 것은 그 뜻에 말하기를 성종에서는 마음과 경계가 의지하지만, 그러나 진심眞心에 즉하는 까닭으로 오직 마음과 경계가 의지할 뿐만 아니라 또한 진심과 망심이 의지함이 있나니 이것은 총總이 되는 까닭이다. 역시 『잡화기』의 말이다.
360 원문에 二門이란, 진여문眞如門과 생멸문生滅門이다.

觀此喩等者는 卽揀刊定云호대 前二는 喩眞妄心所作하야 以辨唯識
이요 次三은 喩眞妄心能作하야 以辨唯識이라 今言似者는 大種異色
은 似畵師所作이요 然不離心有彩畵者는 似能作也니 則麤觀似爾나
細尋不然하니라 細尋已下는 卽顯正義라 然依生滅八識下는 辨二所
由니 顯法相宗은 但是心境依持니라 而卽如來藏下는 辨具二所以니
於中先은 總이요 後에 以會緣入實下는 別示二相이니 卽以起信에
眞如生滅二門으로 爲二義耳니라 存壞不二하야 唯一緣起는 結歸華
嚴이니 會緣入實은 壞也요 不壞相故는 存也니라 二門無礙者는 結歸
起信에 依一心法하야 立二種門이니 故須具足二義하야사 方名具分
唯識이라 問이라 唯識第九說호대 其所轉依가 有其二種하니 一은 持
種依니 謂第八識이요 二는 迷悟依니 謂卽眞如라하얏거늘 何以說言
호대 然이나 依生滅八識인댄 唯有心境依持고 答이라 彼雖說迷悟依
나 非卽心境持種이니 以眞如不變하야 不隨於心하야 變萬境故로 但
是所迷耳요 後還淨時에 非是攝相하야 卽眞如故로 但是所悟耳니라
今乃心境依持가 卽是眞妄이니 非有二體일새 故說一心이요 約義不
同하야 分成兩義하야 說二門別이라 故論云호대 然此二門이 皆各總
攝一切法故며 以此二門이 不相離故라하니 廣如問明品과 及玄談中
하니라

구분 유식이라고 한 것은 이미 위에서 해석한 것과 같거니와[361]

---

361 원문에 이여상석已如上釋이란,『현담玄談』주자권宙字卷, 13장, 下 4행에
의리성사무애관依理成事無碍觀 가운데서 현시顯示하였다.

진심과 망심이 합하여 이루어진 것을 바로 취하여 구분具分을 삼는 것이다.

잠깐 이 비유를 관찰하면이라고 한 등은 곧 『간정기』에 말하기를 앞에 두 게송은 진심과 망심의 소작을 비유하여 유식을 분별한 것이요,
다음에 세[362] 게송은 진심과 망심의 능작을 비유하여 유식을 분별한 것이라고 한 것을 가린 것이다.

지금에 말하기를 같다고 한 것은 사대종이 색상과 다르다[363]고 한 것은 화가가 소작하는 것과 같은 것이요
그러나 마음을 떠나 그림이 없다고[364] 한 것은 화가가 능작하는 것과 같나니,
곧 대강 관찰하면 그런 것 같지만 자세히 찾아보면 그렇지가 않는 것이다.
자세히 찾아본다고 한 이하는 곧 바른 뜻을 나타낸 것이다.

그러나 생멸 팔식을 의지한다고 한 아래는 두 가지 이유[365]를 분별한

---

362 二 자는 三 자의 잘못인 듯하다.
363 원문에 대종이색大種異色이란, 영인본 화엄 6책, p.443, 3행에 분포제색分布諸色 망취이상妄取異相을 意引한 것이다.
364 원문에 불리심不離心 운운은 영인본 화엄 6책, p.447, 5행이다.
365 원문에 이소유二所由는 진망의지眞妄依持와 심경의지心境依持이다.

것이니,
법상종에는 다만 이 마음과 경계가 의지한다고 한 것만 나타내었다.

그러나 여래장의 마음에 즉한다고 한 아래는 두 가지를 다 갖춘
까닭을 분별한 것이니
그 가운데 먼저는 한꺼번에 나타낸 것이요
뒤에 인연을 모아 진실에 들어간다고 한 아래는 두 가지 모습을
따로 보인 것이니,
곧 『기신론』에 진여와 생멸의 두 가지 문으로써 두 가지 뜻을 삼은
것이다.

존재하고 무너지는 것이 둘이 없어서 오직 한 연기뿐이라고 한
것은 『화엄경』에 귀결하는 것이니,
인연을 모아 진실에 들어간다고 한 것은 무너진다는 뜻이요
모습을 무너뜨리지 않는 까닭이라고 한 것은 존재한다는 뜻이다.

두 문이 걸림이 없다고 한 것은 『기신론』에 일심법을 의지하여
두 가지 문366을 세운다고 한 것에 귀결하는 것이니,
그런 까닭으로 반드시 두 가지 뜻을 구족하여야 바야흐로 이름을
구분 유식이라 하는 것이다.

---

366 원문에 二門이란, 역시 진여문眞如門과 생멸문生滅門이다.

문겠다.

『유식론』제구권에 말하기를 그 전의轉依 하는 바가 두 가지가 있나니

첫 번째는 종자[367]를 의지하는 것이니 말하자면 제팔식이요

두 번째는 미오迷悟를 의지하는 것이니 말하자면 곧 진여라 하였거늘, 무슨 까닭으로 말하기를 그러나 생멸 팔식을 의지한다면 오직 마음과 경계가 의지함이 있을 뿐이라고 하는가.

답하겠다.

저기[368]에 비록 미오의迷悟依를 설하였지만 곧 마음과 경계가 종자[369]를 의지하지 않나니

진여는 변하지 아니하여 마음을 따라 만 가지 경계가 변하지 않는 까닭으로 다만 소미所迷일 뿐이요

뒤에 도리어 청정할 때에 모습(相)을 거두어 진여에 즉하지 않는 까닭으로 다만 소오所悟일 뿐이다.

지금[370]에는 이에 마음과 경계가 의지하는 것이 곧 진심과 망심이 의지하는 것이니

두 가지 체성이 있지 않기에 그런 까닭으로 일심이라 말하는 것이요 뜻이 같지 아니함을 잡아 두 가지 뜻을 나누어 성립하여 두 가지 문이 다르다고 말하는 것이다.

그런 까닭으로 『기신론』에 말하기를 그러나 이 두 가지 문이 다

---

367 종자種子는 제팔식第八識의 종자이다.

368 원문에 彼는 유식唯識 법상종法相宗이다.

369 종자種子는 역시 제팔식第八識의 종자이다.

370 원문에 수은 화엄華嚴 법성종法性宗이다.

각각 일체법을 모두 섭수하는 까닭이며 이 두 가지 문이 서로 떠나지
않는 까닭이다 하였으니,

폭넓게 설한 것은 문명품과 그리고 『현담』[371] 가운데 설한 것과
같다.

經

譬如工畫師가   分布諸彩色하야
虛妄取異相이나 大種無差別하니다

大種中無色하고 色中無大種이나
亦不離大種하야 而有色可得이니다

비유하자면 화가가
모든 채색을 분포하는 것과 같아서
허망하게 다른 모습을 취하지만
사대종은 차별이 없습니다.

사대종 가운데는 색상이 없고
색상 가운데는 사대종이 없지만
또한 사대종을 떠나서
색상을 가히 얻을 수 있는 것이 아닙니다.

疏

今初二偈는 眞妄依持니 卽眞如門이 攝一切法也라 初偈初句는
總喩一心이요 次句는 喩隨緣熏變하야 成依他也요 次句는 不了依
他일새 故成遍計요 第四句는 喩依他相盡하면 體卽圓成이라

지금에 처음 두 게송은 진심과 망심이 의지하는 것이니

곧 진여문이 일체법을 섭수하는 것이다.

처음 게송에 처음 구절은 모두 일심에 비유한 것이요

다음 구절은 인연을 따라 훈습하고 변화하여 의타依他를 이룸에

비유한 것이요

다음 구절은 의타인 줄 알지 못하였기에 그런 까닭으로 변계偏計를

이룸에 비유한 것이요

제 네 번째 구절은 의타기의 모습이 다하면 그 자체가 곧 원성실성임

에 비유한 것이다.

鈔

初二偈依持眞妄者는 含眞含妄하며 有能有所니 論云호대 所言法者
는 謂衆生心이니 是心卽攝一切世間과 出世間法故라하며 下合云호
대 心如工畵師라하니라 次句隨緣熏變等者는 起信論云호대 自性淸
淨心이 因無明風動하야 有其染心이라하며 楞伽經云호대 藏識海常
住나 境界風所動으로 種種諸識浪이 騰躍而轉生이라하니 亦是不生
不滅이 與生滅和合하야 非一非異가 名阿賴耶識是也니라 次句不了
依他等者는 以經云호대 虛妄取異相故라 故起信云호대 一切諸法이
皆依妄念하야 而有差別하니 若離心念인댄 則無一切境界之相이라
하니라 第四句依他相盡等者는 以言大種이 無差別故라 大種卽喩眞
如니 謂心體離念은 卽是如來의 平等法身이요 從緣無性은 卽眞如矣
니라 又一二兩句는 卽不染而染이요 三四兩句는 卽染而不染이니 故

有後偈에 喩不卽離니라

처음 두 게송은 진심과 망심이 의지한다고[372] 한 것은 진심도 함유하고 망심도 함유하며 能能도 있고 소所도 있다는 것이니,
『기신론』에 말하기를 말한 바 법이라고 한 것은 중생의 마음을 말하는 것이니
이 마음이 곧 일체 세간과 출세간의 법을 섭수하는 까닭이다 하였으며,
아래에 법합하여 말하기를[373] 마음은 화가와 같다 하였다.
다음 구절은 인연을 따라[374] 훈습하고 변화한다고 한 등은 『기신론』에

───────────────

[372] 처음 두 게송은 진심과 망심이 의지한다 운운한 것은 타본 소疏에는 이二 자가 없고 다만 초게初偈에는 진심과 망심이 의지한다고만 하였으니, 이것은 곧 처음에 두 게송에 진심과 망심이 의지하는 가운데 두 가지로 나누어 처음에 게송으로써 진심과 망심이 의지함을 삼고 뒤에 게송으로써 진심과 망심이 떠나지도 않고 즉하지도 아니함을 삼은 것이니, 지금에 초가鈔家는 저 본(타본)을 의지하여 첩석한 바이다. 역시 『잡화기』의 말이나, 나는 소문처럼 이二 자를 넣어 해석하였다.

[373] 원문에 하합운심여공화사下合云心如工畵師라고 한 것은 영인본 화엄 6책, p.455, 말행末行이니 p.456, 초행初行 疏文에 初二에 五偈는 합이라 하였다. 즉 心如工畵師가 能畵諸世間인달하야 五蘊悉從生하야 無法而不造라 한 경문이다.

[374] 다음 구절은 인연을 따라 운운한 것은 또한 응당 처음 게송에 처음 구절은 모두 일심에 비유한 것이라고 한 구절을 해석할 것이지만, 그러나 위에 전체 게송(지금 처음에 두 게송 전체)은 진심과 망심이 의지한다고 해석한 것이 곧 이 처음 구절은 일심에 비유한 것이라 한 뜻을 해석한 것이니,

말하기를 자성의 청정한 마음이 무명의 바람이 움직임을 인하여
그 오염된 마음이 있다 하였으며

『능가경』에 말하기를[375] 장식藏識의 바다가 항상 머물지만 경계의
바람이 움직이는 바로 가지가지 모든 식識의 물결이 뛰어올라 전전히
생기한다 하였으니,

역시 불생불멸이 생멸로 더불어 화합하여 하나도 아니고 다르지도
않는 것이 이름이 아뢰야식인 것이다.

다음 구절은 의타인 줄 알지 못하였다고 한 등은 경에 말하기를
허망하게 다른 모습을 취한다 한 까닭이다.

그런 까닭으로 『기신론』에 말하기를 일체 모든 법이 다 허망한
생각을 의지하여 차별이 있나니, 만약 마음에 허망한 생각을 떠난다
면 곧 일체 경계의 모습이 없을 것이다 하였다.

제 네 번째 구절은 의타기의 모습이 다하면이라고 한 등은 사대종이
차별이 없음을 말한 까닭이다.

오직 이 총상總相의 일심이라야 능히 진심과 망심과 능·소 등의 법을 함유하
는 까닭이다. 그런 까닭으로 다시 해석하지 않는다. 역시 『잡화기』의 말이다.

375 『능가경』 운운은 『능가경』을 인용한 것은 이 가운데 다만 장식의 바다가
항상 머문다고 한 구절만 증거한 것이니, 이미 항상 머문다고 말하였다면
곧 이것은 진심과 망심이 화합하여 하나와 같고 항상한 것과 같다. 그런
까닭으로 해석하여 말하기를 불생불멸이 생멸로 더불어 화합한다 한 것이다.
역시 『잡화기』의 말이다.

사대종은 곧 진여에 비유한 것이니,

말하자면 심체가 생각을 떠난 것은 곧 여래의 평등한 법신이요

인연을 좇아 자성이 없는 것은 곧 진여이다.

또 첫 번째와 두 번째의 두 구절은 곧 오염되지 않지만 오염된 것이요

세 번째와 네 번째의 두 구절은 곧 오염되지만 오염되지 않는 것이니 그런 까닭으로 뒤의 게송에[376] 즉하지도 않고 떠나지도 아니함에 비유한다고 한 것이 있는 것이다.

疏

後偈는 喩依圓眞妄이 非卽離義라 上半은 不卽이니 能所異故라 大種中無色은 身所觸故요 色中無大種은 眼所見故라 又能造無異나 畫色差別故로 喩妄依眞이니 能所異故며 性無差別이나 相不同故니라 下半은 不離義니 謂所造靑等이 離能造地等하야 無別體故며 假必依實하야 同聚現故로 喩妄必依眞이니 性相交徹故니라 然大必能造色이어니와 非色能造大이니 喩妄必依眞起어니와 眞不依妄生이라 故로 不云然不離於色하야 有大種可得하니라

뒤에 게송은 의타기와 원성실성과 진심과 망심이 즉하지도 않고 떠나지도 않는 뜻에 비유한 것이다.

위에 반 게송은 즉하지 않는 것이니

---

376 뒤의 게송에 운운은 영인본 화엄 6책, p.447, 7행이다.

능·소가 다른 까닭이다.

사대종四大種 가운데 색상이 없다[377]고 한 것은 몸이 촉감하는 바인 까닭이요

색상 가운데 사대종이 없다[378]고 한 것은 눈이 보는 바인 까닭이다. 또 능히 짓는 것은 다름이 없지만 그림의 색깔은 차별이 있는 까닭으로 망심은 진심을 의지함에 비유한 것이니 능소가 다른 까닭이며 자성은 차별이 없지만 모습(相)은 같지 않는 까닭이다.

아래 반 게송은 떠나지 않는 뜻이니, 말하자면 소조所造의 청색 등이 능조能造의 지대地大 등을 떠나 달리 자체가 없는 까닭이며

거짓은 반드시 진실을 의지하여 다 모여 나타나는 까닭으로 망심은 반드시 진심을 의지함에 비유한 것이니 자성(性)과 모습(相)이 서로 사무치는 까닭이다.

그러나 사대는 반드시 색상을 능히 짓거니와 색상은 사대를 능히 짓지 못하나니, 망심은 반드시 진심을 의지하여 일어나거니와 진심은 망심을 의지하여 일어나지 아니함에 비유한 것이다.

그런 까닭으로 그러나 색상을 떠나서[379] 사대종을 가히 얻을 수

---

377 원문에 대종중무색大種中無色이란, 대종大鐘은 견습난동堅濕煖動의 사대종四大種이니, 이 가운데는 청황적백靑黃赤白 등의 현색顯色이 없다는 것이다.

378 원문에 색중무대종色中無大種이란, 청황적백靑黃赤白 등의 현색顯色 가운데는 사대종四大種이 없다는 것이다.

379 색상을 떠나서 운운한 것은 사대종을 떠나서 색상을 가히 얻을 수 있는

있는 것이 아니라고는 말하지 아니하였다.

鈔

大種中無色은 身所觸故者는 堅濕煖動이 皆是觸故니라 言色中無大種은 眼所見故者는 約顯色說이니 靑黃赤白이 眼之境故니라 直就法體인댄 大種是觸이요 色卽是色이며 若就根明인댄 謂身及眼이라 又能造無異者는 然取增勝이니 地多則黃하고 水多則白하고 火多卽赤하고 風多卽靑거니와 而堅濕煖動이 共造於靑하고 亦共造於黃赤及白하나니 在能造邊하야는 同一堅等이요 及所造邊하야는 卽有靑等이라 故云能造無異나 畫色差別故라하니라 喩妄依眞下는 合이니 先合能所異故라 亦應具言인댄 眞中無妄은 聖智境故요 妄中無眞은 凡所知故니라 從性無差別下는 合上又能造無異等이라 假必依實等者는 諸宗正義는 堅等爲實하고 色等爲假거니와 唯成實宗은 色香味觸이 實也요 地水火風이 假也라하니 以其是數論弟子가 後入佛法이나 尙順本師故니라 故智論云호대 精巧有餘나 而明實未足이라하니라 然大必能造色下는 通妨이니 妨云호대 上非卽中에 旣云大種中無色하고 色中無大種인댄 今非離中에 何不言大種이 不離色하고 色不離大種고 答意可知라 上明眞妄依持나 但取心中에 眞如一門하야 對妄染說이라

것이 아니라 하였지 색상을 떠나서 사대종을 가히 얻을 수 있는 것이 아니라고는 말하지 않았다는 것이다.

사대종 가운데 색이 없다고 한 것은 몸이 촉감하는 바인 까닭이라고
한 것은 견고하고 습하고[380] 따뜻하고 움직이는 것이 다 촉경인
까닭이다.

색상 가운데 사대종이 없다고 한 것은 눈이 보는 바인 까닭이라고
말한 것은 현색顯色을 잡아서 설한 것이니
청황적백이 눈의 경계인 까닭이다.
바로 법의 당체에[381] 나아간다면 사대종은 이 촉경이요
색상은 곧 색경이며
만약 육근에 나아가서 밝힌다면[382] 신근과 그리고 안근을 말하는
것이다.

또 능히 짓는 것은 다름[383]이 없다고 한 것은 그러나 증승增勝함을
취한 것이니,
땅이 많으면 곧 누르고 물이 많으면 곧 희고 불이 많으면 붉고

---

380 원문에 견습堅濕 운운은, 堅은 地이고, 濕은 水이고, 煖은 火이고, 動은
風이다.
381 법의 당체라고 한 것은 저 청황 등 법의 자체이고, 사대종은 이 촉경이라
운운한 것은 이 사대종과 그리고 색 등 육경 가운데 나아가 말한다면 촉경과
색경의 두 가지가 되지만, 그러나 만약 육근에 나아간다면 곧 촉경은 신근의
얼을 바가 되고 색경은 안근의 얼을 바가 되는 것이다. 역시 『잡화기』의
말이다.
382 원문에 근득根得의 得 자는 明 자의 잘못이다.
383 원문에 이색異色의 色 자는 연자衍字이다. 『잡화기』의 말이다.

바람이 많으면 푸르거니와 그러나 견고하고 습하고 따뜻하고 움직이는 것이 함께 푸름을 만들고 또한 함께 누르고 붉고 그리고 흰 것을 만드나니,

능조변能造邊에 있어서는 다 한결같이 견고한 등이요

소조변所造邊에 이르러서는 곧 푸른 등等이 있는 것이다.

그런 까닭으로 말하기를 능히 짓는 것은 다름이 없지만 그림의 색상은 차별이 있는 까닭이다 하였다.

망심은 진심을 의지함에 비유한다고 한 아래는 법합이니

먼저는 능소가 다름을 법합한 까닭이다.

또한 응당 갖추어 말한다면 진심 가운데 망심이 없는 것은 성인의 지혜 경계인 까닭이요

망심 가운데 진심이 없는 것은 범부의 아는 바 경계인 까닭이다.

자성은 차별이 없다는 것으로 좇아 아래는 위에 또 능히 짓는 것은 다름이 없다고 한 등을 법합한 것이다.

거짓은 반드시 진실을 의지한다고 한 등은 모든 종파의 정의는 견고한 등으로 진실을 삼고 색 등으로 거짓을 삼거니와 오직 성실종만은 색·향·미·촉이 진실이 되고 지·수·화·풍이 거짓이 된다 하였으니,

그 수론파의 제자가 뒤에 불법에 들어왔지만 오히려 본사인 수론의 도를 따르는 까닭이다.

그런 까닭으로 『지도론』에 말하기를 정교한 것은 여유가 있지만 그러나 밝고 실다운 것은 아직 부족하다 하였다.

그러나 사대는 반드시 색상을 능히 짓는다고 한 아래는 방해함을 통석한 것이니,

방해하여 말하기를 위에 즉하지도 않는 가운데 이미 말하기를 사대 종 가운데 색상이 없고 색상 가운데 사대종이 없다고 하였다면 지금에 떠나지 않는 가운데 어찌 사대종이 색상을 떠나지 않고 색상이 사대종을 떠나지 않는가 하고 말하지 않는가.

답한 뜻은 가히 알 수가 있을 것이다.

이상에서 진심과 망심[384]이 의지함을 밝혔지만 다만 마음 가운데 진여의 일문만을 취하여 망염妄染을 상대하여 설하였을 뿐이다.

---

384 如 자는 妄 자의 잘못이다.

心中無彩畵하고 彩畵中無心이나
然不離於心하야 有彩畵可得이니다

마음 가운데 채색한 그림도 없고
채색한 그림 가운데 마음도 없지만
그러나 마음을 떠나서
채색한 그림을 가히 얻을 수 있는 것이 아닙니다.

疏

後三約心者는 喩於唯識의 心生滅門이니 於中初一은 亦明心境
不卽離義라

뒤에 세 게송385은 마음을 잡은 것이라고 한 것은 유식의 심생멸문에
비유한 것이니,
그 가운데 처음에 한 게송은 역시 마음과 경계가 즉하지도 않고
떠나지도 않는 뜻을 밝힌 것이다.

鈔

初一亦明心境不卽離者는 對上眞妄일새 故有亦言이라 然後三偈가

385 원문에 後三은 전오게前五偈 가운데 후삼게後三偈이다.

亦似上二偈호대 此偈는 似前第二偈니 以因不卽離之便일새 故先明
之요 後二偈는 似前初偈니 至下當知리라

처음에 한 게송은 마음과 경계가 즉하지도 않고 떠나지도 않는
뜻을 밝힌 것이라고 한 것은 위에 진심과 망심을 상대한 것이기에
그런 까닭으로 역亦이라는 말이 있는[386] 것이다.
그러나 뒤에 세 게송[387]이 위에 두 게송과 흡사하지만 이 게송은
앞의 제 두 번째 게송과 흡사하나니,
즉하지도 않고 떠나지도 않는다고 한 편便을 인유하였기에 그런
까닭으로 먼저 밝힌 것이요
뒤에 두 게송은 앞의 처음 게송과 흡사하나니
아래[388]에 이르러 마땅히 알게 될 것이다.

疏

上半不卽이니 心中無彩畫는 不可見故요 彩畫中無心은 無慮知
故니 喩能變所變의 見相別故니라 下半不離니 隨心安布故로 喩
離心則無境界相故니라

위에 반 게송은 즉하지 않는 것이니

---

386 원문에 유역언有亦言이란, 역명심경부즉리의亦明心境不卽離意이다.
387 원문에 후삼게後三偈는 前五 가운데 後三이다.
388 아래란, 영인본 화엄 6책, p.449, 1행 이하이다.

마음 가운데 채색한 그림이 없다고 한 것은 가히 볼 수 없는 까닭이요
채색한 그림 가운데 마음이 없다고 한 것은 생각하여 알 수 없는
까닭이니
능변과 소변의 견분과 상분이 다름에 비유한 까닭이다.

아래 반 게송은 떠나지 않는 것이니
마음을 따라 편안히 베푸는 까닭으로 마음을 떠나면 곧 경계의
모습이 없어짐에 비유한 까닭이다.

鈔

見相別者는 且順上喩의 有知無知니 以見分合心은 有慮知義요 以
相分合畫는 無慮知故니 以器世間이 即是第八之相分故니라 喩離
心則無境界相故者는 三世所有가 皆是一心作故니라

견분과 상분이 다르다고 한 것은 또한 위의 비유에 알 수 있고
알 수 없음을 따른 것이니
견분으로써 마음에 합하는 것은 생각하여 알 수 있는 뜻이요
상분으로써 그림에 합하는 것은 생각하여 알 수 없는 뜻인 까닭이니
기세간이 곧 제팔식의 상분인 까닭이다.

마음을 떠나면 곧 경계의 모습이 없어짐에 비유한 까닭이라고 한
것은 삼세에 있는 바가 다 이 한마음이 만드는 까닭이다.

疏

要由心變於境이언정 非是境能變心일새 故云唯識이라하고 不言
唯境이라하며 但云然不離於心하야 有彩畫可得이라하고 不言然
不離於畫하야 而有心可得이라하니라

중요한 것은 마음을 인유하여 경계가 변화할지언정 이 경계가 능히
마음을 변화하지 못하기에 그런 까닭으로 오직 식識이라고 말하고
오직 경계라고 말하지 아니하였으며
다만 그러나 마음을 떠나서 채색한 그림을 가히 얻을 수 있는 것이
아니라고 말하고, 그러나 채색한 그림을 떠나서 마음을 가히 얻을
수 있는 것이 아니라고는 말하지 아니하였다.

鈔

要由心變於境下는 解妨이니 妨一如前하고 答意亦爾하니라

중요한 것은 마음을 인유하여 경계가 변한다고 한 아래는 방해함을
해석한 것이니,
방해한 것은 앞[389]에서와 한결같고 답한 뜻도 또한 그러한 것이다.

---

[389] 앞이란, 영인본 화엄 6책, p.447, 1행이다.

經

彼心恒不住하야 無量難思議일새
示現一切色이나 各各不相知하니다

저 마음이 항상 머물지 아니하여
한량도 없고 사의하기도 어렵기에
일체 색상을 나타내지만
각각 서로 알지 못합니다.

疏

次一偈는 喩能所變之行相이니 明畫師巧思不住하야 變態多端이
나 所畫非心거니 誰相知者리요하니라 法合에 彼心者는 眞妄和合
心也라 恒言은 遮斷이요 不住는 遮常이니 如瀑流故니라 含一切種
일새 故云無量이요 相甚深細일새 名難思議라

다음에 한 게송은 능변과 소변의 행상에 비유한 것이니,
화가의 교묘한 생각이 머물지 아니하여 변태가 다양하지만 그리는
바는 내 마음이 아니거니 누가 서로 알겠는가 한 것을 밝힌 것이다.
법합에 저 마음이라고 한 것은 진심과 망심이 화합한 마음이다.
항상(恒)하다고 말한 것은 단멸한다고 함을 막는 것이요
머물지 않는다고 한 것은 영원하다고 함을 막는 것이니
폭류瀑流와 같은 까닭이다.

일체종식一切種識을 포함하고 있기에 그런 까닭으로 말하기를 한량
이 없다 한 것이요

그 마음의 모습이 깊고도 깊고 미세하기에 이름을 사의하기 어렵다
한 것이다.

鈔

次一偈喩能所變之行相等者는 大同前喩에 心如工畫師가 分布諸
彩色等이라하니라 先明喩中에 先은 釋上三句요 所畫非心下는 釋第
四句라 法合에 言眞妄和合心者는 揀異法相宗心이니 卽起信云호대
不生不滅이 與生滅和合이 名阿賴耶識이라하니 是也니라 恒言遮斷
等은 卽唯識論에 第八識初能變中에 第九因果譬喩門이니 具云호대
恒轉如瀑流라하니라 論先問云호대 阿賴耶識이 爲斷爲常가 答云호
대 非斷非常이니 以恒轉故라하니라 恒은 謂此識이 無始時來로 一類
相續하야 常無間斷이니 是界趣生을 施設本故며 性堅持種하야 令不
失故니라 轉은 謂此識이 無始時來로 念念生滅하고 前後變異하야 因
滅果生이 非常一故며 可爲轉識의 熏成種故니라 恒言遮斷이요 轉表
非常이니 猶如瀑流하야 因果法爾하니라 如瀑流水가 非斷非常하야
相續長時하야 有所漂溺인달하야 此識亦爾하야 從無始來로 生滅相
續하야 非常非斷하야 漂溺有情하야 令不出離라하니 是也니라

다음에 한 게송은 능변과 소변의 행상에 비유한 것이라고 한 등은
앞의 비유에 마음[390]은 화가가 모든 채색을 분포하는 것과 같다고

한 등과 크게는 같다.

먼저 비유를 밝히는 가운데 먼저는 위에 세 구절을 밝힌 것이요 그리는 바는 내 마음이 아니라고 한 아래는 제 네 번째 구절을 해석한 것이다.

법합에 진심과 망심이 화합한 마음이라고 말한 것은 법상종의 마음과 다름을 가린 것이니

곧 『기신론』에 말하기를 불생불멸이 생멸로 더불어 화합하는 것이 이름이 아뢰야식이다 하였으니 이것이다.

항상하다고 말한 것은 단멸한다고 함을 막는 것이라고 한 등은 곧 『유식론』에 제팔식의 처음 능변[391]을 해석한 가운데 제 아홉번째 인과비유문이니,

갖추어서 말하기를 항상 유전하는 것이 폭류와 같다 하였다.

『유식론』[392]에 먼저 물어 말하기를 아뢰야식이 단멸함이 되는가, 영원함이 되는가.

답하여 말하기를 단멸함도 아니고 영원함도 아니니 항상 유전하는 까닭[393]이다 하였다.

---

390 원문에 心 자는 앞에서는 譬 자이다.

391 원문에 초능변初能變이란, 초능변식명初能變識名은 아뢰야식阿賴耶識이고, 제이능변식명第二能變識名은 말나식末那識이고, 제삼능변식명第三能變識名은 육식六識이다.

392 論은 『성유식론成唯識論』 제삼권第三卷이다.

항상하다고 한 것은 말하자면 이 식識이 비롯함이 없는 때로부터
옴으로 일류一類로 상속하여 항상 간단함이 없는 것이니,

이것은 삼계에 육취중생을 시설하는 근본인 까닭이며 자성이 종자를
견고하게 가져 하여금 잊지 않게 하는 까닭이다.

유전한다고 한 것은 말하자면 이 식이 비롯함이 없는 때로부터
옴으로 생각 생각에 생멸하고 전후에 변리하여 원인이 사라지고
결과가 생기하는 것이 영원히 하나가 아닌 까닭이며 가히 칠전식의
훈습하여 이루는 종자가 되는 까닭이다.

항상하다고 한 것은 단멸한다고 함을 막는[394] 것을 말한 것이요
유전한다고 한 것은 영원하지 않다[395]고 한 것을 표한 것이니,

비유하자면 폭류수와 같아서 인과의 법도 그러한 것이다.[396]

마치 폭류수가 단멸하지도 않고 영원하지도 않아서 장시간 상속하여
표익漂溺하는 바가 있는 것과 같아서, 이 식識도 또한 그러하여
비롯함이 없이 옴으로 좇아 생멸이 상속하여 영원하지도 않고 단멸

---

393 故 자 아래에 恒 자가 있어야 한다. 영자권盈字卷 42장, 上, 2행과 추자권秋字卷
  41장, 下, 말행末行에도 설출說出하였다. 『잡화기』엔 『유식론』엔 恒 자가
  있다 하였다.

394 원문에 차단遮斷은 非斷의 뜻(意)이다.

395 원문에 비상非常은 遮常의 뜻(意)이다.

396 인과의 법도 그러하다고 한 것은 『유식론』 주註에 말하기를 다시 비유를
  인용하여 인과의 법도 그러하여 자연히 상속함을 해석하여 성립한 것이요,
  마치 폭포수라고 한 아래는 자체를 해석하여 단멸하지도 영원하지도 않다는
  뜻을 밝힌 것이다 하였다. 역시 『잡화기』의 말이다. 보통은 인과가 법이
  그렇다고 해석하나, 나는 여기서 인과의 법도 그렇다고 해석하였다.

하지도 않아서 유정을 표익시켜 하여금 벗어나지 못하게 한다 하였
으니 이것이다.

含一切種者는 卽第三因相門이니 彼偈云호대 一切種이라하니라 相
甚深細는 卽含二門이니 彼偈云호대 不可知執受處了라하니 其了一
字는 卽第五行相門이요 其執受處는 卽第四所緣行相門이요 其不可
知는 卽能所緣行相之內에 差別之義니라 論先問云호대 此識行相과
所緣云何오(卽合問也) 謂不可知執受處了라하니 了謂了別이니 爲
行相故요 處謂處所니 卽器世間이니 是諸有情의 所依處故요 執受有
二하니 謂諸種子와 及有根身이라 次論云호대 不可知者는 謂此行相
이 極微細故로 難可了知요(此明見分) 或此所緣의 內執受境이 亦微
細故며 外器世間이 量難測故로 名不可知니라 故經偈云호대 阿陀那
識甚深細하야 一切種子如瀑流하나니 我於凡愚不開演은 恐彼分別
執爲我라하니라

일체종식을 포함하고 있다고 한 것은 곧 제 세 번째 인상문因相門[397]
이니,
저 『유식삼십송』에 말하기를 일체종식이다 하였다.
그 마음의 모습이 깊고도 깊고 미세하다고 한 것은 곧 이문二門을
포함하고 있나니,

---

397 원문에 제삼인상문第三因相門은 역시 『유식론』에 제팔식第八識 초능변初能變
을 해석하는 가운데 제삼문第三門이다.

저『유식삼십송』에 말하기를 가히 집수執受[398]와 처소와 요별을 알지
못한다 하였으니,

그 요별(了)한다는 한 글자는 곧 제 다섯 번째 행상문行相門이요

그 집수와 처소는 곧 제 네 번째 소연행상문所緣行相門이요

그 가히 알지 못한다고 한 것은 곧 능연과 소연의 행상 안에 차별의
뜻이다.

『유식론』에 먼저 물어 말하기를 이 식의 행상과 소연[399]이 어떠한가
(곧 합하여 물은[400] 것이다).

말하자면 가히 집수와 처소와 요별을 알지 못한다 하였으니,

요了는 요별了別을 말하는 것이니 행상行相이 되는 까닭이요

처處는 처소를 말하는 것이니 곧 기세간이니, 이것은 모든 유정이
의지할 바 처소인 까닭이요

집수執受는 두 가지가 있나니 말하자면 모든 종자와[401] 그리고 유근신
有根身[402]이다.

---

398 집수執受는 바깥 경계를 접촉할 때에 그것을 받아들여 잃어버리지 않고
고苦·락樂 등의 감각을 내는 것이다.

399 행상行相은 제오문第五門이고, 소연所緣은 제사문第四門에 소연행상문所緣行
相門이다.

400 注에 合門이란, 제오문第五門과 제사문第四門을 합하여 물은 것이다.

401 모든 종자라고 한 등은『유식론』의 뜻을 잡아 말하기를 종자라고 한 것은
말하자면 모든 행상의 이름과 분별 습기이고, 근신이라고 한 것은 말하자면
모든 색근과 그리고 색근의 의지할 바 처소이니, 이 두 가지가 다 이 식의
집수執受할 바라 하니 대개 말한 바 내집수內執受와 외집수外執受이다. 역시
『잡화기』의 말이다.

다음 논에 말하기를 가히 알 수 없다고 한 것은 말하자면 이 행상이
지극히 미세한 까닭으로 가히 요달하여 알기 어려운 것이요(이것은
견분을 밝힌 것이다)

혹은 이 반연할 바 내집수內執受[403]의 경계가 또한 미세한 까닭이며
외집수外執受[404]의 기세간이 그 양이 측량하기 어려운 까닭으로 가히
알 수 없다고 이름한 것이다.

그런 까닭으로 경의 게송에[405] 말하기를

아타나식이 깊고도 깊고 미세하여

일체 종자가 폭류와 같나니,

내가 범우凡愚에게 열어 연설하지 못하는 것은

저기에 분별하고 집착하여 아我를 삼을까 염려한 것이다 하였다.

疏

次句는 頓現萬境이요 下句는 喩所變境이 離心無體라

---

402 유근신有根身은 유색근신有色根身이니 곧 육신肉身이다.

403 내집수內執受는 견분見分 안에 執受이다.

404 외집수外執受는 기세간器世間이다.

405 경의 게송이란, 뒤의 영인본 화엄 6책, p.453, 2행에 전지경계前之經偈라는
말을 『잡화기』에서 해석하면서 『능가경』의 게송이라 하였다. 『유식삼십송唯
識三十頌』에는 이 말이 없다. 『유식삼십송』엔 영인본 화엄 6책, p.455, 3행에
인용한 것처럼 초아뢰야식初阿賴耶識은 이숙일체종異熟一切種 운운으로 되어
있을 뿐이다.

다음 구절은 문득 만 가지 경계를 나타낸 것이요
아래 구절은 변화한 바 경계가 마음을 떠나서 자체성이 없음에
비유한 것이다.

鈔

次句頓現萬境者는 亦卽彼果相門에 云異熟이라 論云호대 此是能引
諸界趣生의 善不善業의 異熟果故라하니 卽通辨此識의 能變之義라
此是第一能變이 頓現萬境이니 故楞伽云호대 譬如明鏡이 頓現萬像
인달하야 現識處現도 亦復如是라하니라 下句喩所變等者는 以無體
故로 無可相知니 故問明品云호대 諸法無作用이며 亦無有體性일새
是故彼一切가 各各不相知라하니라

다음 구절은 문득 만 가지 경계를 나타낸다고 한 것은 또한 곧
저『유식론』의 제 두 번째 과상문 게송(果相門偈)[406]에 이숙과를 말한
것이다.
『유식론』[407]에 말하기를 이것은 능히[408] 삼계에 육취 중생의 선업과
불선업의 이숙과를 인생引生하는 까닭이다 하였으니,
곧 이 식이 능변能變하는 뜻을 통틀어 분별한 것이다.

---

406 果相門 아래에 偈 자가 빠졌다.
407 論은『성유식론成唯識論』제삼권第三卷이다.
408 이것은 능히라고 한 등의 이것이란 제팔식을 가리키나니, 이 제팔식이
　　능히 삼계에 육취 중생의 선·악 등의 이숙과를 인생引生함을 말하는 것이다.
　　역시『잡화기』의 말이다.

이것은 제일능변이 문득 만 가지 경계를 나타내는 것이니,
그런 까닭으로 『능가경』에 말하기를 비유하자면 밝은 거울이 문득
만 가지 형상을 나타내는 것과 같아서 현식現識[409]이 곳곳에 경계를
나타내는 것도 또한 다시 이와 같다 하였다.
아래 구절은 변화한 바 경계라고 한 등은 자체성이 없는 까닭으로
가히 서로 알지 못하는 것이니,
그런 까닭으로 문명품 게송에 말하기를
모든 법은 작용이 없으며
또한 자체성이 없기에
이런 까닭으로 저 일체가
각각 서로 알지 못한다 하였다.

疏

又常不住者는 無住爲本故요 無量難思는 總標深廣이라 下二句
는 釋이니 示現一切는 廣故難思요 各不相知는 深故難思라

또 항상 머물지 않는다고 한 것은 머무름이 없는 것으로 근본을
삼는 까닭이요
한량도 없고 사의하기도 어렵다고 한 것은 깊고도 넓은 것을 한꺼번
에 표한 것이다.

---

[409] 현식現識은 경계를 나타내는 식識이니 제팔식第八識이 가지가지 경계의
현상을 나타내는 것을 말한다.

아래 두 구절은 해석이니

일체 색상을 나타내었다고 한 것은 넓은 까닭으로 사의하기 어렵다는 것이요

각각 서로 알지 못한다고 한 것은 깊은 까닭으로 사의하기 어렵다는 것이다.

鈔

又常不住下는 上約法相일새 常不住言이 是刹那生滅이어니와 今明不者는 卽是無義니 常不住者는 卽常無住니라 無住는 卽實相異名이니 故從無住本으로 立一切法이라 斯法性宗에 眞心隨緣하야 成萬有故로 深廣難思니 前之經偈는 亦可證此니라

또 항상 머물지 않는다고 한 것이라 한 아래는 위에서는 법상종을 잡았기에 항상 머물지 않는다는 말이 이에 찰나 생멸의 뜻이었거니와, 지금에는 머물지 않는다는 것이 곧이 없다는 뜻임을 밝힌 것이니 항상 머물지 않는다는 것은 곧 항상 머무름이 없다는 것이다.

머무름이 없다는 것은 곧 실상의 다른 이름이니

그런 까닭으로 머무름이 없는 근본을 좇아 일체법을 세운 것이다.

이것은 법성종에 진심이 인연을 따라[410] 만유를 이루는 까닭으로

---

410 진심이 인연을 따른다고 한 것은 묻겠다. 만약 이 해석을 의지한다면 위에 진심과 망심이 의지한다고 한 것으로 더불어 어떻게 다른가. 답하겠다. 이 위에는 진심의 분상에 있어 이 진심이 인연을 따라 저 마음과 경계

깊고도 넓어 사의하기 어렵다 한 것이니,
앞에 경의 게송은[411] 또한 가히 이것을 증거한 것이다.

등의 법을 이룸을 말하는 것이요, 지금에는 곧 제팔식의 분상에 있어 이
제팔식의 인연을 따라 법을 이루는 것이 온전히 이 진심이 인연을 따라
법을 이루는 것을 말하는 것이니, 무엇 때문인가. 이 제팔식이 온전히 진심으
로써 그 자체를 삼는 까닭이다. 그런 까닭으로 같지 않는 것이다. 역시
『잡화기』의 말이다.

411 앞에 경의 게송이라고 한 것은 『능가경』에 여래장식이 상주한다 한 등의
게송을 가리킨 것이다. 또한 곧 아타나식이 깊고도 깊고 미세하다 한 등의
게송이니, 깊고도 깊다고 한 말은 그 뜻이 진심으로 이루어진 바이기에
하나와 같고 항상한 것과 같은 까닭이니 여기에 깊고도 넓어 사의하기
어렵다는 말로 더불어 서로 같은 것이다. 역시 『잡화기』의 말이다.

經

譬如工畫師가　　　不能知自心이나
而由心故畫인달하야　諸法性如是하니다

비유하자면[412] 화가가
능히 자기의 마음을 알지 못하지만
마음을 인유한 까닭으로 그림을 그리는 것과 같아서
모든 법의 자체성도 이와 같습니다.

疏

三에 一偈는 重喩上來不相知義니 謂非唯所畫之法이 自不相知
로 喩所變之境이 無有體性이라 能畫之心도 念念生滅하야 自不相
知일새 故亦不能知於所畫로 雙喩心境이 皆無自性하야 各不相
知니 故言不能知自心이나 而由心故畫라하니라 又雖不知畫心이

---

412 경문에 비유하자면 운운한 등은 이 게송을 소문 가운데 네 가지 뜻으로
　　해석하였으니, 처음에 뜻으로 토吐를 말하면 자심自心"하며" 고화故畫"이니"
　　이 위에는 마음이 자체가 없음을 나타낸 것이고, 이 아래는 경계가 자체가
　　없음을 나타낸 것이니, 그림은 마음을 인유하여 나타나는 까닭으로 자성이
　　없는 것이다. 제 두 번째 뜻은 자심自心"이나" 토이고, 제 세 번째 뜻은
　　자심自心"일새" 토이고, 제 네 번째 뜻은 또한 제 세 번째 토와 같지만
　　그러나 그 뜻은 곧 다름이 있고, 또 제 두 번째 토로 더불어도 같지만
　　그러나 저 제 두 번째는 무애를 잡았고, 여기는 상성相成을 잡은 것이다.
　　역시 『잡화기』의 말이다.

나 而由心能畫로 喩衆生이 雖迷心現量이나 而心變於境이며 又由
不能知所畫가 但畫於自心일새 故能成所畫로 喩衆生이 由迷境
唯心하야 方能現妄境이며 又喩正由無性하야 方成萬境이니 故云
諸法性如是라하니라

세 번째 한 게송은 상래에 서로 알지 못한다는 뜻을 거듭 비유한
것이니,
말하자면 오직 그릴 바 법이 각자 서로 알지 못하는 것으로 변할
바 경계가 자체성이 없음에 비유한 것일 뿐만 아니라 능히 그리는
마음[413]도 생각 생각에 생멸하여 각자 서로 알지 못하기에 그런
까닭으로 또한 능히 그릴 바도 알지 못하는[414] 것으로 마음과 경계가
다 자성이 없어서 각각 서로 알지 못함에 함께 비유한 것이니,
그런 까닭으로 말하기를 능히 자기의 마음을 알지 못하지만 마음을
인유한 까닭으로 그림을 그리는 것과 같다 하였다.

또 비록 화가가 자기의 마음을 알지 못하지만 마음을 인유하여
능히 그림을 그리는 것으로 중생이 비록 마음을 미혹하여 사량함을
나타내지만 마음이 경계를 변화함에 비유한 것이며
또 능히[415] 그릴 바가 다만 자기 마음으로 그리는 줄 알지 못함을
인유하기에 그런 까닭으로 능히 그릴 바를 이루는 것으로[416] 중생이

---

413 원문에 능화지심能畫之心은 제삼구第二句이다.
414 원문에 역불능지亦不能知 운운은 제삼구第三句이다.
415 원문에 우유불능지又由不能知 운운은 제이구第二句이다.

경계가 오직 마음인 줄 미혹함을 인유하여 바야흐로 능히 허망한
경계가 나타남에 비유한 것이며
또 바로 자성이 없음을 인유하여[417] 바야흐로 만 가지 경계를 이룸[418]에
비유한 것이니
그런 까닭으로 말하기를 모든 법의 자체성도 이와 같다 하였다.

鈔

能盡之心者는 心雖慮知나 今取生滅不住일새 故不能知니 以前念
已滅하고 後念未生이라 未生에 無體能知前念하고 前念已滅에 復無
可知일새 前念도 亦不知後니라 前念已滅에 無有能知하고 後念未生
에 亦無所知니 能知之心이 旣不自知인댄 安能知所리요 雙喩心境下
는 合文可知라 然釋此偈에 總有四意하니 一은 明性空이니 以性空故
로 不能知自心이라 二에 又雖不知下는 明雖性空이나 不礙緣起라
三에 又由不能下는 明由迷眞起似니 若悟自心인댄 不造妄境이라 四
에 又正由下는 卽以有空義故로 一切法得成耳라 云諸法性如是者
는 通結四意라 然唯識論에 第一能變이 有兩偈半호대 而有十門하니
上隨用已辨거니와 今當具出하리라 偈云호대 初阿賴耶識은(卽自性
門) 異熟(二果相門) 一切種(三因相門)이며 不可知執受와 處(四所緣
境界門) 了(五行相門) 常與觸과 作意受想思로 相應(六相應門) 唯捨

416 원문에 고능성소화故能成所畫는 제삼구第三句이다.
417 원문에 우정유무성又正由無性은 제삼구第二句이다.
418 원문에 방성만경方成萬境은 제삼구第三句이다.

受며(七五受俱門) 是無覆無記니(八三性門) 觸等亦如是하니라(同上
第八) 恒轉如瀑流하니(九因果譬喩門) 阿羅漢位捨라하니라(十斷伏
位次門) 上之十門이 疏中已有일새 隨配可知어니와 前後有此相하니
當例可知라

능히 그리는 마음이라고 한 것은 마음이 비록 생각하여 아는 것이지
만 지금에는 생멸하여 머물지 아니함을 취하기에 그런 까닭으로
능히 알지 못하는 것이니,
앞에 생각이 이미 사라지고 뒤에 생각이 아직 생기하지 아니한
것이다.
아직 생기하지 아니함에 그 자체가 능히 앞에 생각을 알지 못하고,
앞에 생각이 이미 사라짐에 다시 가히 알지 못하기에[419] 앞에 생각도
또한 뒤에 생각을 알지 못하는 것이다.
앞에 생각이 이미 사라짐에 능히 알지 못하고 뒤에 생각이 아직
생기하지 아니함에 또한 알 바가 없나니, 능히 아는 마음이 이미
스스로 알지 못한다고 한다면 어찌 능히 알 바를 알겠는가.

마음과 경계가 다 자성이 없어서 각각 서로 알지 못함에 함께 비유한
것이라고 한 아래는 법합문(合文)이니 가히 알 수가 있을 것이다.
그러나 이 게송을 해석함에 모두 네 가지 뜻이 있나니
첫 번째는 자성이 공함을 밝힌 것이니 자성이 공한 까닭으로 능히

---

419 원문에 무가지無可知란, 무소지無所知이다.

자기의 마음을 알지 못하는 것이다.

두 번째[420] 또 비록 화가가 자기의 마음을 알지 못하지만 마음을 인유한다고 한 아래는 비록 자성이 공하지만 인연으로 생기함에 걸림이 없음을 밝힌 것이다.

세 번째 또 능히 그릴 바가 다만 자기 마음으로 그리는 줄 알지 못함을 인유한다고 한 아래는 진실을 미혹함을 인유하여 흡사[421]함을 일으키는 것을 밝힌 것이니, 만약 자기의 마음을 깨닫는다면 허망한 경계를 만들지 않을 것이다.

네 번째 바로 자성이 없음을 인유한다고 한 아래는 곧 공의 뜻이 있는 까닭으로 일체법을 이룸을 얻는 것이다.

모든 법의 자성도 이와 같다고 말한 것은 네 가지 뜻을 모두 맺는 것이다.

그러나 『유식론』에는 제일능변이 두 게송 반이 있으되 십문十門이 있나니

위에서 작용을 따라 이미 분별하였거니와 지금에 마땅히 갖추어 설출하겠다.

『유식삼십송』에 말하기를 처음 아뢰야식(곧[422] 자성문이다)은 이숙식(두 번째 과상문이다)이며, 일체종식(세 번째 인상문이다)이며, 가히 집수와

처소(네 번째 소연행상문이다)와 요별(다섯 번째 행상문이다)을 알지
못하며, 항상 촉觸과

작의作意와 수受와 상想과 사思로 더불어
상응(여섯 번째 상응문이다)하며, 오직 사수捨受(일곱 번째 오수구문[423]
이다)뿐이며,
이 무부무기無覆無記(여덟 번째 삼성문이다.)이니,
촉觸 등도 또한 이와 같다(위에 여덟 번째와 같다).[424]

항상 유전하는 것이 폭류와 같나니(아홉 번째 인과비유문이다)
아라한의 지위에서 버린다[425] 하였다(열 번째 단복위[426]차문이다).

위에 십문이 소문 가운데 이미 있었기에[427] 따라서 배속하면 가히

---

423 오수구문五受俱門은 우우憂·희喜·고苦·락樂·사捨이다.

424 원문에 역여시亦如是는 촉등觸等도 무부무기無覆無記라는 것이다. 『잡화
기』는 촉 등도 또한 이와 같다고 한 것은 이 위에 심왕을 가리켜 무부무기
등을 말한 까닭으로 여기에 심소로써 비례한 것이다 하였다.

425 원문에 아라한위사阿羅漢位捨는, 아뢰야식阿賴耶識은 아라한의 지위에서 버
린다는 것이다.

426 단복위斷伏位는 伏斷位라고도 한다. 번뇌를 아주 끊어 제복한 지위라는
뜻이다.

427 원문에 상십문上十門 소중이유疏中已有는 다만 上鈔文에 가리킨 五門만 있고
十門을 갖추고 있지는 않다.
   上鈔文의 五門이라고 한 것은 영인본 화엄 6책, p.449, 10행에 第九因果譬喩

알 수가 있을 것이어니와, 전후에 이 모습이 있으니 마땅히 비례하면 가히 알 수가 있을 것이다.

門과 같은 책 p.450, 9행에 第三因相門과 같은 책 p.450, 10행에 第五行相門과 같은 책 p.451, 11행에 第四所緣行相門이니, 초문鈔文에 있고 소문疏文에는 없다.

經

心如工畫師가　能畫諸世間인달하야
五蘊悉從生하야 無法而不造하니다

마음은 화가가
능히 모든 세간을 그리는 것과 같아서
오온도 다 그로 좇아 생기하여
법마다 만들지 아니함이 없습니다.

疏

第二에 五偈合이라 於中分四리니 初一偈는 合初二句나 初句는
合最初句니 心者는 卽總相之心也라 下三句는 合第二句니 諸世
間者는 卽諸彩色이니 此句爲總이라 下出諸相이니 卽蘊界處라 故
云無法不造라하니 故晉譯云호대 造種種五蘊이라하니라 正法念
云호대 心如畫師手하야 畫出五彩하나니 黑青赤黃白과 及白白이
라하니 故上文云호대 布諸彩色이라하니라 畫手는 譬心이요 六色은
如次喩地獄鬼畜修羅人天이라 若言種種인댄 則十法界와 五蘊
等法이 皆心所造니라

제 두 번째 다섯 게송은 법합이다.
그 가운데 네 가지로 나누리니
처음에 한 게송은 처음 두 구절을 법합한 것이나 처음 구절은 최초의

구절을 법합한 것이니,

마음이라고 한 것은 곧 총상總相의 마음이다.

아래 세 구절[428]은 제 두 번째 구절을 법합한 것이니,

모든 세간이라고 한 것은 곧 모든 채색이니 이 구절이 총상이 되는 것이다.

아래 구절은 모든 모습[429]을 설출한 것이니 곧 오온·십팔계·십이처이다.

그런 까닭으로 말하기를 법마다 만들지 아니함이 없다 하였으니, 그런 까닭으로 진역경에[430] 말하기를 가지가지 오온五蘊을 만든다 하였다.

『정법념처경』[431]에 말하기를 마음은 화가의 손과 같아서 다섯 가지 채색[432]을 그려내나니 흑과 청과 적과 황과 백과 그리고 백백白白이다 하였으니,

그런 까닭으로 위의 경문[433]에 말하기를 모든 채색彩色을 분포한다 하였다.

화가의 손이라고 한 것은 마음에 비유한 것이요

---

428 원문에 下三句는 今偈의 下三句요, 第二句는 上喩 가운데 第二句이다.

429 원문에 제상諸相은 곧 별상別相이다.

430 그런 까닭으로 진역경 운운한 것은 저 오온 가운데 스스로 가지가지가 있음을 이끌어 법마다 짓지 아니함이 없음을 증거함에 모두 세 가지 과목을 거론하였지만 다만 이 부분적 증거일 뿐이다. 역시 『잡화기』의 말이다.

431 『정법념처경正法念處經』은 70권으로 구담 반야류지가 번역하였다.

432 원문에 오채五彩는 구체적으로는 여섯 가지 색(六色)이다.

433 원문에 上文이란, 영인본 화엄 6책, p.443, 3행이다.

여섯 가지 색이라고 한 것은 차례와 같이 지옥·아귀·축생·아수라·
인간·천상에 비유한 것이다.
만약 가지가지라고 말한 것이라면 곧 십법계와 오온 등의 법이
다 마음이 만든 바라는 것이다.

鈔

心者는 如前喩中已辨하니라 第二句者는 此句有二하니 一은 從能畫
인댄 卽屬上因이요 二는 從諸世間之言인댄 卽屬於果니 則上半은 是
因能變이요 下半은 屬果能變이라 故唯識云호대 能變有二하니 一은
因能變이니 謂第八識中에 等流異熟의 二因習氣니(卽種子現行門)
此二習氣를 俱名因能變이라하니 此總辨也니라 論云호대 等流習氣
는 由七識中에 善惡無記熏하야 令增長이요(三種子中에 各生自現이
니 除第八識의 不能熏故라) 異熟習氣는 由六識中에 有漏善惡熏하야
令增長이라(除第七識과 及無記者의 非異熟因故니 前是因緣이요 此增
上緣也라) 二에 果能變者는 謂前二種習氣力故로 有第八識이 生現
種種相이니(卽前二因으로 所生現果니 謂有緣法의 能變現者를 名果能
變이라 種種相者는 卽是第八識相應하는 心所見分等也라) 等流習氣로
爲因緣故로 八識體相이 差別而生인 名等流果니 果似因故니라(卽
現八識에 三性種子가 各生自現이 名等流果니 所生之果가 與能生種性으
로 是一果故라) 異熟習氣로 爲增上緣하야 感第八識하야 酬引業力하
야 恒相續故니 故云異熟이라하며 感前六識하야 酬滿業者가 從異熟
起일새 名異熟生이요 不名異熟이니 有間斷故니라 卽前異熟과 及異

熟生을 名異熟果니 果異因故라하니라 釋曰以五陰으로 無法不造가
皆異熟也니라 如次喩等者는 黑卽地獄이니 黑業黑報故요 黃卽中方
이니 修羅非天이며 亦復非人이니 季孟間故요 人白者는 多善業故요
天白白者는 因果俱善故니 九地當廣하리라 則十法界五蘊者는 謂六
道四聖이니 四聖中에 佛在後偈하고 二乘菩薩은 攝在種種之中하니
라 旣言無法不造인댄 亦不揀二乘菩薩이라 更云等法者는 以今經無
法不造라하니 三科萬類가 皆心造也니라

마음이라고 한 것은 앞의 비유 가운데서 이미 분별한 것[434]과 같다.
제 두 번째 구절[435]이라고 한 것은 이 구절에 두 가지가 있나니
첫 번째는 능화能畫를 좇는다면 곧 위의 원인에 속하는 것이요
두 번째는 모든 세간이라는 말을 좇는다면 곧 과보에 속하는 것이니,
곧 위에 반 게송은[436] 이것은 인능변因能變이요
아래 반 게송은 과능변果能變에 속하는 것이다.
그런 까닭으로 『유식론』에 말하기를 능변에 두 가지가 있나니
첫 번째는 인능변이니[437] 말하자면 제팔식 가운데 등류와 이숙의

---

434 원문에 전유중이변前喩中已辨이란, 영인본 화엄 6책, p.443, 8행 초문鈔文에
함진함망含眞含妄하며 유능유소有能有所 운운한 것이니, 모두 마음이라는
것이다. 따라서 上 소문疏文, 즉 같은 책 p.443, 6행에 初偈初句는 一心에
비유한다고 하였다. 初偈初句란, 비여공화사譬如工畫師라 한 것이다.

435 원문에 第二句者란, 今 게송偈頌 가운데 제이구第二句이지 소문疏文 가운데
제이구第二句가 아니다.

436 위에 반 게송 운운한 것은 총상의 마음 가운데 다만 생멸문 가운데 팔식을
따로 취한 까닭이라고 『잡화기』는 말하였다.

이인二因습기이니(곧 종자와 현행문[438]이다), 이 이인습기를 함께 인[439]
능변이라 이름한다 하였으니
이것은 한꺼번에 분별한 것이다.

『유식론』에 말하기를 등류습기等流習氣[440]는 제칠식 가운데 선과

---

437 첫 번째는 인능변이라고 한 것은 변變이라고 한 것은 이 생멸의 뜻이니
　등류와 이숙의 이인二因습기가 능히 제팔식의 현행의 과보를 생기하는 까닭
　으로 인능변이요, 제팔식의 현행의 과보가 능히 심소의 견분 등의 모습을
　나타내는 까닭으로 과능변이라 말하는 것이니, 그 뜻은 궐자권闕字卷 80장,
　상 1행을 볼 것이다. 또 『유식론』 본주本註에 말하기를 과果는 인因을 따라
　변하는 까닭으로 앞에 이인二因습기가 팔식을 인생引生함으로 과보를 삼는다
　하였다. 이인습기라고 한 것은 『유식론』 주註에 말하기를 습기는 종자이기에
　그런 까닭으로 인능변이라 이름하나니 훈습할 때에 저 기분氣分을 받는
　것이 이름이 습인 것이다. 등류라고 한 것은 동류同類이니 친생親生의
　뜻이 있고, 이숙이라고 한 것은 각각 따로 상조相助의 뜻이 있다 하였다.
　역시 『잡화기』의 말이다.

438 주註에 종자와 현행문이라고 한 것은 종자는 곧 이인二因습기이고, 현행은
　곧 과능변果能變이라고 『잡화기』는 말한다. 종자種子는 인습기因習氣이고,
　현행現行은 과습기果習氣이다.

439 因 자 아래에 能 자가 있어야 한다.

440 등류습기等流習氣는 칠식七識 가운데 삼성三性의 종자種子로 능훈能熏을 삼아
　제팔식第八識과 통팔식通八識 가운데 삼성三性의 종자種子를 훈습하여 증장
　하여 현행現行의 과보果報를 내나니, 인과因果가 상사相似한 까닭으로 등류等
　流라 하는 것이다.
　『잡화기』는 등류습기는 제칠식 가운데라고 한 등은 『유식론』 주에 말하기를
　앞에 칠식이 삼성三性의 힘으로써 제팔식을 훈습하여 종자가 생장함을 이루
　고, 뒤에 종자를 좇아 앞에 칠식의 현행을 생기하나니, 인과가 상사한 유형인
　까닭으로 등류라 이름한다 하였다.

악과 무기가 훈습⁴⁴¹함을 인유하여 하여금 증장케 하는 것이요(세
가지 종자 가운데 각각 각자의 현행을 생기하는 것이니⁴⁴² 제팔식의 능히
훈습할 수 없는 것은 제외하는 까닭이다)

이숙습기異熟習氣⁴⁴³는 제육식 가운데 유루의 선과 악이 훈습함을
인유하여 하여금 증장케 하는 것이다(제칠식과 그리고 무기의 이숙인
이 아닌 것은 제외⁴⁴⁴하는 까닭이니, 앞은 인연이요 여기⁴⁴⁵는 증상연이다).
두 번째 과능변은 말하자면 앞에 두 가지 습기의 힘인 까닭으로
제팔식이⁴⁴⁶ 가지가지 모습을 생기하여 나타냄이 있나니(곧 앞의

---

441 원문에 훈熏이란, 선악무기善惡無記가 제팔식第八識을 훈습하는 것이다.
442 주註에 각각 각자의 현행을 생기한다고 한 것은 이것은 과보이니, 이것은
  등류의 이름을 해석한 것이라고 『잡화기』는 말한다.
443 이숙습기異熟習氣는 육식六識의 선인善因과 악인惡因이 훈습하여 증장하여
  제팔식第八識의 무기과無記果를 감득하나니, 과果가 인因과 다른 까닭으로
  이숙異熟이라 하는 것이다.
  『잡화기』는 이숙습기는 제육식 가운데라고 한 등은 『유식론』 주에 말하기를
  앞에 육식은 오직 이성二性으로써 제팔식을 훈습하여 선과 악의 종자를
  이루어 그로 하여금 생장케 하고, 뒤에 선과 악의 이성二性을 좇아 제팔식을
  불러 고락을 받나니, 이것은 무기성無記性이다. 인과가 각각 다르기에 이숙이
  라 이름한다 하였다고 하였다.
444 주註의 원문에 제제칠식除第七識이라고 한 것은, 제칠식第七識은 인업引業과
  만업滿業을 짓지 않기에 이숙인異熟因이 아닌 까닭으로 제외하는 것이다.
445 주註에 앞이란 등류습기等流習氣이고, 여기란 이숙습기異熟習氣이다.
446 제팔식이 운운한 것은 이것은 한꺼번에 분별한 것이지만, 그러나 다만
  제팔식만 거론한 것은 제팔식이 이 총과總果인 까닭이다. 역시 『잡화기』의
  말이다.

이인二因으로 생기하여 나타낸 바 과보이니, 말하자면 인연의 법이 능히
변현함이 있는 것을 과능변이라 이름하는 것이다. 가지가지 모습이라고
한 것은 곧 이것은 제팔식과 상응하는 심소의 견분 등이다)

등류습기로 인연을 삼는[447] 까닭으로 팔식 자체의 모습이 차별함을
생기하는 것이 이름이 등류과이니 과보가 원인과 흡사한 까닭이다
(곧 팔식에 삼성의 종자가[448] 각각 각자의 현행을 생기하는 것이 이름이
등유과임을 나타낸 것이니 소생所生의 과보가 능생의 종성으로 더불어
이 일류[449]인 까닭이다).

이숙습기로 증상연[450]을 삼아 제팔식을 감득하여 인업引業[451]의 힘을
갚아 항상 상속하는 까닭이니, 그런 까닭으로 말하기를 이숙이라
하였으며

---

447 등류습기로 인연을 삼는다고 한 것은 저 『유식론』 주에 말하기를 인연이라고
    한 것은 자성을 좇아 각자의 현행을 생기하는 까닭이다 하였다. 역시 『잡화
    기』의 말이다.

448 주註에 곧 팔식에 삼성의 종자가 운운한 것은 앞에 등류습기를 인유한다고
    한 것을 계교하여 여기 현재 팔식을 감득하지만, 그러나 팔식 가운데 삼성의
    종자가 각각 각자의 현행을 생기하는 까닭으로 말하기를 등류과라 하였다.
    역시 『잡화기』의 말이다.

449 원문에 果는 類의 잘못인 듯하다.

450 증상연이라고 한 것은 『유식론』 주에 말하기를 선업과 악업이 제팔식을
    이끌어내어 저 인업引業을 갚아 장시토록 간단이 없이 하기에 이숙이라는
    이름을 세운 것이다 하였다. 대게 다만 이숙만 말하고 생기하는 것은 말하지
    아니한 까닭으로 간단이 없다고 말한 것이니 만약 생기하는 것을 말한다면
    이것은 간단이 있는 것이다. 역시 『잡화기』의 말이다.

451 인업引業은 중생衆生의 과보를 이끌어내는 힘이다.

전육식을 감득하여 만업滿業⁴⁵²을 갚는⁴⁵³ 것이 이숙을 좇아 생기하기
에 이숙생이라 이름하고, 이숙이라 이름하지 아니하였으니 간단이
있는 까닭이다.

곧 앞에 이숙과⁴⁵⁴ 그리고 이숙생을 이숙과라 이름하는 것이니 과보가
원인과 다른 까닭이다 하였다.

해석하여 말하면 오음으로써 법마다 만들지 아니함이 없는 것이
다 이숙이다.

차례와 같이 비유한 등이라고 한 것은 말하자면 흑黑은 곧 지옥이니
업⁴⁵⁵도 검고 과보도 검은 까닭이요

황黃은 곧 중방中方이니 아수라는 하늘도 아니며 또한 다시 사람도
아니니 계季와 맹孟⁴⁵⁶의 중간인 까닭이요

---

452 만업滿業은 별보업別報業이라고도 하나니, 별보를 받게 되는 업業이다.

453 만업滿業을 갚는다고 한 그 만업은 곧 이숙습기 가운데 앞에 오식 가운데
지은 바 업이다. 대개 이 가운데 감득한 바 제팔식과 전육식은 다 무기無記를
가리킨 것이다. 역시 『잡화기』의 말이다.

454 곧 앞에 이숙이라 운운한 것은 『유식론』 주에 말하기를 단적으로 이숙이라고
만 이름한다면 곧 제팔식이고, 만약 이숙과라고 이름한다면 팔식을 온전히
다 거두는 것이니 총보總報의 주과主果가 원만한 까닭이다 하였다. 이 가운데
인업引業과 만업滿業의 해석은 『회현기』 25권, 초 6장, 상 10행과 그리고
야자권夜字卷 상권, 27장을 볼 것이다. 역시 『잡화기』의 말이다.

455 원문에 黑黑業의 業 자는 위에 黑 자 아래에 가야 한다. 즉 흑업흑보黑業黑報라
할 것이다.

456 계季와 맹孟이란, 노魯나라 계손씨季孫氏와 맹손씨孟孫氏는 다 노나라 대부이
니 비슷하다는 뜻이고, 또 계절의 처음(孟, 첫 맹)과 끝(季, 끝 계)이라는

인간을 백白이라고 한 것은 선업이 많은 까닭이요

하늘을 백백白白이라고 한 것은 인과가 함께 선한 까닭이니 구지에서

폭넓게 설하겠다.

곧 십법계와 오온이라고 한 것은 말하자면 육도六道와 사성四聖이니

사성 가운데 부처님은 뒤의 게송에 있고, 이승二乘과 보살은 가지가

지⁴⁵⁷라고 말한 가운데 함섭되어 있다.

이미 법마다 만들지 아니함이 없다고 말하였다면 또한 이승과 보살

을 가리지 아니한 것이다.

다시 말하기를 등等의 법이라고 한 것은 지금 경에 법마다 만들지

아니함이 없다 하였으니,

삼과三科⁴⁵⁸와 만류가 다 마음이 만든다는 것이다.

뜻이니 孟은 非天이요, 季는 非人이라는 뜻을 말하고 있다.

457 원문에 종종種種이란, 즉 게송偈頌이니, 곧 진역晉譯에 종종오온種種五蘊이라

하였다.

458 삼과三科는 오온五蘊과 십이처十二處와 십팔계十八界이다.

經

如心佛亦爾하며 如佛眾生然하나니
應知佛與心이　體性皆無盡하니다

若人知心行이　普造諸世間인댄
是人則見佛하야 了佛眞實性하리다

마음과 같아서 부처도 또한 그러하며
부처와 같아서 중생도 그러하나니[459]
응당히 부처와 더불어 마음이
자체성이 다 끝이 없는 줄 알아야 할 것입니다.

만약 어떤 사람이 마음의 행위가
널리 모든 세간을 만드는 줄 안다면
이 사람은 곧 부처를 보아
부처의 진실한 자성을 요달할 것입니다.

疏

次二頌은 合前初偈下半이라 於中二니 初一은 擧例以合이니 由成

---

[459] 부처와 같아서 중생도 그러하다고 한 것은 앞에서 세간의 오온을 말하고
지금에 또 중생에 비례한 것은 앞에는 기세계에 통하고, 지금에는 오직
중생만 잡아 말한 까닭이다. 역시 『잡화기』의 말이다.

前諸言이라 謂如世五蘊이 從心而造하야 諸佛五蘊亦然하며 如佛
五蘊하야 餘一切衆生亦然하나니 皆從心造니라 然心是總相이니
悟之名佛일새 成淨緣起요 迷作衆生일새 成染緣起니 緣起는 雖有
染淨이나 心體不殊니라 佛果契心하야 同眞無盡거니와 妄法有極
일새 故不言之니라

다음에 두 게송은 앞[460]의 처음 게송에 아래 반 게송을 법합한 것이다.
그 가운데 두 가지가 있나니
처음에 한 게송은 예를 들어 법합한 것이니
앞에 모든 말을 성립함을 인유[461]한 것이다.
말하자면 세간에 오온이 마음을 좇아 만들어지는[462] 것과 같아서
모든 부처님의 오온도 또한 그러하며
부처님의 오온과 같아서 나머지 일체중생도 또한 그러하나니,
다 마음을 좇아 만들어지는 것이다.
그러나 마음은 이 총상이니,
그것을 깨달으면 부처라 이름하기에 정연기淨緣起를 이루고 미혹하
면 중생을 만들기에 염연기染緣起를 이루나니, 연기는 비록 염정이
있지만 마음의 자체는 다름이 없는 것이다.
불과佛果는 마음에 계합하여 진성과 같아 끝이 없거니와 허망한

---

460 앞이란, 영인본 화엄 6책, p.455, 말행末行이다.
461 원문에 由 자를 혹 猶 자로 보아 오히려 앞에 모든 말을 성립하는 것이라고
　　해석하기도 한다.
462 원문에 기조起造라 한 起 자는 연자衍字이다.

법(妄法)은 끝이 있기에 그런 까닭으로 말하지 아니하였다.

鈔

然心是總相者는 法界染淨과 萬類萬法이 不出一心이니 是心이 卽攝
一切世間과 出世間法일새 故名總相이요 餘染淨二緣은 各屬二類라
然總說十法界中엔 六道爲染이요 四聖爲淨이라 佛果契心下는 釋其
下半이라 上有三法이어늘 而但說心與佛의 二法無盡하고 不言衆生
者는 謂衆生有盡故니라 心卽總心이니 以眞爲體일새 本自不盡이요
佛果契心하야 始本無二하야 同一圓覺일새 故亦無盡거니와 迷眞起
妄은 無始有終일새 不言無盡이라 然이나 其佛果契心인댄 則佛亦心
造니 謂四智菩提는 則淨八識之所造故요 若取根本인댄 卽淨第八이
라 若依眞諦三藏인댄 此佛淨識을 稱爲第九니 名阿摩羅識이라하며
唐三藏云호대 此翻無垢니 是第八異熟이라 謂成佛時에 轉第八하야
成無垢識이요 無別第九라하니라 若依密嚴文인댄 具說之經云호대
心有八識하고 或復有九라하며 又下卷云호대 如來淸淨藏을 亦名無
垢智라하니 卽同眞諦의 所立第九하고 以出障故로 不同異熟이니 爲
九有由니라 又眞諦所翻決定藏論九識品云호대 第九阿摩羅識이라
하며 三藏釋云호대 阿摩羅識은 有二種하니 一者는 所緣이니 卽是眞
如요 二者는 本覺이니 卽眞如智라 能緣은 卽不空藏이요 所緣은 卽空
如來藏이어니와 若據通論인댄 此二가 並以眞如爲體라하니라 釋曰此
二는 卽起信에 一心二門이니 本覺은 在生滅門하고 一心은 卽眞如故
라 故論云호대 唯是一心일새 故名眞如라하니 無論八九어니와 俱異凡

識이니 卽淨識所造인 四智三身等也니라

그러나 마음은 이 총상이라고 한 것은 법계의 염정과 만류의 만법이 한마음을 벗어나지 않나니,

이 마음이 곧 일체 세간과 출세간의 법을 함섭하기에 그런 까닭으로 총상이라 이름하고, 나머지 염정의 두 가지 연기는 각각 이류二類[463]에 속하는 것이다.[464]

그러나 십법계를 모두 설하는 가운데는 육도가 염연기가 되고 사성四聖[465]이 정연기가 되는 것이다.

불과는 마음에 계합한다고 한 아래는 그 처음 게송에 아래 반 게송을 해석한 것이다.

위에 반 게송에서는 세 가지 법이 있었거늘, 그러나 아래 반 게송에서는 다만 마음과 더불어 부처의 두 법이 끝이 없는 것만 말하고 중생이 끝이 없는 것을 말하지 아니한 것은 말하자면 중생은 끝이 있는 까닭이다.

---

463 이류二類는 중생衆生과 불佛이다.

464 각각 이류二類에 속한다고 한 것은 총상을 상대하여 각각이라 말한 것이니, 염·정이 각자 이 이류二類인 것이다. 그러나 십법계를 모두 설한다고 한 아래는 소가疏家가 경문을 따라 오직 부처님으로써 정연기淨緣起를 삼는 까닭이니, 이것은 진성에 의거하여 말한 것이다. 역시 『잡화기』의 말이다.

465 사성四聖은 성문聲聞, 연각緣覺, 보살菩薩, 불佛이다. 사성과 육도를 합하여 십법계十法界라 한다.

마음은 곧 총상의 마음이니,

진성으로써 자체를 삼기에 본래 스스로 끝이 없고 불과는 마음에 계합하여 시각과 본각이 둘이 없어서 동일한 원각이기에 그런 까닭으로 역시 끝이 없거니와[466] 진성을 미혹하여 허망한 법을 일으키는 것은 시작은 없지만 마침이 있기에 끝이 없다 말하지 않는 것이다.

그러나 그 불과가 마음에 계합하였다면 곧 부처도 또한 마음이 만드는 것이니,

말하자면 사지보리四智菩提는 이 청정한 통팔식이 만드는 바인 까닭이요

만약 근본을 취한다면 곧 청정한 제팔식이다.

만약 진제삼장을 의지한다면 이 부처님의 청정한 식을 이름하여 제구식이라 하나니 이름이 아마라식阿摩羅識이다 하였으며

당삼장은 말하기를 여기에서 번역하면 무구식이니, 이것은 제팔 이숙이다. 말하자면 성불할 때에 제팔식을 전하여 무구식을 이루는 것이고 따로 제구식이 없다 하였다.

만약 『밀엄경』의 문장을 의지한다면 그 경에 갖추어 설하여 말하기를 마음이 팔식이 있고 혹은 다시 구식이 있다 하였으며

또 하권에 말하기를 여래청정장을 또한 무구지라 이름한다 하였으니 곧 진제삼장이 세운 바 제구식과 같고, 장애를 벗어난 까닭으로 당삼장이 세운 바 제팔식(異熟)과는 같지 않나니, 제구식이라 한

---

466 원문 無盡 아래에 혹 중생衆生이라는 두 글자가 빠진 것은 아닌지 의심한다.

것이 이유가 있는 것이다.

또 진제삼장이 번역한 바『결정장론決定藏論』구식품九識品에 말하기를 제구식은 아마라식이다 하였으며
진제삼장이 해석[467]하여 말하기를 아마라식은 그 두 가지가 있나니
첫 번째는 소연所緣이니 곧 이것은 진여요
두 번째는 본각本覺[468]이니 곧 진여의 지혜이다.
능연은 곧 불공여래장이요 소연은 곧 공여래장이거니와, 만약 통론을 의거한다면 이 두 가지가 모두 진여로써 자체를 삼는다 하였다.
해석하여 말하면[469] 이 두 가지는 곧『기신론』에[470] 일심에 두 가지 문이 있나니,
본각은 생멸문에 있고 일심은 진여문에 즉하는 까닭이다.
그런 까닭으로『기신론』에 말하기를 오직 이 일심뿐이기에 그런 까닭으로 이름을 진여라 한다 하였으니,

---

467 원문에 삼장석三藏釋이란, 진제삼장의 해석이다.
468 본각本覺은 곧 능연能緣이다.
469 원문에 석왈釋曰은 청량淸涼스님이 진제眞諦의 해석을 의지하여 당삼장唐三藏이 제구식第九識을 허락하지 않는 것을 가리키는 것이다.
470 곧『기신론』운운한 것은 소연의 진여는 이 진여문이고, 능연能緣의 본각은 생멸문이고, 아울러 진여로 자체를 삼는 것은 이 두 가지 문門을 섭수하여 일심에 돌아가는 것이고, 앞에 진여를 말한 것은 이 별別이고, 뒤에 진여를 말한 것은 총總인 까닭이다. 그러나 이 가운데 소연의 진여가 진여문에 있다고 말하지 아니한 것은 문장에 이미 나타나 있는 까닭이다. 역시『잡화기』의 말이다.

제팔식과 제구식은 물론[471]이거니와 범식凡識과도 모두 다르나니 곧 청정식이 만든 바 사지보리와 삼신 등이다.

疏

若依舊譯云인댄 心佛與衆生이 是三無差別이라하니 則三皆無盡이라 無盡은 卽是無別之相이라

만약 구역舊譯을 의지하여 말한다면 마음과 부처와 더불어 중생이
이 셋이 차별이 없다 하였으니,
곧 세 가지가 다 끝이 없다는 것이다.
끝이 없다는 것은 곧 이것은 차별이 없는 모습을 말하는 것이다.[472]

鈔

若依舊下는 二에 會晉譯이라 則三皆無盡이라하나 而二經互闕하니 唐闕衆生하고 晉闕無盡이라 故有第三에 別更立理니라

---

471 원문에 무론無論은 물론勿論과 같다.
472 끝이 없다는 것은 곧 이것은 차별이 없는 모습을 말하는 것이라고 한 것은 만약 다만 차별이 없다고만 말하였다면 아직 반드시 끝이 없다는 것을 나타낸 것은 아니거니와, 만약 마음과 부처와 중생의 이 셋이 다 끝이 없다고 말하였다면 이미 이것은 차별이 없다는 뜻이니, 저 경문에 차별이 없다는 말이 곧 이 끝이 없다는 것을 말한 것은 아니다. 만약 그렇다면 무슨 까닭으로 초가鈔家가 진역에는 끝이 없다는 것이 빠졌다 말하겠는가. 역시 『잡화기』의 말이다.

만약 구역을 의지하여 말한다면이라고 한 아래는 두 번째 진역을
회통한 것이다.

곧 세 가지가 다 끝이 없다고 하였지만 두 경이 서로 빠졌으니
당역에는 중생이 빠졌고[473] 진역에는 끝이 없다는 것이 빠졌다.[474]
그런 까닭으로 제 세 번째 따로 다시 이치를 세운 것이 있다.

疏

應云호대 心佛與衆生이 體性皆無盡이라하리니 以妄體本眞일새
故亦無盡이라 是以如來가 不斷性惡이 亦猶闡提가 不斷性善하
니라

응당히 말하기를 마음과 부처와 더불어 중생이 자체성이 다 끝이
없다 해야 할 것이니,
망법의 자체가 본래 진성이기에 그런 까닭으로 또한 끝이 없는
것이다.
이런 까닭으로 여래가 성악性惡을 끊지 않는 것이 또한 천제闡提가
성선性善을 끊지 않는 것과 같다 하겠다.

---

473 원문에 당궐중생唐闕衆生이란, 上 경문經文엔 응지불여심應知佛與心이 체성개
　　무진體性皆無盡이라 하여 중생衆生이라는 말이 없다.
474 원문에 진궐무진晉闕無盡이란, 진역인 구역엔 심불급중생心佛及衆生이 시삼
　　무차별是三無差別이라 하여 무진無盡이라는 말이 없다.

鈔

應云下는 是第三也라 若取圓足인댄 合如是譯하야사 則三事皆具하
고 無差之相도 又得顯明하리라 以妄體下는 出妄無盡之由요 是以如
來下는 引例證此니 卽涅槃經意를 天台用之하야 以善惡二法이 同以
眞如로 而爲其性이니 若斷惡性인댄 卽斷眞如라 眞不可斷일새 故云
性善도 不可斷也라하니라 佛性은 卽是眞實之性이요 眞實之性은 卽
第一義空이니 如何可斷이리요 性惡不斷은 卽妄法本眞일새 故無盡
也니라

응당히 말하였다고 한 아래는 이것은 제 세 번째 해석이다.
만약 원만하게 구족함을 취한다면 이와 같이 해석함에 계합하여야
곧 세 가지 일이 다 구족하고 차별이 없는 모습도 또한 밝게 나타남을
얻을 것이다.

망법의 자체라고 한 아래는 망법이 끝이 없는 이유를 설출한 것이요
이런 까닭으로 여래라고 한 아래는 예를 인용하여 이것을 증거한
것이니,
곧 『열반경』의 뜻을 천태가 인용하여 선악의 두 법이 다 진여로써
그 자체성을 삼나니, 만약 악성을 끊는다면[475] 곧 진여를 끊는 것이다.

---

[475] 만약 악성을 끊는다 운운한 것으로 성선도 가히 끊는 것이 아니다 한 것에
이르기까지는 그윽이 생략하여 해석한 것이니, 가히 알 수 있을 것이다.
역시 『잡화기』의 말이다.

진여는 가히 끊을 것이 아니기에 그런 까닭으로 말하기를 성선도 가히 끊을 것이 아니다 하였다.
불성은 곧 진실한 자성이요, 진실한 자성은 곧 제일의공이니 어떻게 가히 끊겠는가.
성악을 끊지 않는다고 한 것은 곧 망법이 본래 진성이기에 그런 까닭으로 끝이 없다는 것이다.

疏

又上三이 各有二義하니 總心二者는 一染二淨이라 佛二義者는 一은 應機隨染이요 二는 平等違染이라 衆生二者는 一은 隨流背佛이요 二는 機熟感佛이라 各以初義로 成順流無差하고 各以後義로 爲反流無差니 則無差之言이 含盡無盡하니라

또 위에 세 가지[476]가 각각 두 가지 뜻이 있나니
모든 마음에 두 가지 뜻은 첫 번째는 염심이요
두 번째는 정심이다.
부처에 두 가지 뜻은 첫 번째는 근기에 응하여 염심을 따르는 것이요
두 번째는 평등하게 염심을 어기는 것이다.
중생에 두 가지 뜻은 첫 번째는 흐름을 따라 부처를 배반하는 것이요
두 번째는 근기가 성숙하여 부처를 감득하는 것이다.
각각 처음에 뜻으로써 흐름을 따라 차별이 없음을 이루고 각각

---

476 원문에 上三이란 심심心, 불佛, 중생衆生이다.

뒤에 뜻으로써 흐름을 돌이켜 차별이 없음을 삼는 것이니,
곧 차별이 없다는 말[477]이 끝이 있고 끝이 없음을 포함하고 있다
하겠다.

鈔

又上三下는 第四에 別開義門이니 則却收晉經하야 以爲盡理이니 謂
唐經無盡은 但得二法이요 又唯約淨이라 次言三皆無盡은 又遣有盡
之義라 今云無差는 盡與無盡이 俱無差也며 亦顯染淨의 本無差矣라
言總心二一染二淨者는 淨卽自性淸淨이요 染卽本來之染이니 染淨
無二가 爲一心耳라 言各以初義로 成順流無差者는 衆生이 本有染
故로 隨流背佛거니와 佛隨其染거니 豈相違耶아 逆流例此니라

또 위에 세 가지라고 한 아래는 제 네 번째 각각 두 가지 의문義門을
따로 열어서 말한 것이니,
곧 도리어 진역경을 거두어 끝이 있다는 이치를 삼는 것이니, 말하자
면 당역경[478]에 끝이 없다고 한 것은 다만 이법二法[479]만을 얻었을
뿐이고, 또 오직 정淨의 뜻만을 잡았을 뿐이다.
다음에 세 가지[480]가 다 끝이 없다고 말한 것은[481] 또한 끝이 있다고

---

477 원문에 무차지언無差之言이 함진무진含盡無盡이라고 한 것은, 순류무차順流無
差는 진무차盡無差이고, 반류무차反流無差는 무진無盡의 무차無差이다.
478 당역경이란, 영인본 화엄 6책, p.462, 1행이다.
479 이법二法은 심心과 불佛이다.
480 다음에 세 가지란, 영인본 화엄 6책, p.462, 1행이다.

하는 뜻을 보내는 것이다.

지금에 말하기를 차별이 없다고 한 것은 끝이 있는 것과 더불어 끝이 없는 것이 함께 차별이 없는 것이며, 또한 염정이 본래 차별이 없음을 나타낸 것이다.

모든 마음에[482] 두 가지 뜻은 첫 번째는 염심이요 두 번째는 정심이라고 말한 것은 정심은 곧 자성청정심이요

염심은 곧 본래의 염심이니 염정이 둘이 없는 것이 일심이 되는 것이다.

각각 처음에 뜻으로써 흐름을 따라 차별이 없음을 이룬다고 말한 것은 중생이 본래 염심이 있는 까닭으로 흐름을 따라 부처를 배반하거니와, 부처는 그 중생의 염심을 따르거니 어찌 서로 어기겠는가. 흐름을 거역하는 것은 여기에 비례하면[483] 가히 알 수가 있을 것이다.

---

481 다음에 세 가지가 다 끝이 없다고 말한 것은 운운한 것은 위에 따로 다시 이치를 세운 소문의 말(영인본 화엄 6책, p.462, 1행과 5행에 심불여중생개무진心 佛與衆生皆無盡)을 가리킨 것이니, 설사 이와 같은 해석을 할지라도 역시 다만 이 끝이 없다는 것이 차별이 없다는 것이다. 역시 『잡화기』의 말이다.

482 심총心總은 소문에는 총심總心이라 하였으니 고쳐 번역하였다.

483 원문에 예차例此란, 例此可知의 준말이다. 역류예차逆流例此는 중생衆生의 마음이 본래 청정淸淨한 까닭으로 근기根機가 성숙하여 부처를 감득하거니와 부처님은 평등한 교화로 교화하되 교화한 적이 없나니 염심을 어기는 것이다.

疏

又三中二義가 各全體相收니 此三無差하야 成一緣起니라

또 세 가지 가운데 두 가지 뜻이 각각 전체를 서로 거두는 것이니
이 세 가지가 차별이 없어서 하나의 연기를 이루는 것이다.

疏

上約橫論거니와 若約一人인댄 心即總相이요 佛即本覺이요 衆生
即不覺이라 乃本覺隨緣하야 而成此二는 爲生滅門이요 下半에 此
二가 體性無盡은 即眞如門이니 隨緣이나 不失自眞性故니라 正合
前文의 大種無差니 若謂心佛衆生의 三有異者인댄 即是虛妄히
取異色也니라

위에서는 횡횡을 잡아 논하였거니와, 만약 한 사람을 잡는다면[484]
마음은 곧 총상이요
부처는 곧 본각이요
중생은 곧 불각이다.
이에 본각이 인연을 따라 이 두 가지를 이루는 것은 생멸문이 되는
것이요
아래 반 게송[485]에 이 두 가지가 자체성이 끝이 없다고 한 것은

---

484 원문 약약若約 아래에 수설竪說 두 글자(二字)가 있어야 한다고도 말한다.
　　그렇다면 若約竪說"인댄" 一人"의" 心"은"이라 현토懸吐할 것이다.

곧 진여문이 되는 것이니
인연을 따르지만 스스로의 자성을 잃지 않는 까닭이다.
앞의 경문[486]에 사대종이 차별이 없다고 한 것을 바로 법합한 것이니,
만약 말하기를 마음과 부처와 중생의 이 셋이 차이가 있다고 한다면
곧 허망하게 다른 색상을 취하는 것이다.

鈔

若豎說者인댄 於一人上에 卽有三法하니 卽觀行之人은 宜用此門하
리라

만약 수竪로 말한다면 한 사람의 분상에 곧 세 가지 법이 있나니
곧 관행觀行하는 사람은 마땅히 이 법문을 응용해야 할 것이다.

疏

後一偈는 反勢合이니 謂妄取異色인댄 則不知心行거니와 若知心
行이 普造世間인댄 則無虛妄하고 便了眞實이니 卽正合大種無差
이며 兼明觀益이라

뒤에 한 게송은 반대의 문세로 법합한[487] 것이니,

---

485 원문에 下半이란, 영인본 화엄 6책, p.459, 3행, 下半偈頌이다.
486 원문에 前文이란, 영인본 화엄 6책, p.443, 3행에 있다.
487 원문에 반세합反勢合은 비유의 문세文勢와 반대로 법합하였다는 것이다.

말하자면 허망하게 다른 색상을 취한다면 곧 마음의 행위를 알
수 없거니와 만약 마음의 행위가 널리 세간을 만드는 줄 안다면
곧 허망함이 없어지고 문득 진실함을 요달할 것이니,
곧바로 사대종이 차별이 없음에 법합한 것이며
겸하여 관찰하는 이익을 밝힌 것이다.

經

心不住於身하며　身亦不住心하대
而能作佛事하나니 自在未曾有하니다

마음은 몸에 머물지 아니하며
몸도 또한 마음에 머물지 않지만
그러나 능히 불사를 짓나니
그 자재함이 일찍이 있은 적이 없습니다.

疏

三一偈는 有二義하니 一은 雙合前眞妄心境不卽離義라 上半은
合前二三偈之上半이니 卽前互無不卽之義니 心卽能變과 及心
體故요 身卽所變이니 謂有根身은 是識相分이며 及性之相故라
下半은 雙合前兩偈下半에 不離之義니 謂雖不相住나 而依心現
境하며 依體起用하야 作諸佛事니 體用不礙가 爲未曾有니라

세 번째[488] 한 게송은 두 가지 뜻이 있나니
첫 번째는 앞에 진심과 망심과 마음과 경계[489]가 즉하지도 않고
떠나지도 않는다는 뜻을 함께 법합한 것이다.

---

488 원문에 二는 三 자가 옳다.
489 원문에 진망眞妄은 영인본 화엄 6책, p.445, 1행이고, 심경心境은 같은 책
　　p.447, 7행이다.

위에 반 게송은 앞의 두 번째 게송[490]과 세 번째 게송[491]에 위에 반
게송을 법합한 것이니,
곧 앞에 서로 없어서 즉하지 않는다[492]는 뜻이니 마음은 곧 능변식[493]과
그리고 마음의 자체[494]인 까닭이요
몸은 곧 소변상所變相이니, 말하자면 유근신有根身은 이 식의 상분[495]
이며 그리고 자성의 모습[496]인 까닭이다.

아래 반 게송은 앞의 두 게송에 아래 반 게송에 떠나지 않는다는
뜻을 함께 법합한 것이니,
말하자면 비록 서로 머물지 않지만 그러나 마음을 의지하여 경계를
나타내며 자체를 의지하여 작용을 일으켜 모든 불사를 짓나니,
자체와 작용이 걸림이 없는 것이[497] 일찍이 있은 적이 없는 것이

---

490 앞의 두 번째 게송에 위에 반 게송은 영인본 화엄 6책, p.443, 4행에 대종중무색
　　大種中無色이며　색중무대종色中無大種이다.

491 앞의 세 번째 게송에 위에 반 게송은 영인본 화엄 6책, p.447, 5행에 심중무채화
　　心中無彩畵이며　채화중무심彩畵中無心이다.

492 원문에 전호무부즉前互無不卽은, 대종중무색大種中無色 운운은 진망부즉의眞
　　妄不卽義요, 심중무채화心中無彩畵 운운은 심경불리의心境不離義이다.

493 능변식은 아뢰야식이다.

494 마음의 자체는 자성청정심自性淸淨心이다.

495 원문에 식상분識相分은 상종相宗의 뜻이다.

496 원문에 성지상性之相은 성종性宗의 뜻이다.

497 자체와 작용이 걸림이 없다 운운한 것은 마음과 경계가 걸림이 없는 것은
　　오히려 이것은 방편의 천교淺敎 가운데 말인 까닭으로 족히 희유함이 될
　　수 없는 것이다. 역시 『잡화기』의 말이다. 따라서 희유함이 되는 것은 자체와

되는 것이다.

鈔

上半合前二三偈之上半者는 心不住於身은 却是色中無大種이요
身亦不住心은 即大種中無色이니 此合第二偈上半也라 若合第三
上半云인댄 心不住於身은 即彩畫中無心이요 身亦不住心은 即心中
無彩畫니라 心即能變者는 心境依持中心也요 及心體故者는 即眞
妄依持中眞也라 言身即所變下는 即上境也요 及性之相故는 即前
妄也라 下半雙合前兩偈下半에 不離之義者는 即就不離大種하야
而有色可得이니 即作佛事也요 亦前就不離於心하야 有彩畫可得이
니 是作佛事也라 依心現境은 合前第三偈下半이요 依體起用은 即合
前第二偈下半이라 作諸佛事는 雙合上二요 體用不礙下는 釋第四
句라

위에 반 게송은 앞의 두 번째 게송과 세 번째 게송에 위에 반 게송을
법합한 것이라고 한 것은 마음은 몸에 머물지 않는다고 한 것은
도리어[498] 이것은 색상 가운데 사대종이 없다 한 것이요
몸도 또한 마음에 머물지 않는다고 한 것은 곧 사대종 가운데 색상이
없다 한 것이니,
이것은 제 두 번째 게송에 위에 반 게송을 법합한 것이다.

작용이 걸림이 없는 것이다.
498 却이란, 一句가 대종중무색大種中無色이기에 却이라 하는 것이다.

만약 제 세 번째 게송에 위에 반 게송을 법합하여 말한다면 마음은 몸에 머물지 않는다고 한 것은 곧 채색한 그림 가운데는 마음이 없다 한 것이요

몸도 또한 마음에 머물지 않는다고 한 것은 곧 마음 가운데 채색한 그림이 없다 한 것이다.

마음은 곧 능변식이라고 한 것은 마음과 경계가 의지한다고 한 가운데 마음이요

그리고 마음의 자체인 까닭이라고 한 것은 곧 진심과 망심이 의지한다고 한 가운데 진심이다.

몸은 곧 소변상이라고 말한 아래는 곧 위에서 말한 경계요

그리고 자성의 모습인 까닭⁴⁹⁹이라고 한 것은 곧 앞에서 말한 망심이다.

아래 반 게송은 앞의 두 게송에 아래 반 게송에 떠나지 않는다는 뜻을 함께 법합한 것이라고 한 것은 곧 사대종을 떠나서⁵⁰⁰ 색상을 가히 얻을 수 있는 것이 아니라고 한 것에 나아간 것이니,

곧 불사를 짓는다는 것이요

또한 앞에⁵⁰¹ 마음을 떠나서 채색한 그림을 얻을 수 있는 것이 아니라고 한 것에 나아간 것이니,

이것도 불사를 짓는다는 것이다.

---

499 원문 相 자 아래에 소문疏文엔 故 자가 있다.

500 원문에 불리대종不離大種 운운은 영인본 화엄 6책, p.443, 4행에 있다.

501 원문에 전취前就는 就前으로 바꾸는 것도 좋다.

마음을 의지하여 경계를 나타낸다고 한 것은 앞[502]에 제 세 번째
게송에 아래 반 게송에 법합한 것이요
자체를 의지하여 작용을 일으킨다고 한 것은 곧 앞[503]에 제 두 번째
게송에 아래 반 게송에 법합한 것이다.
모든 불사를 짓는다고 한 것은 위에 두 구절[504]을 함께 법합한 것이요
자체와 작용이 걸림이 없다고 한 아래는 제 네 번째 구절[505]을 해석한
것이다.

疏

二는 又將合前第四偈니 謂上半은 合前恒不住義와 及各不相知
요 而能作佛事는 合示現一切色이요 自在未曾有는 合無量難思
議니 爲兼此義하야 不以互無言之하고 而言不住니 譯之妙也니라
晉經但云호대 心亦非是身이라하니 但得前文에 互無之義니라

두 번째는 또 앞에 제 네 번째 게송을 가져 법합한 것이니,
말하자면 위에 반 게송은 앞[506]에 항상 머물지 않는다는 뜻과 그리고
각각 서로 알지 못한다는 뜻을 법합한 것이요

---

502 앞이란, 영인본 화엄 6책, p.447, 5행이다.
503 앞이란, 영인본 화엄 6책, p.443, 4행이다.
504 원문에 상이上二란, 今偈의 上二句이다. 소문疏文으로는 의심현경依心現境과
   의체기용依體起用이다.
505 원문에 제사구第四句란, 今偈의 第四에 자재미증유自在未曾有라는 구절이다.
506 앞이란, 영인본 화엄 6책, p.449, 1행에 제일구第一句와 제사구第四句이다.

그러나 능히 불사를 짓는다고 한 것은 앞[507]에 일체 색상을 시현한다고 한 것을 법합한 것이요

그 자재함이 일찍이 있은 적이 없다고 한 것은 앞에 한량도 없고 사의하기도 어렵다고 한 것을 법합한 것이니,

이 뜻을 겸하기 위하여 서로 없는[508] 것으로써 말하지 않고 머물지 않는 것으로써 말한 것이니 해석함의 묘妙이다.

진역경에는 다만 말하기를 마음도 또한 이 몸이 아니다 하였으니 다만 앞의 경문에 서로 없다는 뜻만 얻었을 뿐이다.

鈔

爲兼此義等者는 美斯經也라 若不合第四偈하고 但合第二三偈인댄 應云心中無有身하고 身中無有心이라하리니 卽互無之言也요 則不顯於彼心이 恒不住義니라 然不相住가 與恒不住로 義則小異나 文則兼之니 若將此不住하야 同前不住者인댄 以心念念滅故로 不能住身하며 身念念滅거니 安能住心이리요 思之可見이리라

이 뜻을 겸하기 위하여라고 한 등은 이 경을 찬미한 것이다.

만약 제 네 번째 게송을 법합하지 않고 다만 제 두 번째 게송과 제 세 번째 게송만을 법합한다고 한다면 응당히 말하기를 마음

---

507 앞이란, 역시 영인본 화엄 6책, p.449, 1행에 있다.

508 원문에 호무互無란, 심중무유신心中無有身이요 신중무유심身中無有心이라는 것이다.

가운데는[509] 몸이 없고 몸 가운데는 마음이 없다 해야 하리니 그러한 즉 서로 없다는 말이요, 곧 저 마음이 항상 머물지 않는다는 뜻을 나타낸 것은 아니다.

그러나 서로 머물지 않는다는 것이 항상 머물지 않는다는 것으로 더불어 뜻은 곧 조금 다르지만[510] 문장은 곧 겸하였으니,

만약 여기에 머물지 않는다[511]는 것을 가져 앞에 머물지 않는다는[512] 것과 같이한다면 마음이 생각 생각에 사라지는[513] 까닭으로 능히 몸에 머물지 않으며, 몸이 생각 생각에 사라지거니 어찌 능히 마음에 머물겠는가.

생각하면 가히 볼 수 있을 것이다.

---

509 원문에 심중心中 운운은, 심중心中은 제삼게第三偈이고, 무신無身은 제이게第
二偈이다.

510 원문에 의즉소이義則小異라고 한 것은, 불상주不相住는 彼此가 相望하는
것이요, 항부주恒不住는 오직 하나만을 잡아 말한 것이다.

511 원문에 차부주此不住는 심부주신心不住身과 신부주심身不住心이다.

512 원문에 전부주前不住는 심항부주心恒不住이다.

513 원문에 심염염멸心念念滅은 심항부주心恒不住라는 뜻이다.

經

若人欲了知　三世一切佛인댄
應觀法界性에 一切唯心造니이다

만약 어떤 사람이
삼세의 일체 부처님을 요달하여 알고자 한다면
응당 법계의 자성에
일체[514]가 오직 마음으로 만들어지는 줄 관찰할 것입니다.

疏

末後一偈는 結勸이니 卽反合前畫師不知心喩라 若不知心인댄
常畫妄境이요 觀唯心造인댄 則了眞佛이니 上半有機요 下半示觀
이라 然有二釋하니 一은 云若欲了佛者인댄 應觀法界性上에 一切
差別이 皆唯心作이니 以見法卽見佛故라 二는 觀法界性은 是眞
如門이요 觀唯心造는 卽生滅門이니 是雙結也라

말후에 한 게송은 맺어서 권하는 것이니,
곧 도리어 앞에 화가가 능히 자기의 마음을 알지 못한다고 한 비유에
법합한 것이다.
만약 자기의 마음을 알지 못한다면 항상 허망한 경계를 그릴 것이요

---

514 일체一切란, 일체차별一切差別이다.

오직 마음으로 만들어지는 줄 관찰한다면 곧 진실한 부처님을 요달할 것이니,

위에 반 게송은 그런 근기가 있는 것이요

아래 반 게송은 관찰함을 보인 것이다.

그러나 두 가지 해석이 있나니

첫 번째는 말하자면 만약 부처님을 요달하고자 한다면 응당 법계의 자성상에 일체 차별이 다 오직 마음으로 만들어지는 줄 관찰할 것이니 법을 보는 것이 곧 부처님을 보는 까닭이다.

두 번째는 법계의 자성을 관찰하는 것은 이것은 진여문이요 오직 마음으로 만드는 줄 관찰하는 것은 곧 생멸문이니,

이것은 함께 맺는[515] 것이다.

鈔

然有二下는 開義別釋이라 於中有二하니 初는 是結歸唯心이요 二에 觀法下는 是結歸二門이라

그러나 두 가지 해석이 있다고 한 아래는 뜻을 열어 따로 해석한 것이다.

그 가운데 두 가지 뜻이 있나니

처음에는 오직 마음에 귀결한 것이요

두 번째 법계의 자성을 관찰한다고 한 아래는 이문二門에 귀결한

515 원문에 쌍결雙結이란, 진망眞妄과 심경心境을 함께 맺는(雙結) 것이다.

것이다.

疏

又一은 是眞如實觀이요 一은 是唯心識觀이라 大乘觀要가 不出此
二하니 觀此二門하면 唯是一心이라 皆各總攝一切法盡하며 二諦
雙融하야 無礙一味니 三世諸佛이 證此爲體니라 故로 欲知彼者인
댄 應當觀此하라 旣爲妙極일새 是以暫持하야도 能破地獄하리라

또 하나는 이 진여를 여실히 관찰하는 것이요,
하나는 오직 심식을 관찰하는 것이다.
대승의 관찰하는 요체가 이 두 문을 벗어나지 않나니,
이 두 문을 관찰하면 오직 한마음뿐이다.
다 각각 일체법을 모두 섭수하여 다하며 이제二諦가 함께 융합하여
걸림이 없는 한맛이니,
삼세에 모든 부처님이 이것을 증득하여 자체를 삼는 것이다.
그런 까닭으로 저 부처님을 알고자 한다면 응당히 이 마음을 관찰
해야 하는 것이다.
이미 이 게송으로 묘한 극칙을 삼았기에 그런 까닭으로 잠시만
수지하여도 능히 지옥을 깨뜨릴 것이다.

鈔

是以暫持者는 卽纂靈記云호대 文明元年에 洛京人姓은 王이요 名은

明幹이라 旣無戒行하고 曾不修善이라 因患致死하야 見彼二人이 引
至地獄하야 地獄門前에 見有一僧하니 云是地藏菩薩이라하고 乃敎
王氏로 誦一行偈하니라 其文曰若人欲了知 三世一切佛인댄 應當如
是觀 心造諸如來라하니라 菩薩이 旣授經偈하고 謂之曰호대 誦得此
偈하면 能排地獄之苦리라하야늘 王氏旣誦하고 遂入見閻羅王하니 王
問曰호대 有何功德고 答호대 唯受持一四句偈라하고 具如上說하니
王遂放免하며 當誦偈時하야 聲所及處에 受苦之人도 皆得解脫하니
라 王氏가 三日方蘇하야 憶持此偈하고 向空觀寺의 僧定法師하야 說
之하야 參驗偈文하니 方知是舊華嚴經第十二卷하니라 新經은 當第
十九夜摩天宮에 無量菩薩이 雲集說法品偈라하니라

이런 까닭으로 잠시만 수지한다고 한 것은 곧 『찬영기』에 말하기를
문명 원년에 낙경洛京[516]에 있던 사람의 성은 왕이요 이름은 명간이
다. 이 사람은 이미 계행도 없고 일찍이 선행도 닦지 않았다. 병환을
인하여 죽음에 이르러 두 사람이 지옥으로 끌고 가는 것을 봄을
입어 지옥문 앞에서 한 스님이 있음을 보니 지장보살이라 말하고,
이에 왕 씨王氏로 하여금 한 줄의 게송을 외우게 하였다.
그 게송문에 말하기를
만약 어떤 사람이
삼세의 일체 부처님을 요달하여 알고자 한다면

---

516 낙경洛京은 낙양洛陽의 옛날 이름이다. 즉 문명 원년文明元年에 낙양洛陽에
한 사람이 있었는데, 그 사람의 성姓은 왕王이고 이름은 명간明幹이다 운운하
였다.

응당히 이와 같이

마음으로 모든 여래를 만든다고 관찰하라 하였다.

지장보살이 이미 이 경의 게송을 주고[517] 일러 말하기를 이 게송을 외워 얻는다면 능히 지옥의 고통을 물리칠 것이다 하시거늘 왕씨가 이미 외우고 도리어 명부에 들어가 염라대왕을 친견하니, 염라대왕이 물어 말하기를 무슨 공덕을 지은 것이 있는가.

답하기를 오직 한 줄의 사구 게송만 수지하였습니다 하고 갖추어 위에서와 같이 설하니, 염라대왕이 드디어 해방시켜 지옥의 고통을 면하게 하였으며

게송을 외울 때를 당하여 외우는 소리가 미치는 바 처소에 고통을 받던 사람도 다 해탈을 얻었다.

왕 씨가 삼일 만에 비로소 소생하여 이 게송을 기억하여 수지하고 공관사의 승정법사에게 가서 말을 하여 그 영험한 게송의 문장을 참배하니, 바야흐로 이 말이 구역 『화엄경』 제십이권에 있는 줄 알았다.

신역[518] 『화엄경』은 제십구권에 야마천궁에서 한량없는 보살이 구름같이 모여 설법하는 품의 게송에 해당한다 하였다.

---

517 受 자는 授 자가 옳다.

518 신역 운운은 바로 지금 이 품 여기 게송을 말한다.

經

爾時에 智林菩薩이 承佛威力하야 普觀十方하고 而說頌言호대

그때에 지혜숲 보살이 부처님의 위신력을 받아 널리 시방을 관찰하
고 게송을 설하여 말하기를

疏

第十은 鑒達諸佛이 逈超色聲하야 心言路絶일새 故云智林이라하
니 頌顯此德이라

제 열 번째는 모든 부처님이 멀리 색상과 소리를 뛰어나 마음과
말의 길이 끊어진 줄 비추어 통달하였기에 그런 까닭으로 지혜숲이
라 말하는 것이니,
게송으로 이 공덕을 나타낸 것이다.

經

所取不可取며 所見不可見이며
所聞不可聞이니 一心不思議니이다

취할 바에 가히 취할 수 없으며[519]
볼 바에 가히 볼 수 없으며
들을 바에 가히 들을 수 없나니
한마음은 사의할 수 없습니다.

疏

十頌分二리니 初一은 標章이요 後九는 解釋이라 今初니 若準晉本
인댄 第四句云호대 所思不可思라하니 則四句가 皆標章이어니와
今經則上三句는 標章이요 第四句는 總結이니 謂標章은 遮過하야
令不依識이니 明佛三業이 非凡境故니라 第四에 總結은 顯德示智
入門이니 謂若了唯一眞心엔 言思斯絕인댄 則合菩提之體리라 故
로 梵本第四句云호대 於不思何思고하니 卽是以一眞心으로 而成
三業하며 三業不離一眞하야 形奪相融하야 不可以一多思也니라

---

519 경에 취할 바에 가히 취할 수 없다고 한 첫 구절은 소주疏主는 이 구절로써
의업意業을 삼는 까닭으로 끝 구절로써 총결總結을 삼거니와, 만약 『간정
기』라면 곧 반드시 이 첫 구절로써 삼업의 총표總標를 삼는 까닭으로 끝
구절로써 의업을 삼는 것이다. 역시 『잡화기』의 말이다.

又非唯佛之三業이 同一眞心이라 亦與觀者眞心으로 非異非一일새 故難思議니 若能離於思議인댄 則終日見聞하야도 亦無所見聞矣리라

열 게송을 두 가지로 나누리니
처음에 한 게송은 마음을 표한 문장(標章)이요
뒤에 아홉 게송은 해석이다.
지금은 처음으로, 만약 진역본을 기준한다면 제사구에 말하기를 사의할 바에 가히 사의할 수 없다 하였으니 곧 네 구절이 다 마음을 표한 문장이거니와, 지금 경에는 곧 위에 세 구절은 마음을 표한 문장이요 제 네 번째 구절은 모두 맺는 것이니,
말하자면 마음을 표한 문장은 허물을 막아 하여금 식識520을 의지하지 않게 하는 것이니 부처님의 삼업이 범부의 경계가 아님을 밝힌 까닭이다.
제 네 번째 모두 맺는다고 한 것은 공덕을 나타내어 지혜에 들어가는 문을 보인 것이니,
말하자면 만약 오직 하나의 진심에는 말과 생각이 이에 끊어진 줄 요달한다면 곧 보리의 자체에 계합할 것이다.
그런 까닭으로 범본의 제 네 번째 구절에 말하기를 사의할 수 없는 법에 어떻게 사의하겠는가 하였으니,
곧 이 하나의 진심으로써 삼업을 이루며 삼업은 하나의 진심을

---

520 식識이란, 여기서는 범부의 경계이다.

떠나지 아니하여 형상을 빼앗아 서로 융합하여 가히 일다—多[521]로써 사량할 것이 아니라는 것이다.

또 오직 부처님의 삼업만이 하나의 진심으로 더불어 같을 뿐만이 아니라 또한 관찰하는 사람의 진심으로 더불어 다르지도 않고 동일하지도 않기에 그런 까닭 사의하기 어려운 것이니,
만약 능히 사의를 떠난다면 곧 종일토록 보고 들어도 또한 보고 들은 바가 없을 것이다.

鈔

故梵本第四句云호대 於不思何思者는 此是刊定에 引梵本하야 證第四句도 亦爲標章하야 成於晉經에 所思不可思義어니와 今疏엔 取其所引하야 亦成第四句가 爲總結義하니 謂於不思議之法에 不應思議니라 以一眞心下는 出總結難思之相이니 可知니라

그런 까닭으로 범본의 제 네 번째 구절에 말하기를 사의할 수 없는 법에 어떻게 사의하겠는가 한 것은 이것은 『간정기』에 범본을 인용하여 제 네 번째 구절도 또한 마음을 표한 문장이 된다고 증거하여 진역경에 사의할 바에 가히 사의할 수 없다고 한 뜻[522]을 성립하였거니와, 지금 소문에서는 그 인용한 바를 취하여 또한 제 네 번째

---

521 일—은 진심眞心이고, 다多는 삼업三業이다.
522 원문에 사의思議의 議 자는 義 자의 잘못이다고 『잡화기』는 말한다.

구절이 모두 맺는 뜻이 됨을 성립하였으니,
말하자면 사의할 수 없는 법에 응당히 사의할 수 없다는 것이다.

하나의 진심이라고 한 아래는 사의하기 어려운 모습을 모두 맺는
것을 설출한 것이니
가히 알 수가 있을 것이다.

經

有量及無量을　二俱不可取니
若有人欲取인댄 畢竟無所得이니다

不應說而說은　是爲自欺誑이니
己事不成就하고 不令衆歡喜케하니다

한량이 있는 것과 그리고 한량이 없는 것을
둘 다 함께 가히 취할 수 없나니
만약 어떤 사람이라도 취하고자 한다면
필경에 얻을 바가 없을 것입니다.

응당 말하지 말아야 할 것이지만 말하는 것은
이것은 스스로 속은 것이 되나니
자기 일도 성취하지 못하고
중생으로 하여금 환희케 할 수는 없습니다.

疏

後九는 別釋中에 卽分三別하리니 初二는 釋不可取요 次四는 釋不
可見이요 後三은 釋不可聞이라

뒤에 아홉 게송은 따로 해석한 가운데 곧 세 가지로 나누어 분별하

리니

처음에 두 게송은 가히 취할 수 없다는 것을 해석한 것이요
다음에 네 게송은 가히 볼 수 없다는 것을 해석한 것이요
뒤에 세 게송은 가히 들을 수 없다는 것을 해석한 것이다.

鈔

次四釋不可見等者는 若順晉經에 四皆標章인댄 釋亦分四리니 前二
則同이요 三에 一偈는 釋所聞不可聞이요 四에 二偈는 釋所思不可思
어니와 今不依此니라

다음에 네 게송은 가히 볼 수 없다는 것을 해석한 것이라고 한
등은 만약 진역경에 네 구절이 모두 다 마음을 표한 문장이라고
한 것에 따른다면 해석함에 또한 네 가지로 나누었으니
앞에 두 가지[523]는 곧 소문과 같은 것이요
세 번째 한 게송[524]은 들을 바에 가히 들을 수 없다는 것을 해석한
것이요
네 번째 두 게송[525]은 사의할 바에 가히 사의할 수 없다는 것을
해석하였거니와, 지금 소문에서는 이것을 의지하지 아니하였다.[526]

---

523 원문에 前二란, 初二는 釋不取라 한 것과 次四는 釋不可見이라 한 것이다.
524 원문에 三에 一偈란, 제팔게第八偈이다.
525 원문에 四에 二偈란, 제구第九와 제십게第十偈이다.
526 원문에 불의차不依此란, 初二는 不可取요 次四는 不可見이요 後三은 不可聞
    이라고 했다는 것이다.

疏

今初也니 初半偈는 奪以正釋이요 後一偈半은 縱以生過라 然有量等은 實通三業이나 爲對下二하야 且就智明이니 有如理智일새 不可言量이요 有如量智일새 不可言無이며 又一智가 卽是一切智故며 衆智所用이 不相雜故니라 後에 縱中初半은 縱其令取니 必無果利라 後一偈는 顯取之失이니 夫說法者가 當如法說인댄 法無所得거늘 而欲取得하야 心計有說하니라 執石爲寶일새 是謂自欺요 理無謂有일새 是爲自誑이요 終不契理일새 故云己事不成이요 汚他心識일새 故不令衆喜니라 又以量無量取인댄 則墮斷常하야 自損損他일새 故皆不可니라

지금은 처음으로 처음에 반 게송은 모습을 빼앗아[527] 바로 해석한 것이요

뒤에 한 게송 반은 놓아서 허물을 생기하는 것이다.

그러나 한량이 있다고 한 등은 진실로 삼업에 통하지만 아래에 두 가지[528]를 상대하기 위하여 또한 지혜에 나아가 밝힌 것이니 여리지如理智가 있기에 가히 한량이 있다고 말할 수 없고, 여량지如量智가 있기에 가히 한량이 없다고 말할 수 없으며

또 한 지혜가 곧 일체 지혜인 까닭이며

수많은 지혜의 작용하는 바가 서로 섞이지 않는 까닭이다.

---

527 원문에 탈奪이란, 불가취不可取를 말하는 것이니, 모두 용납하지 않는 것이다.

528 원문에 下二란, 불가견不可見과 불가문不可聞이다.

뒤에 놓는다고 한 가운데 처음에 반 게송은 놓아서 그로 하여금
취하게 하는 것이니

반드시 과보의 이익이 없을 것이다.

뒤에 한 게송은 취하는 허물을 나타낸 것이니,

대저 법을 설하는 사람이 마땅히 여법하게 설한다면 법은 얻을
바가 없거늘 취하여 얻고자 하여 마음에 설할 것이 있다고 계교하는
것이다.

돌을 잡고 보배라고 하기에 이것을 스스로 속은(欺) 것[529]이라 말하는
것이요

진리가 없거늘 있다고 말하기에 이것을 스스로 속은(誑) 것[530]이라
말하는 것이요

끝내 진리에 계합하지 못하였기에 그런 까닭으로 말하기를 자기
일도 성취하지 못했다 하는 것이요

다른 사람의 심식을 오염시켰기에 그런 까닭으로 중생으로 하여금
환희케 할 수 없다는 것이다.

또 한량이 있는 것과 한량이 없는 것으로써 취한다면 곧 단견과
상견에 떨어져 스스로도 손해되고 다른 사람도 손해되게 하기에
그런 까닭으로 다 옳지 않은 것이다.

---

529 스스로 속은(欺) 것이라고 한 것은 스스로 알지 못하고 잘못 계교하는 것을
말하는 것이다. 역시 『잡화기』의 말이다.

530 스스로 속은(誑) 것이라고 한 것은 스스로 알았지만 일부러 계교하는 것을
말하는 것이다. 역시 『잡화기』의 말이다.

鈔

執石爲寶者는 涅槃春池喩中에 入水求珠에 競執草木瓦石하야 各各自謂호대 得瑠璃寶라하야 歡喜持出코사 乃知非眞라호미 亦自誑也니라 又莊嚴經論說호대 有人見雹하고 謂是瑠璃라하야 收之瓶內하니 皆悉成水어늘 後見眞瑠璃하고 亦謂爲雹이라하야 棄而不取하니 世人皆爾하야 不應取而取하며 應取而不取也라하니라 又以量無量者는 此有二意하니 謂以量取인댄 則墮於斷하고 以無量取인댄 則墮於常이라 二者는 若以常取인댄 則墮於斷하고 若以斷取인댄 則墮於常이라 故勝鬘經云호대 修一切常者는 墮於斷見하고 修一切斷者는 墮於常見이니 如步屈蟲이 要因前足하야 得移後足인달하야 修斷常者도 亦復如是하야 要因斷常이라하니라 第三住中에 已廣分別하니라

돌을 잡고 보배라고 한다고 한 것은 『열반경』 춘지유春池喩 가운데 물에 들어가 진주를 구함에, 풀과 나무와 기와와 돌을 다투어 잡고서 각각 스스로 말하기를 유리 보배를 얻었다 하여 기쁜 마음으로 물 밖으로 가지고 나와서야 이에 진주가 아닌 줄 안다 한 것이 또한 스스로 속은 것이다.

또 『장엄경론』에 말하기를 어떤 사람이 우박[531]을 보고 유리라 말하여 병 안에 거두어 넣으니 다 물로 변하거늘, 뒤에 진짜 유리를 보고 또한 우박이라 말하여 버리고 취하지 않나니, 세상 사람도 다 그러하

531 雹은 '우박 박' 자이다.

여 응당 취하지 말아야 할 것이지만 취하며, 응당 취해야 할 것이지만 취하지 않는다 하였다.

또 한량이 있는 것과 한량이 없는 것이라고 한 것은 여기에 두 가지 뜻이 있나니,
말하자면[532] 한량이 있는 것으로써 취한다면 곧 단견에 떨어지고, 한량이 없는 것으로써 취한다면 곧 상견에 떨어질 것이다.
두 번째는 만약 영원한 것으로써 취한다면[533] 곧 단견에 떨어지고, 만약 단멸한 것으로써 취한다면 곧 상견에 떨어질 것이다.
그런 까닭으로 『승만경』[534]에 말하기를 일체가 영원하다고 수행하는 사람은 단견에 떨어지고, 일체가 단멸하다고 수행하는 사람은 상견에 떨어지나니, 마치 자벌레(步屈蟲)가 반드시 앞에 발을 인하여

---

532 말하자면 이하는 두 가지 뜻 가운데 첫 번째 뜻이다.

533 만약 영원한 것으로써 취한다면 운운한 것은 단견과 상견이 서로 원인한 까닭으로 이것을 취한다면 반드시 저것에 떨어지는 것이다. 역시 『잡화기』의 말이다.

534 『승만경勝鬘經』은, 勝鬘經顚倒章 第二에 邊見者는 凡夫가 於五受陰에 我見妄想으로 計着生二見하니 是名邊見이니 所謂常見斷見이라. 見諸行無常은 是斷見이요 非正見이며 見涅槃常은 是常見이요 非正見이라. 妄想見故로 作如是見이라하니라. 번역하면 『승만경』 전도장 제이第二에 변견은 범부가 오수음五受陰에 아견망상我見妄想으로 집착하여 이견二見을 생기하는 것이니 말한 바 상견과 단견이다. 제행이 무상한 줄 보는 것은 이 단견이고 정견이 아니며 열반이 영원할 줄 보는 것은 이 상견이고 정견이 아니다. 망상의 소견인 까닭으로 이와 같은 소견을 짓는다 하였다.

뒤에 발을 옮김을 얻는 것과 같아서, 단멸과 영원을 수행하는 사람도 또한 다시 이와 같아서 반드시 단견과 상견을 원인한다[535] 하였다. 제삼주 가운데 이미 폭넓게 분별하였다.[536]

---

535 원문에 要因斷常"이라하니" 吐 밖에 7행에 墮於常見"이라하니"와 9행에 要因斷常"이니라" 吐로 본 논사論師도 있다. 그 이유는 『승만경』엔 步屈蟲이 라는 말이 없기 때문이다 하였다. 그러나 下愚는 要於斷常까지를 『승만경』으 로 본다. 步屈蟲이라는 말이 없어도 의역意譯으로 보면 된다.

536 원문에 제삼주중이광분별第三住中已廣分別이라고 한 것은 제삼주第三住에 상常이 곧 무상無常이고 무상無常이 곧 상常이라고 하는 것을 이미 폭넓게 설하였다는 것이다.

經

有欲讚如來의　　無邊妙色身코자하야
盡於無數劫이라도 無能盡稱述이리다

어떤 사람이 여래의
끝없는 묘한 색신을 칭찬하고자 하여
수없는 세월이 다하도록 할지라도
능히 다 칭찬하여 기술할 수 없을 것입니다.

疏

第二에 有四偈는 歎佛色身深奧하야 釋不可見章이라 文分爲二하
리니 初一은 法說이요 後三은 喩況이라 今初니 非色現色일새 故稱
爲妙요 物感斯現일새 是曰無邊이며 又色卽空일새 故邊卽無邊이
며 又淨識所現이요 空色相融일새 故身分總別로 乃至一毛라도 皆
無邊量하며 攝德無盡이라 具上三義어니 豈可以盡言이리요

제 두 번째 네 게송이 있는 것은 부처님의 색신이 심오함을 찬탄하여
가히 볼 수 없다[537]고 한 문장을 해석한 것이다.
경문을 나누어 두 가지로 하리니

---

537 원문에 불가견不可見이란, 영인본 화엄 6책, p.470, 말행末行에 소견불가견所
見不可見이라 한 것이다.

처음에 한 게송은 법으로 설한 것이요
뒤에 세 게송은 비유로 설한 것이다.

지금은 처음으로 비색신에 색신을 나타내기에 그런 까닭으로 이름을
묘한 색신이라 하는 것이요
중생이 감응함에 이에 나타나기에 이것을 끝이 없다 말하는 것이며
또 색이 곧 이 공이기에 그런 까닭으로 끝이 있는 것이 곧 끝이
없는 것이며
또 청정한 식으로 나타난 바이고 공과 색이 서로 융합하기에 그런
까닭으로 몸에 총신과 별신을 나눈 것으로 내지 한 털끝이라도
다 끝도 없고 한량도 없으며, 공덕을 섭수한 것도 끝이 없는 것이다.
위에 세 가지 뜻[538]을 구족하였거니 어찌 가히 다한다 말하겠는가.

鈔

非色現色下는 此有三釋하니 一은 依體現用이니 與無邊不同이라 二
에 又色卽空下는 事理相卽하야 妙卽無邊이니 色卽是空일새 已爲妙
色이요 色空相卽일새 離空有邊이라 三에 又淨識所現下는 約事事無
礙하야 方爲妙色이요 亦是邊卽無邊이라 無邊乃廣이니 如初無邊하
니라 淨識所現은 卽唯心所現門이요 空色相融은 卽法性融通門이니
此二가 卽事事無礙之因也니라

---

538 원문에 상삼의上三義는 1. 비색현색非色現色 云云, 2. 우색즉시공又色卽是空
云云, 3. 우정식즉현又淨識卽現 云云이다.

비색신에 색신을 나타낸다고 한 아래는 여기에 세 가지 해석[539]이
있나니

첫 번째는 자체를 의지하여 작용[540]을 나타내는 것이니,
묘한[541] 색신이 끝이 없는 것으로 더불어 갖지 않는 것이다.

두 번째 또 색이 곧 공이라고 한 아래는 사실과 진리가 서로 즉하여
묘한 색신이 곧 끝이 없는 것이니,

색이 곧 이 공이기에 이미 묘한 색신이 되는 것이요

색과 공이 서로 즉하기에 공과 유의 끝을 떠난 것이다.

세 번째 또 청정한 식으로 나타난 바라고 한 아래는 사실과 사실이
걸림이 없음을 잡아서 바야흐로 묘한 색신을 삼은 것이요,

또한 끝이 있는 것이 곧 끝이 없는 것이다.

끝이 없다고 한 것은 이에 넓다는 것이니 애초[542]에 끝이 없는 것과
같다.

청정한 식으로 나타난 바라고 한 것은 곧 유심소현문唯心所現門이요
공과 색이 서로 융합한다고 한 것은 곧 법성융통문法性融通門이니,
이 두 가지가 곧 사실과 사실이 걸림이 없는 원인이다.

---

539 원문에 이석二釋은 三釋이 옳다.

540 원문에 體는 비색신非色身이고, 用은 색신色身이다.

541 用 아래에 妙 자가 있는 것이 좋다.

542 원문에 初는 一·二·三의 初가 아니라 애시당초라는 뜻이다.

經

譬如隨意珠가 　　能現一切色이나
無色而現色인달하야 諸佛亦如是하니다

비유하자면 수의주隨意珠가
능히 일체 색상을 나타내지만
색상이 없는 곳에서 색상을 나타내는 것과 같아서
모든 부처님도 또한 이와 같습니다.

疏

次三은 喩中分二리니 初一은 摩尼隨映喩니 喩佛地에 實無異色이
나 隨感便現이니 故言無色而現色이라하며 喩全似法일새 故但合
云호대 佛亦如是라하니라

다음에 세 게송은 비유 가운데 두 가지로 나누리니
처음에 한 게송은 마니주가 빛을 따른다는 비유이니,
부처님의 지위에는 진실로 다른 색상이 없지만[543] 감응함을 따라
문득 나타남에[544] 비유한 것이니 그런 까닭으로 말하기를 색상이

---

543 원문에 불지실무이색佛地實無異色이라고 한 것은 마니주摩尼珠와 더불어
　　부처님은 다만 자색自色만 있고 차별差別한 다른 색상色相이 없다는 것이다.
544 원문에 수감편현隨感便現이라고 한 것은 그러나 수연방광隨緣放光, 즉 인연因
　　緣 따라 그 빛을 놓는다는 것이다.

없는 곳에서 색상을 나타낸다 하였으며

비유가 온전히 법과 같기에 그런 까닭으로 다만 법합하여 말하기를

모든 부처님도 또한 이와 같다[545] 하였다.

---

545 원문에 불역여시佛亦如是라고 한 것은 마지막 제사구第四句에 제불역여시諸佛

亦如是라고 법합法合한 것이다.

又如淨虛空은　非色不可見일새
雖現一切色이나 無能見空者인달하야

諸佛亦如是하야 普現無量色이나
非心所行處일새 一切莫能覩하니다

또 청정한 허공은
색상이 아니어서 가히 볼 수 없기에
비록 일체 색상을 나타내지만
능히 허공을 볼 자가 없는 것과 같아서

모든 부처님도 또한 이와 같아서
널리 한량없는 색신을 나타내지만
마음으로 행할 바 처소가 아니기에
일체중생이 능히 볼 수 없습니다.

疏

後二偈는 淨空現色喩니 喩佛法身은 體非是色이나 能現麁妙의
一切諸色이라 初偈喩요 後偈合이니 四句對前하면 但二三前却이
라 此是分喩일새 故委合之니 以空은 但不可眼見이나 而可心知어
니와 佛所現色은 心行處絶일새 故爲分喩니라 心眼으로도 尚不能

見거니 況肉眼哉아 此卽見中에 絶思議也니라

뒤에 두 게송은 청정한 허공의 색상을 나타내는 비유이니,
부처님의 법신은 자체가 이 색신이 아니지만 능히 크고 작은 일체
색신을 나타내는 데 비유한 것이다.
처음에 게송은 비유요
뒤에 게송은 법합이니,
뒤에 게송의 네 구절로[546] 앞에 게송의 네 구절을 상대한다면 다만
두 번째 구절과[547] 세 번째 구절이 앞뒤로 되었을 뿐이다.
이것은 부분적 비유이기에 그런 까닭으로 자세히 법합해야 할 것이니,
허공은 다만 가히 눈으로는 볼 수 없지만 가히 마음으로는 알 수
있거니와 부처님이 나타낸 바 색신은 마음으로 행할 곳이 끊어졌기
에 그런 까닭으로 부분적 비유라 하는 것이다.
마음의 눈으로도 오히려 능히 볼 수 없거니 하물며 육안이겠는가.
이것은 곧 보는 가운데 사의가 끊어졌다는 것이다.

鈔

此卽見中에 絶思議者는 以古人이 將後二偈하야 明所思不可思어니

---

[546] 원문에 사구四句는 뒤에 게송의 四句이고, 앞이란 앞에 게송의 四句이다.
[547] 두 번째 구절 운운은, 두 번째 구절은 뒤에 게송에 두 번째 구절의 보현무량색普
賢無量色과 세 번째 구절의 비심소행처非心所行處가 앞뒤로 바뀌었다는 것이
다. 즉 제불역여시"하야" 비심소행처"일새" 보현무량색"이나" 일체막능도"니
라" 해야 앞의 게송 비유에 맞다는 것이다.

와 今明不思가 遍上三段일새 故指此中엔 身業中不思也니라 下指語
中에 不思亦然하니라

이것은 곧 보는 가운데 사의가 끊어졌다고 한 것은 고인古人[548]이
뒤에 두 게송을 가져 사의할 바에 가히 사의할 수 없다고 한 것을
밝혔거니와, 지금에는 사의할 수 없다고 한 것이 위의 삼단三段에
두루하기에 그런 까닭으로 이 가운데는 신업 가운데 사의할 수
없음을 가리킨 것이다.
아래에 어업 가운데 사의할 수 없음을 가리킨 것도 또한 그러한
것이다.

疏

問호대 二喩가 豈不違經가 上云호대 有無邊妙色이라하얏거니와
今云非色無色耶라하니 亦違諸論에 佛有妙色하야 爲增上緣이라
古德云호대 若約初敎大乘인댄 義如前說거니와 若實敎大乘인댄
佛地에 無此色聲의 麁相功德하고 但有大智大悲와 大定大願의
諸功德等이라 然諸功德等이 並同證眞如니 若衆生機感인댄 卽
現色無盡이리라 旣無不應機時일새 故所現色도 亦無斷絶하나니
此以隨他爲自하고 更無別自니라 約此爲有일새 故云無邊妙色이
라하얏거니와 今約自說하고 不約隨他일새 故云無色非色也라하니

548 고인古人은 원공법사이다.

라 亦可前은 喩初敎요 後는 喩實敎라

묻기를[549] 두 가지 비유[550]가 어찌 위에 경문을 어기는 것이 아니겠는가.

위의 경문에서는 말하기를 끝없는 묘한 색신이 있다 하였거니와 지금에는 말하기를 색상이 아니라 하고 색상이 없다[551] 하였으니, 또한 모든 논에 부처님이 묘한 색신이 있어서 증상연이 된다고 한 것을 어기는 것이다.

고덕古德[552]이 말하기를 만약 초교 대승을 잡는다면 뜻이 앞에서 설한[553] 것과 같거니와, 만약 실교 대승을 잡는다면 부처님의 지위에는 이 색상과 소리의 큰 모습의 공덕이 없고 다만 대지大智와 대비大悲와 대정大定과 대원大願의 모든 공덕만이 있을 뿐이다 한 등이다. 그러나 모든 공덕 등이 다 같이 진여를 증득하지만 만약 중생의 근기가 감응하면 곧 색신을 나타내는 것이 끝이 없을 것이다. 이미 중생의 근기를 응할 때가 아님이 없기에 그런 까닭으로 나타낼 바 색신도 또한 단절함이 없나니,

이것은 저 중생을 따름으로써 자체를 삼고 다시 달리 자체가 없는 것이다.

---

549 問 자 아래에 上 자가 있어야 한다고도 말한다. 그러나 없어도 뜻은 통한다.
550 원문에 이유二喩는 마니수영유摩尼隨映喩와 정관현색유淨觀現色喩이다.
551 원문에 비색非色은 영인본 화엄 6책, p.476, 6행 게송이고, 무색無色은 같은 책 p.476, 2행 게송이다.
552 고덕古德은 현수賢首이다.
553 앞에서 설한 것이란, 初偈에 법설문法說文이다.

이것은 있음이 됨을 잡았기에 그런 까닭으로 말하기를 끝없는 묘한 색신이 있다 하였거니와, 지금에는 스스로 설함을 잡았고 저 중생을 따라 설함을 잡지 않았기에 그런 까닭으로 색상이 없다 하고 색상이 아니다 하였다.

또한 가히 앞[554]에 법으로 설한 것은 초교 대승에 비유한 것이요 뒤[555]에 비유로 설한 것은 실교 대승에 비유한 것이다.

鈔

問二喩下는 問答料揀이라 先問에 言上經者는 卽初偈法說之文이니 前經亦有나 今只要此라 亦違諸論은 卽瑜伽唯識等이라 古德云下는 賢首答이요 次有云若爾下는 苑公破요 然上二解下는 疏會釋이라(此 三段文은 難解일새 姑摘方冊科하야 補之라)

묻기를 두 가지 비유라고 한 아래는 묻고 답한 것으로 헤아린 것이다. 먼저 묻는 가운데 위에 경[556]이라고 말한 것은 곧 처음 게송에 법으로 설한 경문이니,

앞의 경문[557]에도 또한 있었지만[558] 지금에도 다만 이것을 요망할

---

554 앞이란, 법설法說이다.

555 뒤란, 유설喩說이다.

556 원문에 上經이란, 소문疏文에는 上云이라 하였다. 즉 영인본 화엄 6책, p.474, 10행이고, 소문은 p.475, 2행이다.

557 앞의 경문이란, 영인본 화엄 6책, p.435, 10행이다.

558 앞의 경문에도 또한 있었다고 한 것은 저 수행의 숲 보살(行林菩薩)의 게송에

뿐이다.

또한 모든 논에 부처님이 묘한 색신이 있어서 증상연이 된다고
한 것을 어긴다고 한 것은 곧 『유가론』과 『유식론』 등이다.

고덕이 말하였다고 한 아래는 현수가 답한 것이요
다음[559]에 어떤 사람[560]이 말하기를 만약 그렇다면이라고 한 아래는
원공이 깨뜨린 것이요
그러나 위에 두 가지 해석이라고 한 아래는 지금에 소가가 회석한
것이다(위에 삼단의 문장은 알기가 어렵기에 진실로 방책方冊[561]의 과목을
따서 보증한 것이다).

疏

有云호대 若爾인댄 彼能現體가 爲有無耶아 十蓮華藏에 塵數之相

말한 바 가지가지 모든 색상이라 한 등과 같나니 그 문장이 매우 많다
하겠다. 지금에도 다만 운운한 것은 그 뜻에 말하기를 앞의 경에 비록
색상이 있다는 문장이 많이 있으나 이 가운데 가리킨 바 위에 경이라고
한 것은 다만 처음 게송에 법으로 설한 문장(영인본 화엄 6책, p.475, 2행에
초일初一은 법설法說이라 하였다)을 요망하는 것이니, 이것은 비유가 법에
어기는 것으로써 힐난詰難을 이루는 까닭이다. 역시 『잡화기』의 말이다.
수행의 숲 보살의 게송은 영인본 화엄 6책, p.435, 10행에 있다.
559 원문에 後 자는 次 자의 잘못이니 영인본 화엄 6책, p.478, 9행이다.
560 어떤 사람이란, 원공苑公이다.
561 방책方冊은 목판이나 대쪽에 쓴 글이다.

을 皆示現耶아 八地七勸言호대 佛色聲이 皆無有量이라하니 寧不
違耶아 若執佛果가 唯有如如와 及如如智가 獨存者인댄 無漏蘊
界가 窮未來際토록 遍因陀羅網이라호미 皆非實事며 亦違涅槃에
滅無常色하고 而獲常色이니 此義는 具如智慧莊嚴經說하니라

어떤 사람[562]이 말하기를 만약 그렇다면[563] 저가 능히 자체를 나타내는
것이 있는 것이 되는가, 없는 것이 되는가.
십연화장세계[564]에 미진수의 모습을 다 시현하는가.
팔지의 칠권七勸에[565] 말하기를 부처님의 색상과 소리가 다 한량이
없다 하였으니 어찌 어기지 않겠는가.
만약에 불과佛果가 오직 여여와 그리고 여여지만이 독존함이 있다고
집착한다면 무루의 오온과 십팔계가 미래 세상이 다하도록 인다라망
세계에 두루한다고 한 것이 다 진실한 사실이 아닐 것이며
또한 『열반경』에 무상한 색신을 멸제하고 영원한 색신을 얻는다고
한 것을 어기는 것이니,

---

562 어떤 사람은 원공苑公이다.

563 원문에 약이若爾는 수타현색隨他顯色이다. 若爾란, 上云有無邊妙色이라하얏
거니와 今云非色非無라 한 것이다.

564 십련화장十蓮華藏이라 한 십十 자 위에 타본에는 상해품相海品이라는 세
글자가 있다. 역시 『잡화기』의 말이다.

565 팔지의 칠권七勸 운운은 『회현기』9권 초 9장에 있다. 一은 권수여래선조어지
勸修如來善調御智, 二는 권비민중생勸悲愍衆生, 三은 권성취본원勸成就本願,
四는 권구무애지勸求無礙智, 五는 권성불외보勸成佛外報, 六은 권증불내명무
량승행勸證佛內明無量勝行, 七은 권총수무유성변지도勸總修無遺成徧知道이다.

이 뜻은 갖추어 『지혜장엄경』에서 설한 것과 같다.

鈔

唯如如等은 卽金光明과 亦梁攝論第十三이라 本論云호대 自性身者
는 是如來法身이라하니 釋論云호대 唯有如如智獨存일새 說名法身
이라하며 又云호대 身以依止爲義니 何法爲依止고하니라 本論云호대
於一切法에 自在依止라하니 故釋論云호대 謂十種自在라하며 乃至
云호대 云何此法이 依止法身고 不離淸淨及圓智니 智卽如如 如如
卽智故라하니 除實敎蘊界하고는 未離斷常之見이라

오직 여여如如라고 한 등은 곧 『금강명경』과 또한 『양섭론』 제십삼권
이다.
『섭대승론』(本論)에 말하기를 자성의 몸은 이 여래의 법신이다 하니
『석론』에 말하기를[566] 오직 여여지[567]만이 독존함이 있을 뿐이기에
이름을 법신이라 말한다 하였으며
또 말하기를 몸은[568] 의지依止로써 뜻을 삼나니 어떤 법이 의지가

---

566 『석론』에 말하기를 운운한 것은 갖추어 말하면 이 삼신三身 가운데 만약
　　자성으로써 법신이라고 말한다면 자성이 두 가지가 있나니, 결정코 무슨
　　자성으로써 법신을 삼는가. 일체 장애를 절복한 까닭이며, 일체 백법百法이
　　원만한 까닭으로 오직 여여와 그리고 진지眞智만이 독존함이 있을 뿐이기에
　　이름을 법신이라 말한다 하였다. 역시 『잡화기』의 말이다.
567 如如 아래에 급여여及如如라는 세 글자(三字)가 『석론釋論』에는 있다. 따라서
　　如如와 그리고 如如智만이 독존함이 있다 번역할 것이다.

되는가 하였다.

『섭대승론』에 말하기를 일체법에 자재함으로써 의지를 삼는다 하니, 그런 까닭으로『석론』에 말하기를 말하자면 열 가지 자재[569]이다 하였으며

내지 말하기를[570] 어떤 것이 이 법이 법신을 의지하는 것이 되는가. 청정한 것과 그리고 원만한 지혜를 떠나지 않는 것이니, 지혜는 곧 여여이며 여여는 곧 지혜인 까닭이다 하였으니

실교의 오온과 십팔계를 제외하고는[571] 단상의 견해[572]를 떠나지 않는

---

568 또 말하기를 몸이라고 한 아래는 이것은 이름을 법신이라 말한다고 한 다음 문장이다. 역시『잡화기』의 말이다.

569 원문에 십종자재十種自在는『섭론攝論』제십삼권에 나온다. 1. 명자재命自在, 2. 심자재心自在, 3. 재자재財自在, 4. 업자재業自在, 5. 수생자재受生自在, 6. 해자재解(欲樂)自在, 7. 원자재願自在, 8. 통혜자재通慧自在, 9. 지자재智自在, 10. 법자재法自在이다.

570 내지 운운한 것은 저『석론』가운데 자재라고 한 아래에 이어서 말하기를 또 원인 가운데 십바라밀과 과보 가운데 일체 불공법不共法이 다 스스로 얻은 이후에 잃지 않아서 뜻과 같이 운용하는 까닭으로 자재라 이름하나니, 자재는 가히 그 수를 헤아릴 수 없지만 모든 법의 수를 따라 헤아리기에 자재도 또한 그렇다 하였다. 바로 아래 어떤 것(云何)이라 한 아래는 여기서 말한 것과 같다. 역시『잡화기』의 말이다.

571 실교의 오온과 십팔계를 제외하고 운운한 것은 이 위에는『섭대승론』을 인용한 것이고 여기는 초가의 말이니, 공교에는 불신으로써 무無를 삼고 상교에는 불신으로써 유有를 삼는 까닭으로 다 단상의 견해에 떨어지는 것이다. 역시『잡화기』의 말이다.

572 원문에 제실교온계除實敎蘊界하고 미리단상지견未離斷常之見이라고 한 것은, 空敎는 오온五蘊・십팔계十八界가 공空하다고 보는 까닭으로 단견斷見을 면할

것이다.

具如智慧莊嚴經說者는 此引本是賢首가 證成摩尼隨映等喩니라
此經을 亦名度一切諸佛境界智嚴經이니 一卷이며 在王舍城의 耆闍
崛山頂說이라 如來放光에 一切菩薩이 雲集瞻仰거늘 佛於山頂의 法
界宮殿上에 起大寶蓮華師子之座와 無量摩尼寶宮殿等하고 於摩
尼座中出偈라하니 上取意引이라 次에 文殊師利問호대 無生無滅의
其相云何닛가 佛答하사대 不生不滅이 卽是如來니라 文殊師利야 譬
如大地가 瑠璃所成에 帝釋毘闍延의 宮殿供具等이 影現其中하면
閻浮提人이 見瑠璃地에 諸宮殿影하고 合掌供養하며 燒香散華하야
願我得生如是宮殿하며 我當遊戱를 如帝釋等하야지이다하나니 彼諸
衆生이 不知此地에 是宮殿影하고 乃布施持戒하며 修諸功德하야 爲
得如是宮殿果報니라 文殊師利야 如此宮殿이 本無生滅이나 以地淨
故로 影現其中일새 彼宮殿影도 亦有亦無나 不生不滅이니라 文殊師
利야 衆生見佛도 亦復如是하야 以其心淨일새 故見佛身이나 佛身無
爲하야 不生不滅이며 不起不盡이며 非色非非色이며 不可見非不可
見이며 非世間非非世間이며 非心非非心이니라 以衆生心淨하야 見
如來身하고 散華燒香하며 種種供養하야 願我當得如是色身이어다

수 없고, 相敎는 오온五蘊·십팔계十八界가 있다고 보는 까닭으로 상견常見을
면할 수 없는 것이다. 그러나 대승실교大乘實敎는 지智가 곧 여여如如인
까닭으로 단견斷見을 떠나고, 여여如如가 곧 지智인 까닭으로 상견常見을
떠난 것이다. 또 오온과 십팔계가 법신法身을 의지하여 단견斷見과 상견常見
을 떠난 까닭이다.

하야 布施持戒하며 作諸功德하야 爲得如來微妙身故니라 如是文殊
師利야 如來神力으로 出現世間하야 令諸衆生으로 得大利益호미 如
影如像하야 隨衆生見이라하니라 次擧如日光이 無心普照喩하니 謂
先照高山等하고 隨其所照하야 而有種種이라하니라 次云호대 文殊師
利야 如大海中에 有摩尼珠하니 名滿一切衆生所願이라 安置幢上하
야 隨衆生所須나 彼摩尼珠는 無心意識인달하야 如來無心意識도 亦
復如是하야 不可測量이며 不可到며 不可得이며 不可說이며 除過患
이며 除無明이며 不實不虛며 非常非不常이며 非光明非不光明이며
非世間非不世間等이라하야 廣歷諸非하고 結云호대 文殊師利야 如
來淸淨이나 住大慈幢하야 隨衆生所樂하야 現種種身하야 說種種法
이라하니라 釋曰大意는 皆以體無生滅이나 不礙生滅이 如非色約體
하고 非不色約用等이라

갖추어 『지혜장엄경』에서 설한 것과 같다고 한 것은 이것은 본시
현수법사가 마니수영摩尼隨映 등의 비유를 증거하여 성립하기 위하
여 인용한 것이다.
이 『장엄경』을 또한 『도일체제불경계지엄경度一切諸佛境界智嚴
經』이라고도 이름하나니, 한 권이며
부처님이 왕사성 기사굴산 정상에 계시면서 설한 것이다.
여래가 광명을 놓음에 일체 보살이 구름처럼 모여 우러러보거늘
부처님이 기사굴산 정상의 법계 궁전 위에서 큰 보배 연꽃으로
꾸민 사자의 자리와 한량없는 마니 보배로 장엄한 궁전 등을 일으키
고 마니로 장엄한 자리 가운데서 게송을 설출하신다 하였으니,

이상은 뜻을 취하여 인용한 것이다.

다음에 문수사리보살이 묻기를 생기한 적도 없고 사라진 적도 없는 그 모습은 어떠합니까.

부처님이 답하시기를 생기한 적도 없고 사라진 적도 없는 것이 곧 여래이다.

문수사리야, 비유하자면 대지가 유리로 이루어진 곳에 제석천 비사연毘闍延의 궁전에 공양한 기구 등이 그 가운데 그림자로 나타나면 염부제에 사람들이 유리의 땅에서 모든 궁전의 그림자를 보고 합장하여 공양하며 향을 사르고 꽃을 흩어, 원컨대 저희들이 이와 같은 궁전에 태어남을 얻게 하시며 저희들이 마땅히 유희하기를 마치 제석천왕 등과 같게 하여지이다 하나니,

저 모든 중생이 이 땅에 이 궁전의 그림자인 줄 알지 못하고 이에 보시하고 계를 가지며 모든 공덕을 닦아 이와 같은 궁전의 과보를 얻게 되었다.

문수사리야, 이와 같이 궁전이 본래 생기한 적도 없고 사라진 적도 없지만 땅이 청정한 까닭으로 그 가운데 그림자로 나타나기에 저 궁전의 그림자도 또한 있기도 하고 또한 없기도 하지만 생기한 적도 없고 사라진 적도 없는 것이다.

문수사리야, 중생이 부처님을 보는 것도 또한 다시 이와 같아서 그 마음이 청정하기에 그런 까닭으로 부처님의 몸을 보지만 부처님의 몸은 조작이 없어서 생기한 적도 없고 사라진 적도 없으며, 일어난 적도 없고 다한 적도 없으며,

색신도 아니고 색신이 아닌 것도 아니며,

가히 볼 수도 없고 가히 볼 수 없는 것도 아니며,

세간도 아니고 세간이 아닌 것도 아니며,

마음도 아니고 마음이 아닌 것도 아니다.

중생의 마음이 청정하여 여래의 몸을 보고 꽃을 흩고 향을 사르며 가지가지로 공양하여, 원컨대 저희들이 마땅히 이와 같은 색신을 얻어지이다 하여 보시하고 계를 가지며 모든 공덕을 지어 여래의 미묘한 색신을 얻게 된 까닭이다.

이와 같이 문수사리야, 여래의 신통력으로 세간에 출현하여 모든 중생으로 하여금 대 이익을 얻게 하는 것이 마치 그림자와 같고 형상과 같아서 중생을 따라 보게 한다 하였다.

다음에 태양의 광명이 무심으로 널리 비추는 것과 같다고 하는 비유를 들었으니,

말하자면 먼저 높은 산 등等을 비추고 그 비추는 바를 따라서 가지가지가 있다 하였다.

다음에 말하기를 문수사리야, 마치 큰 바다 가운데 마니주가 있나니 이름이 일체중생이 원하는 바를 채우는 것이다.

당기 위에 안치하여 중생이 수고하는 바를 따르게 하지만 저 마니보주는 심心·의意·식識이 없는 것과 같아서, 여래가 심·의·식이 없는 것도 또한 다시 이와 같아서 가히 측량할 것도 없으며 가히 이를 것도 없으며,

가히 얻을 것도 없으며 가히 말할 것도 없으며,

과환過患도 없으며 무명도 없으며,

진실한 것도 없고 허망한 것도 없으며,

영원한 것도 없고 영원한 것이 없는 것도 없으며,

광명도 없고 광명이 없는 것도 없으며,

세간도 없고 세간이 없는 것도 없다 한 등이라 하여 모든 없다는 것을 폭넓게 두루 거론하고 맺어 말하기를 문수사리야, 여래는 청정하지만 대자비의 당기에 머물러서 중생이 좋아하는 바를 따라 가지가지 몸을 나타내어 가지가지 법을 설한다 하였다.

해석하여 말하면 그 대의는 다 자체는 생기한 적도 사라진 적도 없지만 생기하고 사라짐에 걸림이 없는 것이 마치 색신이 아닌 것으로 자체를 잡고, 색신이 아닌 것도 아니라는 것으로 작용을 잡은 등과 같다 하겠다.

次又擧谷響無實喩하고 次後卽有虛空喩云호대 文殊師利야 如虛空平等하야 無下中上인달하야 如來平等도 亦復如是하야 衆生自見有上中下나 如來不作下中上意하나니 何以故요 如來法身平等하야 離心意識하야 無分別故니라 文殊師利야 一切諸法이 悉皆平等하며 乃至云호대 若得法性인댄 則無希望等이라하니라 又云호대 若衆生이 著一切法인댄 則起煩惱하야 不得菩提니라 文殊問云호대 云何得菩提닛가 佛答하사대 無根無處니라 文殊重徵호대 佛言身見이 爲根이요 不眞實思惟가 爲處아 文殊師利야 如來智慧는 與菩提等하며 與一切法等하나니 是故로 無根無處라사 是得菩提라하니라 又云호대 文殊師利야 如來不動일새 名如如實이니 如如實者는 不見此岸하고 不見彼

岸하면 則見一切法이니 見一切法하면 稱爲如來니라 又菩提者는 是
不破句니 不破者는 卽無相이요 句者는 如實이라하시고 下廣釋하시니
大意는 皆以遮過爲不破하고 顯實爲句니라 又云호대 以從本來에 不
生不滅로 而爲眞實故라하며 又云호대 菩提者는 以行入無行이니 以
行者는 緣一切善法이요 無行者는 不得一切善法이라하며 又云호대
無生無滅者는 不起心意識하고 不思惟分別이니 是故我說호대 見十
二因緣이 卽是見法이요 見法者가 卽是見佛이니 如是見者가 名不思
議라하며 又云호대 云何行菩薩行이닛가 答호대 不行不生不滅이 是行
菩薩行이라하야 下亦廣釋하고 後校量功德云호대 假使諸衆生이 皆
悉生人道하야 悉發菩提心하야 爲求一切智하며 如是諸菩薩이 皆作
大施主하야 以種種供具로 供養無數佛과 幷及諸菩薩과 緣覺與聲
聞하고 乃至入滅度에 各起七寶塔호대 高至百由旬하고 種種寶嚴飾
하야도 若人持此經하야 或說一句偈하면 出過此功德하야 無量無有
邊하리니 以此經所說이 無相法身故라하니라 釋曰上已具略經文하
니 其瑠璃地는 喩衆生心이요 影喩佛身이 卽色卽非色이요 摩尼珠喩
는 則同此經하고 空無下中上도 亦同此經에 淨空現色故니라 賢首意
는 證唯如如와 及如如智어늘 苑公이 誤引於和尙之引일새 故略具出
하니라

다음에 또 골짜기에 메아리가 실체가 없다고 하는 비유를 들고
그다음 뒤에 곧 허공이 있다고 하는 비유를 들어 말하기를 문수사리
야, 마치 허공이 평등하여 하·중·상이 없는 것과 같아서, 여래가
평등한 것도 또한 다시 이와 같아서 중생이 스스로 상·중·하가

있음을 보지만 여래는 하·중·상에 대한 생각을 짓지 않나니 무슨 까닭인가.

여래의 법신은 평등하여 심·의·식을 떠나 분별이 없는 까닭이다.

문수사리야, 일체 모든 법이 다 평등하며 내지 말하기를 만약 법의 자성을 얻는다면 곧 희망할 것이 없다 한 등이라 하였다.

또 말하기를 만약 중생이 일체법에 집착한다면 곧 번뇌를 일으켜서 보리를 얻을 수 없다.

문수사리가 물어 말하기를 어떻게 해야 보리를 얻습니까.

부처님이 답하시기를 육근도 없고 십이처도 없어야 한다.

문수사리가 거듭 묻기를 부처님께서 말씀하시기를 신견身見이 육근이 되고, 진실하게 사유하지 않는 것이 십이처가 된다 하지 않았습니까.

문수사리야, 여래의 지혜는 보리로 더불어 평등하며 일체법으로 더불어 평등하나니,

이런 까닭으로 육근도 없고 십이처도 없어야 이에 보리를 얻는다 하였다.

또 말하기를 문수사리야, 여래는 움직이지 않기에 이름이 여여실如如實이니,

여여실이라고 한 것은 차안도 보지 않고 피안도 보지 아니하면 곧 일체법을 보나니, 일체법을 보면 이름을 여래라 한다.

또 보리라고 한 것은 이것은 깨뜨릴 수 없는 구절이니,

깨뜨릴 수 없다고 한 것은 모습이 없다는 것이요

구절이라고 한 것은 여실하다는 것이다 하시고 그 아래에 폭넓게

해석하시니,

대의는 다 허물을 막는 것으로써 깨뜨릴 수 없음을 삼고 진실을 나타내는 것으로써 구절을 삼았다.

또 말하기를 본래 생기한 적도 없고 사라진 적도 없는 것으로 좇아 진실을 삼는 까닭이다 하였으며

또 말하기를 보리라고 한 것은 행으로써 무행無行에 들어가는 것이니 행이라고 한 것은 일체 선법을 반연하는 것이요

무행이라고 한 것은 일체 선법을 얻지 않는 것이다 하였으며

또 말하기를 생기한 적도 없고 사라진 적도 없다고 한 것은 심·의·식을 일으키지 않고 사유하여 분별하지 않는 것이니,

이런 까닭으로 내가 말하기를 십이인연을 보는 것이 곧 법을 보는 것이요,

법을 보는 것이 곧 부처를 보는 것이니 이와 같이 보는 것이 이름이 부사의다 하였으며

또 말하기를 어떤 것이 보살행을 행하는 것입니까.

부처님이 답하시기를 행한 적도 없고 생기한 적도 없고 사라진 적도 없는 것이 이것이 보살행을 행하는 것이다 하여 그 아래에 또한 폭넓게 해석하시고, 그 뒤에 공덕을 헤아려 말씀하시기를 가사 모든 중생이 다 인도人道에 태어나서 다 보리심을 일으켜 일체 지혜를 구하며

이와 같이 모든 보살[573]이 다 대시주大施主를 지어 가지가지 공양구로

---

573 원문에 여시제보살如是諸菩薩이라고 한 것은, 위에 중생衆生이 보리심菩提心

써 수없는 부처님과 아울러 모든 보살과 연각과 더불어 성문에게 공양하고, 내지 멸도에 드신 뒤에 각각[574] 칠보탑을 만들되 높이를 백유순에 이르게 하고 가지가지 보배로 장엄하여 꾸밀지라도, 만약 어떤 사람이 이 경전을 가져 혹 한 구절의 게송만 설한다면 이 공덕을 뛰어넘어 한량도 없고 끝도 없을 것이니,

이 경을 설하는 바가 모습이 없는 법신인 까닭이다 하였다.

해석하여 말하면 위에서 이미 경문을 갖추어 간략하게 설하였으니 그 유리의 땅이라고 한 것은 중생의 마음에 비유한 것이요

그림자라고 한 것은 부처님의 몸은 곧 색신이 곧 색신이 아님에 비유한 것이요

마니주의 비유[575]는 곧 이 경과 같고 허공에 하·중·상이 없다[576]고 한 것도 또한 이 경에 청정한 허공은 일체 색상을 나타낸다[577]고 한 것과 같은 까닭이다.

현수법사의 뜻은 오직 여여와 그리고 여여지만을 증거하였거늘 원공苑公이 현수화상이 인용한 것을 잘못 인용[578]하였기에 그런 까닭

을 발發한 까닭으로 보살菩薩이라 이름하고, 따로 보살菩薩이 있는 것은 아니다.

[574] 각각쏨쏨이라 한 아래 쏨 자는 起 자의 잘못이다.

[575] 마니주유摩尼珠喩는 영인본 화엄 6책, p.482, 1행에 있다.

[576] 원문에 공무하중상空無下中上은 영인본 화엄 6책, p.482, 9행에 있다.

[577] 원문에 차경정공현색此經淨空現色은 영인본 화엄 6책, p.476, 2행에 수의주隨意珠와 같다는 것이다.

[578] 원문에 원공오인苑公誤引은, 현수賢首는 여여如如가 무색無色임을 인증引證하였거늘, 원공苑公은 유색有色이라고 인증引證하기에 오인誤引이라 말하는

으로 간략하게 갖추어 설출하였다.

疏

然上二解가 各是一理로 並符經論이니 今當會之리라 攝末從本인
댄 唯如如智니 自受用色이 智所現故요 攝相從性인댄 但有如如니
旣所現卽如거니 何妨妙色이리요 故有亦無失이라 然如外無法거
니 何要須現하며 萬法卽如요 如卽法身이거니 更何所現이리요 故
云唯如如와 及如如智가 獨存이라하니 於理未失이라 如色相卽하
고 有無交徹거늘 若定執有無인댄 恐傷聖旨니라 故今二喩가 前後
相成하나니 摩尼現色에 但云無色은 無卽但是無他언정 非無自體
요 淨空現色에 旣云非色은 非卽非其自體언정 不獨無他니라 前喩
自受用身하고 後喩法身이니 此二不二로 爲佛眞身이라 故下經云
호대 佛以法爲身이니 淸淨如虛空하야 所現衆色形을 令入此法中
이라하니라

그러나 위에 두 가지 해석[579]이 각각 한 이치로 모두 경·론에 부합하나
니 지금에 마땅히 회석하겠다.
지말을 거두어 근본을 좇는다면 오직 여여지뿐이니
자수용 색신이 지혜로 나타나는 바인 까닭이요

것이다.

[579] 원문에 상이해上二解란, 一은 賢首答이니 영인본 화엄 6책, p.477, 6행이고,
二는 苑公破니 같은 책 p.478, 9행이다(p.478, 6행을 참고하면 알 수 있다).

모습을 거두어 자성을 좇는다면 다만 여여만 있을 뿐이니,
이미 나타난 바가 곧 여여하거니 어찌 묘한 색신이 있는 것이 방해롭
겠는가. 그런 까닭으로 있다고 하는 것도 또한 허물이 없는 것이다.
그러나 여여한 밖에 법이 없거니 어찌 반드시 나타내기를 수구하며,
만법이 곧 여여하고 여여한 것이 곧 법신이거니 다시 어찌 나타낼
바가 있겠는가.
그런 까닭으로 말하기를 오직 여여와 그리고 여여지만이 독존한다
하였으니,
이치에 허물이 없는 것이다.
여여와 색신이 서로 즉하고 있고 없는 것이 서로 사무치거늘, 만약
결정코 있고 없는 것에 집착한다면 성인의 뜻을 상할까 염려하는
것이다.
그런 까닭으로 지금에 두 가지 비유[580]가 앞뒤로 서로 성립하나니,
마니주가 색상을 나타냄에 다만 색상이 없다고 말한 것은 없다는
것은 곧 다만 저 색상이 없다는 것일지언정 자체가 없다는 것은
아니요
청정한 허공이[581] 색상을 나타냄에 이미 색상이 아니라고 말한 것은
아니라는 것은 곧 그 자체가 아니라는 것일지언정 오직 저 색상이
없다는 것은 아니다.
앞에 비유는 자수용신自受用身에 비유하고 뒤에 비유는 법신法身에

---

580 원문에 이유二喩는 마니수영유摩尼隨映喩(前喩)와 정공현색유淨空現色喩(後
喩)이다.
581 청정한 허공이라 한 등은 영인본 화엄 6책, p.476, 6행이다.

비유한 것이니,

이 두 가지 몸이 두 가지가 아닌 것으로 부처님의 진신眞身을 삼은
것이다.

그런 까닭으로 아래 경에 말하기를

부처님은 법으로써 몸을 삼나니

청정하기가 허공과 같아서

나타내는 바 수많은 색상을

하여금 이 법 가운데 들어가게 한다 하였다.

鈔

然上二解下는 第三에 疏爲會釋이니 意在雙存二義하야 融卽耳라 於
中有八하니 一은 總會요 二에 攝末從本下는 收賢首義요 三에 旣所現
下는 收苑公義요 四에 然如外無法下는 假以苑公重難이니 意云호대
旣如收法인댄 更無所遺거니 何言機宜에 現色無盡고하니라 五에 萬
法卽如下는 爲賢首通이니 由萬法如하야 實無所現일새 故正現時에
도 亦唯如矣니 此卽疏家立理하야 收賢首也니라 六에 如色相卽下는
正融前二요 七에 若定執下는 雙彈前執이라 八에 故今二喩下는 出有
無無礙之旨하야 以釋喩文이라 無卽但是無他者는 此借俱舍論意하
야 以會二喩別理니 以古俱舍엔 釋無爲非因果라하얏거늘 唐三藏云
호대 無爲는 是能作因이거니 何得言非因가하며 無爲는 是離繫果어니
豈得言非果가하야 故新譯云호대 無爲無因果라하니 謂無餘五因하
며 無餘四果일새 故云無耳라하니라 所以總云호대 非卽非其自體요

無卽乃是無他라하니 故非無二言이 理則懸隔일새 今借此言하야 用
之니라 摩尼現色은 喻自受用身이 有其根本色하고 但無靑黃等異니
靑黃等異는 隨機映生이라 虛空은 以喻法性身이니 虛空은 本非色法
이거니 豈同摩尼리요 上에 顯二喻別相은 卽是顯文이라 此에 二不二
下는 正明融會니 卽出經意니라 故下經云下는 但引此文하야 以證後
義니 以扶法相者가 不許無色故라 有義文顯하니 如苑公難中하니라
空色相融으로 以爲眞身은 亦繫表之談이니 可以雙摧二執이라(此一
段鈔에 一二三六七科는 依方冊補니 與原鈔로 夾雜故로 各以字別之니라)

그러나 위에 두 가지 해석이라고 한 아래는 제 세 번째 소가疏家가
회석한 것이니,

그 뜻은 두 가지 뜻을 함께 두어 융합하여 즉하게 함에 있다.

그 가운데 여덟 가지가 있나니

첫 번째는 한꺼번에 회석한 것이요

두 번째 지말을 거두어 근본을 좇는다고 한 아래는 현수의 뜻을
거두는 것이요

세 번째 이미 나타난 바라고 한 아래는 원공의 뜻을 거두는 것이요

네 번째 그러나 여여한 밖에 법이 없다고 한 아래[582]는 원공의 뜻을
가자하여 거듭 비난한 것이니,

그 뜻에 말하기를 이미 여여로써 법을 거두었다면 다시 버릴 바가
없거니 어찌 근기가 마땅함에 색신을 나타내기를 끝없이 한다고

---

582 원문에 사가四假의 四 자는 연자衍字이다.

말하는가 한 것이다.

다섯 번째 만법이 곧 여여하다고 한 아래는 현수법사가 통석한 것이니,

만법이 여여함을 인유하여 진실로 나타낼 바가 없기에 그런 까닭으로 바로 나타낼 때도 또한 오직 여여할 뿐이니, 이것은 곧 소가가 이치를 세워 현수법사를 거둔 것이다.

여섯 번째 여여와 색신이 서로 즉한다고 한 아래는 바로 앞에 두 가지를 융합하는 것이요

일곱 번째 만약 결정코 있고 없는 것에 집착한다면이라고 한 아래는 앞에 집착[583]을 모두 탄핵하는 것이다.

여덟 번째 그런 까닭으로 지금에 두 가지 비유라고 한 아래는 있고 없는 것이 걸림이 없다는 뜻을 설출하여 비유문(文)을 해석한 것이다.

없다는 것은 다만 저 색상이 없다는 것이라고 한 것은 이것은 『구사론』의 뜻을 빌려서 두 가지 비유의 다른 이치를 회석한 것이니, 고古『구사론俱舍論』[584]에는 무위無爲는 인과가 아니다 번역[585]하였거

---

583 앞에 집착(前執)이란, 색신色身이 있다, 없다 한 것이다.

584 고古『구사론俱舍論』은 진제眞諦 역譯, 제사권第四卷이니 四卷末 偈頌云호대
    無爲非因果라하니 釋曰 無爲法은 不可應爲因果니 何以故요 非六因五果故
    라하니라. 번역하면 사권 말末 게송에 말하기를 무위는 인과가 아니다 하니
    해석하여 말하기를 무위법은 응당 인과라 하는 것은 옳지 않나니 무슨
    까닭인가. 육인六因과 오과五果가 아닌 까닭이다 하였다.

585 원문에 釋은 譯의 잘못이다.

늘, 당삼장唐三藏[586]이 말하기를 무위는 이 능작인能作因이거니 어찌 인이 아니라고 말함을 얻겠는가 하며,

무위는 이 이계과離繫果거니 어찌 과가 아니라고 말함을 얻겠는가 하여 그런 까닭으로 신역에는 말하기를 무위는 인과가 없다 하였으니,

말하자면 나머지 오인五因[587]이 없으며 나머지 사과四果[588]가 없기에[589]

---

586 당삼장唐三藏은 신新『구사론』이니 제육권第六卷이다. 고古『구사론』은 22권 이고, 신新『구사론』은 30권이다.

587 육인六因은 능작인能作因, 구유인俱有因, 동류인同類因, 상응인相應因, 변행인 徧行因, 이숙인異熟因이다. 이 가운데 능작인能作因을 제외하니 오인五因이다.

588 오과五果는 이숙과異熟果, 등류과等流果, 이계과離繫果, 사용과士用果, 증상과 增上果이다. 여기서 이계과離繫果를 제외하니 사과四果이다.

이 육인六因과 오과五果는 궐자권闕字卷과는 구족하게 같고, 동자권冬字卷과 는 간략하게 같다.

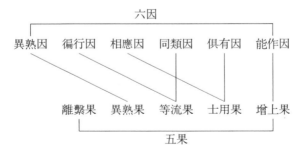

589 나머지 오인五因이 없으며 나머지 사과四果가 없다고 한 것은 저『구사론』의 능작인과 구유인과 동류인과 상응인과 변행인과 이숙인 등 육인六因과 이계 과와 이숙과와 등류과와 사용과와 증상과 등 오과五果가 있으되 능작인과 이계과는 이 무위이고, 나머지는 다 유위인 까닭이다. 육인의 해석은『대명법 수』26권, 11장을 보고 오과의 해석은『대명법수』21권, 15장을 볼 것이다.

그런 까닭으로 말하기를 없다 한 것이다.

그런 까닭으로 모두 말하기를 아니라는 것은 곧 그 자체가 아니라는 것이고 없다는 것은[590] 곧 이에 저 색상이 없다는 것이다 하였으니, 그런 까닭으로 아니라고 한 것과 없다고 한 두 말이 이치가 곧 현격하기에 지금에 이 말을 빌려서 사용하였다.

마니주가 색상을 나타낸다고 한 것은 자수용신이 그 근본 색신만 있고 다만 청·황 등의 다른 색신이 없음에 비유한 것이니, 청황 등의 다른 색신은 근기를 따라 중생을 비추는 것이다. 허공이라고 한 것은 법성신에 비유한 것이니, 허공은 본래 색법이 아니거니 어찌 마니주와 같겠는가.

위에 두 가지 비유에 다른 모습을 나타낸 것은 곧 경문[591]에 잘 나타나 있다. 여기에 두 가지 몸이 두 가지가 아니라고 한 아래는 바로 융합하여 회통함을 밝힌 것이니 곧 경의 뜻을 설출한 것이다.

역시 『잡화기』의 말이다.

590 원문에 총운總云이란, 마니주유摩尼珠喩와 무공유無空喩를 다 말한 것이니, 아니라고 한 등은 無空喩이고, 없다고 한 등은 摩尼珠喩이다.

591 경문經文이란, 『지혜승엄경智慧乘嚴經』이다. 그리고 此經에도 잘 나타나 있다.

그런 까닭으로 아래 경에 말하였다고 한 아래는 다만 이 경문을
인용하여 뒤에 뜻을 증거한 것이니,

법상종의 사람들이 색이 없다고 한 것을 허락하지 않는[592] 것을
도우는 까닭이다.

색이 있다[593]는 뜻은 경문에 나타났으니[594]

원공이 비난한 가운데 말한 것과 같다.

허공과 색이[595] 서로 융합함으로써 진신을 삼는다고 한 것은 또한
틀에 매인 밖의 말이니,[596] 가히 두 가지 집착[597]을 함께 꺾는 것이다.
(이 일단의 초문에 첫 번째와 두 번째와 세 번째와 여섯 번째와 일곱
번째의 과목은 방책을 의지하여 보증한 것이니 원래 초문으로 더불어
사이에 끼어[598] 복잡한 까닭으로 각각 숫자로써 구별하였다.)

---

592 원문에 불허무색不許無色이란, 無色은 後喩 가운데 非色이고, 前喩 가운데
　　無色이 아니다.

593 원문에 유색有色이란, 卽喩中에 有色之義니 영인본 화엄 6책, p.486, 3행에
　　마니현색摩尼現色과 정공현색淨空現色이다.

594 원문에 문현文顯이란, 영인본 화엄 6책, p.478, 9행이다.

595 허공과 색이 운운한 것은 영인본 화엄 6책, p.486, 6행 하경下經의 말을
　　뜻으로 인용한 것이며, 또한 역으로 위에 차이불이此二不二로 위불진신爲佛眞
　　身이라는 말을 뜻으로 인용한 것이라 하겠다.

596 틀에 매인 밖의 말이라고 한 것은 형상 밖에 말이니 형이상학적 말이다.
　　형상 밖에 말을 틀에 매인 밖의 말이라 하나니 형상 밖이란 범속한 경계가
　　아닌 것을 말한다. 『잡화기』는 틀에 매인 밖의 말이란 그 뜻이 경의 뜻을
　　취한 것이고 이 문장을 나타내는 것은 아닌 까닭이다 하였다.

597 원문에 이집二執이란, 유有·무無의 두 가지 집착이다.

598 夾은 '낄 협' 자이다.

經

雖聞如來聲이나 音聲非如來며
亦不離於聲하야 能知正等覺이니다

菩提無來去하고 離一切分別거니
云何於是中에　自言能得見이리요

諸佛無有法거니 佛於何有說이리요
但隨其自心하야 謂說如是法이니다

비록 여래의 음성을 듣지만
음성은 여래가 아니며
또한 음성을 떠나서
능히 정등각을 알 수 있는 것도 아닙니다.

보리는 온 적도 간 적도 없고
일체 분별을 떠났거니
어떻게 이 가운데
스스로 말하기를 능히 봄을 얻는다 하겠습니까.

모든 부처님은 법이 없거니
부처님이 어찌 법을 설함이 있겠습니까.
다만 그들의 자심을 따라

이와 같은 법을 설한다고 말할 뿐입니다.

疏

第三에 三偈는 釋所聞不可聞이라 於中初는 約應釋이니 緣感便應
하야 離相離性일새 故聲非如來요 應不差機하고 非聲之聲일새 故
云不離라하니 故以聲取하면 是行邪道요 若離聲取하면 未免斷無
리라

제 세 번째 세 게송은 들을 바에 가히 들을 수 없다는 것[599]을 해석[600]한
것이다.
그 가운데 처음 게송은 응함을 잡아 해석한 것이니,
인연의 중생이 감동케 함에 문득 응하여 모습을 떠나고 자성을
떠나기에 그런 까닭으로 음성은 여래가 아니요
응함에 근기를 차별하지 않고, 음성이 아닌 음성으로 나아가기에[601]
그런 까닭으로 말하기를 떠나지 않는다 하였으니,
그런 까닭으로 음성으로써 취한다면 이것은 사도를 행하는 것이요
만약 음성을 떠나서 취한다면 단멸하여 없음을 면할 수 없을 것이다.

---

599 원문에 소문불가문所聞不可聞이란, 영인본 화엄 6책, p.470, 말행 경문經文
   이다.
600 聲 자는 釋 자이다.
601 원문에 之 자는 여기서는 나아간다는 뜻이다.

鈔

故以聲取者는 結成上義라 上句는 卽金剛經意니 若以色見我어나
以音聲求我하면 是人行邪道니 不能見如來라하니라 後句는 卽兜率
偈讚意니 故偈云호대 色身非是佛이며 音聲亦復然이나 亦不離色聲
하야 見佛神通力이라하니라 天鼓無心은 出現當辨하리라

그런 까닭으로 음성으로써 취한다고 한 것은 위에 뜻을 맺어 성립한
것이다.
위에 구절은 곧 『금강경』의 뜻이니
만약 색상으로써 나를 보려 하거나
음성으로써 나를 구하려 한다면
이 사람은 사도를 행하는 것이니
능히 여래를 볼 수 없을 것이다 하였다.

뒤에 구절은 곧 도솔천궁게찬품[602]의 뜻이니,
그런 까닭으로 게송에 말하기를
색신은 이 부처님이 아니며
음성도 또한 다시 그러하지만
또한 색신과 음성을 떠나서
부처님의 신통력을 볼 수는 없다 하였다.

---

602 도솔천궁게찬품은 제이십사품第二十四品이다.

하늘 북이 무심하다고 한 것은 출현품에서 마땅히 분별하겠다.[603]

疏

次頌은 約體釋이라 湛然不遷하야 心離分別일새 尙非心見거니 安可耳聞이리오 猶如天鼓가 無心出故니 此卽聞中에 不思議也니라

다음에 게송은 자체를 잡아 해석한 것이다.
담연하여 천류하지 아니하여 마음에 일체 분별을 떠났기에 오히려 마음으로도 볼 수 없거니 어찌 가히 귀로써 들겠는가.
비유하자면 하늘 북이 무심코 소리를 내는 것과 같은 까닭이니 이것은 곧 듣는 가운데 부사의한 것이다.

疏

後偈는 釋疑라 疑云호대 爲是有法을 不可聞耶아 爲是無法을 無可說耶아 上半은 順理答이라 次疑云호대 若爾인댄 何以現聞敎法고 下半釋云호대 但自心變이요 非佛說也라하니 此中答意는 順於應用이라 若依權敎인댄 此約有影無本이라 然本影相望에 通有四句어니와 若依此宗인댄 果海離言일새 故無有說하고 用隨機現일

---

603 원문에 천고무심출현당변天鼓無心出現當辨이라는 여덟 글자(八字)는 말행末行에 不思議也라는 아래에 초문鈔文으로 있어야 한다. 『잡화기』는 응당 다 소문 아래에 있어야 한다고만 하였다.

새 謂如是說이라하나 而此本質도 亦是自心이라 餘如懸談하니라

뒤에 게송은 의심을 통석한 것이다.

의심하여 말하기를 법이 있는 것을 가히 들을 수 없다는 것인가.

법이 없는 것을 가히 설할 수 없다는 것인가.

위에 반 게송[604]은 이 물음에 순리대로 답한[605] 것이다.

다음에 의심하여 말하기를 만약 그렇다고 한다면[606] 무슨 까닭으로 현재 교법을 듣는가.

아래 반 게송에 통석하여 말하기를 다만 그들 자심의 변현함을 따라 설한다고 할 뿐 부처님은 설한 적이 없다 하였으니[607]

이 가운데 답한 뜻은 응용應用을 따라 답한 것이다.

만약 권교權敎[608]를 의지한다면 여기는 그림자는 있고 본질은 없는

---

604 원문에 上半은 제불무유법諸佛無有法거니 불어하유설佛於何有說이리요 한 것이다.

605 원문에 순리답順理答이라고 한 것은 고본엔 후구답後句答이라 하였으나, 소본에는 이 후구답이라는 세 글자가 없고 오직 이理 자 한 자만 있나니 저 소본을 의지하는 것이 옳다고 『잡화기』는 말하였다. 그러나 현재 판본은 순리답이라고 교정되어 있다.

606 원문에 약이若爾란, 곧 上半偈이다.

607 부처님은 설한 적이 없다고 한 아래에 소본에는 차중답의순어응용此中答意順於應用이라는 여덟 글자가 더 있다고 『잡화기』는 말하나, 현재 판본은 교정되어 있다.

608 만약 권교權敎라 한 權敎는, 여기서는 그림자는 있고 본질은 없기에 종교終敎라 할 것이지만, 원교圓敎를 바라보고 권교權敎라 말하는 것이다. 『잡화기』는 여기는 오직 그림자뿐 본질은 없기에 이 종교라 말하거니와, 지금에 권교라고

것을 잡은 것이다.
그러나 본질과 그림자가 서로 바라봄에 모두 네 구절이 있거니와 만약 이 화엄종을 의지한다면 과해果海는 말을 떠났기에 그런 까닭으로 설할 수 없고, 작용은 근기를 따라 나타나기에 이와 같이 설한다고 말하지만 그러나 이 본질도 역시 자심인 것이다.
나머지는『현담』에서 말한 것과 같다.

鈔

若依權敎等者는 本影四句는 卽如玄談거니와 若依此宗인댄 四句皆用이니 知一切法이 卽心自性일새 故로 質亦自心이라

만약 권교를 의지한다면이라고 한 등은 본질과 그림자의 네 구절은 곧『현담』에서 설한 것과 같거니와 만약 이 화엄종을 의지한다면 네 구절이 다 응용이니,
일체법이 곧 마음의 자성인 줄 알기에 그런 까닭으로 본질도 또한 자심인 줄 아는 것이다.

말한 것은 이 원교를 상대함에 저 종교도 또한 권교가 되는 것이라고 하였다.

청량 징관(淸涼 澄觀, 738~839)

중국 화엄종의 제4조.

절강성浙江省 월주越州 산음山陰 사람으로, 속성은 하후夏侯, 자는 대휴大休, 탑호는 묘각妙覺이다.

11세에 출가하여 계율, 삼론, 화엄, 천태, 선 등을 비롯, 내외전을 두루 수학하였다. 40세(777년) 이후 오대산 대화엄사에 머물면서『화엄경』을 여러 차례 강설하였으며, 이를 토대로『대방광불화엄경소』60권,『대방광불화엄경수소연의초』90권을 저술하고 강의하였다. 796년에는 반야삼장의『40권 화엄경』번역에 참여하였고, 덕종에게 내전에서 화엄의 종지를 펼쳤다. 덕종에게 청량국사淸涼國師, 헌종에게 승통청량국사僧統淸涼國師라는 호를 받는 등 일곱 황제의 국사를 지냈다.

저서로『화엄경주소華嚴經註疏』,『화엄경수소연의초華嚴經隨疏演義鈔』,『화엄경강요華嚴經綱要』,『화엄경략의華嚴經略義』,『법계현경法界玄鏡』,『삼성원융관문三聖圓融觀門』등 400여 권이 있다.

관허 수진貫虛 守眞

1971년 문성 스님을 은사로 출가, 1974년 수계, 해인사 강원과 금산사 화엄학림을 졸업하고, 운성, 운기 등 당대 강백 열 분에게 10년간 참문수학하였다.

1984년부터 수선안거 10년을 성만하고, 1993년부터 7년간 해인사 강원 강주로 학인들을 지도하였다.

대한불교조계종 교육위원, 역경위원, 교재편찬위원, 중앙종회의원, 범어사 율학승가대학원장 및 율주를 역임하였다.

현재 부산 승학산 해인정사에 주석하면서, 대한불교조계종 고시위원장, 단일계단 계단위원·존증아사리, 동명대학교 석좌교수, 동명대학교 세계선센터 선원장 등의 소임을 맡고 있다.

청량국사화엄경소초 39
– 승야마천궁품 · 야마천궁게찬품

초판 1쇄 인쇄 2023년 7월 10일 | 초판 1쇄 발행 2023년 7월 24일
청량 징관 찬술 | 관허 수진 현토역주 | 펴낸이 김시열
펴낸곳 도서출판 운주사

     (02832) 서울시 성북구 동소문로 67-1 성심빌딩 3층

     전화 (02) 926-8361 | 팩스 0505-115-8361

ISBN 978-89-5746-747-3 94220
ISBN 978-89-5746-592-9 (총서) 값 27,000원

http://cafe.daum.net/unjubooks 〈다음카페: 도서출판 운주사〉